教育部人文社会科学重点研究基地成果
中国语言文学国家"双一流"建设学科成果

汉语口语语法研究丛书

顾问◎邢福义 陆俭明
主编◎姚双云

认识理论与汉语口语语法现象研究

刘红原◎著

中国社会科学出版社

图书在版编目（CIP）数据

认识理论与汉语口语语法现象研究／刘红原著.—北京：中国社会科学出版社，2023.8

（汉语口语语法研究丛书）

ISBN 978-7-5227-2140-8

Ⅰ.①认… Ⅱ.①刘… Ⅲ.①汉语—口语—语法—研究 Ⅳ.①H14

中国国家版本馆 CIP 数据核字（2023）第 119266 号

出 版 人	赵剑英
责任编辑	张　林
特约编辑	王　萌
责任校对	周晓东
责任印制	戴　宽

出　　版	中国社会科学出版社
社　　址	北京鼓楼西大街甲158号
邮　　编	100720
网　　址	http://www.csspw.cn
发 行 部	010-84083685
门 市 部	010-84029450
经　　销	新华书店及其他书店

印　　刷	北京明恒达印务有限公司
装　　订	廊坊市广阳区广增装订厂
版　　次	2023年8月第1版
印　　次	2023年8月第1次印刷

开　　本	710×1000　1/16
印　　张	18.5
插　　页	2
字　　数	306千字
定　　价	99.00元

凡购买中国社会科学出版社图书，如有质量问题请与本社营销中心联系调换
电话：010-84083683
版权所有　侵权必究

总　　序

当今时代，世界新科技革命潮鸣电掣，以拔地倚天之势加快了不同学科（尤其是自然科学与人文社会科学）之间相互交叉渗透，推进新兴学科诞生与发展的同时，也推动了人类整体认识能力的再度飞跃。人工智能、大数据、区块链和云技术等新兴科技不仅促进了经济的发展，也深刻改变了人类的思维、生活、生产和学习方式，数字时代已悄然来临。"可以预测，随着人类社会进入信息科技时代，进入数字经济时代，进入世界经济一体化时代，整个语言学的地位将越来越高，社会对汉语语言学的需求将越来越大。"①

在语言研究步入前所未有的深度科技化时代这一大背景下，研究者唯有从思想上领悟时代发展的本质，方能把握时代精神，顺应时代潮流，推动学科发展。对此，有学者提出，"21世纪人文主义要有一个大思路，那就是步入深度科技化时代的人类正在攀爬巨大的技术悬梯"。② 究竟如何打造理想的语言学技术悬梯并尽其所长？笔者认为，把握好以下三点至为关键。

第一，认清学科发展交融的特点与趋势。

"自然科学和社会科学的交叉与融合，是21世纪科学发展的总体走向"，③ 语言研究者要洞悉这一发展趋势，见微知著，顺势而为。

人类科学技术发展的重要特点之一就是分化与整合并存，"整合和离

---

① 陆俭明：《汉语研究的未来走向》，《汉语学报》2021年第1期。
② 段伟文：《新科技哲学与新科技人文大有可为》，《中国科学报》2021年7月8日。
③ 邢福义：《语言学科发展三互补》，《汉语学报》2005年第2期。

析是互相对立而又相辅相成的两个过程",① 分化使得科学研究愈加专门化、精细化、深入化,如此一来,自然能产出更多高水平的研究成果。然而,学科分化的精细度越高,科学研究的专门化、境域化与客观世界的开放性、系统性之间的矛盾也就越突出。因此,反过来走整合之道,充分利用分类精细的学科优势,重新进行学科的整合研究就成了各学科领域的当务之急:或在学科群内觅求不同学科之间的空白区与边缘区,发掘有价值的研究课题;或利用其他学科的理论与方法弥补本学科知识体系的缺口,解决当下的瓶颈问题。"科际整合"的研究理念促使大量综合性、边缘性、交叉性的学科应运而生,进而给原来的研究领域带来革命性变化,产出颠覆性成果。

语言学的研究向来重视与其他学科的融合,广泛汲取哲学、社会学、人类学、民俗学、教育学、心理学、行为科学等其他人文社会学科的养分。进入现当代,特别是自21世纪以来,又大量借鉴数学、化学、医学、计算机科学等自然科学的经验。语言学与不同学科的交叉与融合,促进了本学科的蓬勃发展。在今后的研究中,我们应充分把握这一大趋势,不仅要进一步促进与社会学、心理学等人文学科的融合,更要积极加强与计算机科学、信息科学等自然学科的整合,为人工智能时代的到来做好跨学科的充分准备。

第二,拓展口语语法研究的广度与深度。

口语是交际中使用最多的语言资源,具有极为重要的研究价值。汉语学界对口语研究向来较为重视。早在1961年,吕叔湘先生在《汉语研究工作者当前的任务》一文里谈及语法研究的任务时就提出:"另外一个重要的课题是口语语法的研究","进行口语语法的研究,不光是为了更好地了解口语,也是为了更好地了解书面语"。② 1980年,在中国语言学会成立大会上,吕叔湘先生在《把我国语言科学推向前进》的发言中再次强调:"过去研究语言的人偏重书面语材料,忽略口头材料,这是不对的。口语至少跟文字同样重要,如果不是更重要的话;许多语言学家认

---

① 沈家煊:《语法六讲》,学林出版社2016年版,第127页。
② 参看《吕叔湘文集》(第4卷),商务印书馆2004年版,第33页。

为口语更重要，因为口语是文字的根本。"①

汉语研究一贯重视对口语现象的描写和考察，赵元任（Chao，1968）、陆俭明（1980）等研究堪称代表。② 20 世纪 70 年代，曹逢甫（Tsao，1979）以汉语会话为语料，系统研究了汉语的话题和语序等问题。③ 此后，陶红印、方梅、李晓婷等学者也致力于运用当代功能语言学的前沿理论对口语现象进行研究，取得了很多富有启发性的成果，将口语语法研究推向了一个新的层次。

但是总体而言，无论是从重视程度还是研究深度来看，学界对口语语法的研究都尚显量小力微。主要体现在三个方面：其一，口语语料库资源有待开发。目前口语语料库资源匮缺，这与口语语料采集历时长、转写难度大、建库成本高等因素有关。口语语料库开发的滞后，严重影响了口语语法研究的进展。其二，研究队伍规模有待扩大。尽管不少前辈与时贤呼吁要特别重视口语语法研究，但时至今日，真正从事这方面研究的学者人数依然不足，就口语语法研究的重要性而言，队伍规模难以满足该领域的研究需求。其三，研究层面有待深化。目前大多数的研究侧重于从句子层面考察语法实体的表义特点与语用功能，难以从本质上揭示口语语法的真正面貌。

鉴于此，口语语法研究的广度和深度亟待大力拓展。我们希望国家相关部门出台有力的措施鼓励与支持口语资源建设，期待更多的研究者加入口语语法的研究行列。在具体研究中，应大胆突破以往的句子层面，从话轮组织、序列结构等范畴切入，在社会行为与社会活动中探求语法资源的分布规律与互动功能，真正揭示口语资源在交际中所发挥的巨大作用。

第三，把握多模态互动研究的契机与机遇。

20 世纪，语言学研究领域先后经历了结构主义语言学、转换生成理

---

① 参看《吕叔湘文集》（第 4 卷），商务印书馆 2004 年版，第 15 页。
② 参看 Chao Yuen-Ren, *A Grammar of Spoken Chinese*. Berkeley：University of California Press，1968；陆俭明：《汉语口语句法里的易位现象》，《中国语文》1980 年第 1 期。
③ Tsao Feng-Fu, *A Functional Study of Topic：The First Step towards Discourse Analysis*. Taipei：Student Book，1979.

论、认知语言学三次革命，① 70 年代后，随着会话分析、系统功能语言学及人类语言学的兴起与发展，Couper - Kuhlen 和 Selting（2001）首次提出"互动语言学"这一概念，② 引发语言学研究的互动转向，③ 语言学正经历着"互动革命"，并迎来了探究社会互动与语言之间关系的"新时代"（Couper-Kuhlen，2017）。④ 互动语言学因其几乎可应用至语言结构和语言使用的所有层面，因而也被视为语言学领域一个极富发展潜力的、具有国际视野的新兴方向。

探索自然语言的本质特征——互动性，是互动语言学诞生的重要内因。而各种先进的现代化录音录像设备的应用则是该学科得以发展的重要外部条件，它使得人们可以研究自然发生的语音及视觉影像。录音、录像承载的自然收集的数据为分析谈话组织所依据的复杂细节提供了依据——这些细节既无法通过内省进行想象，也无法复制。⑤

经过几十年的发展，互动研究的理论和方法日臻成熟，广泛应用于语言学、社会学、人类学等相关学科的前沿研究中，展现出迷人的学科魅力，值得学界关注。互动在本质上又是多模态的：组成话语的词汇句法结构、传达话语的声音韵律、伴随（或不伴随）话语出现的身体活动都可能与互动意义的形成和表达相关。因此，要真正认识语言的形式与功能，必须重视多模态互动研究。

进行语言的多模态互动研究不仅是认识与了解语言本身特征与规律的需要，更是实际应用的需要。我们已经步入人工智能时代，数字时代语言需求趋于多样化、多层化，面向人工智能时代的自然语言处理无疑

---

① 参看王寅《20 世纪三场语言学革命》，《外国语文研究》2015 年第 2 期。

② Couper-Kuhlen Elizabeth & Margret Selting, "Introducing Interactional Linguistics", In Margret, Selting & Elizabeth, Couper-Kuhlen (eds.) *Studies in Interactional Linguistics*. 1 – 22. Amsterdam, Philadelphia: John Benjamins, 2001.

③ 参看李晓婷《多模态互动与汉语多模态互动研究》，《语言教学与研究》2019 年第 4 期。

④ "互动革命"与"新时代"见原文："The conclusion is that Manny Schegloff has contributed, if unwittingly, to a 'new-age', interactional revolution in linguistic thinking." 详参 Couper-Kuhlen, Elizabeth, What a difference forty years make: The view from linguistics, In G. Raymond, G. H. Lerner & J. Heritage (eds.) *Enabling human conduct: Studies of talk-in-interaction in honor of Emanuel A. Schegloff*. 15 – 54. Amsterdam: John Benjamins, 2017。

⑤ Groupe ICOR, Tool-assisted analysis of interactional corpora: voilà in the CLAPI database. *Journal of French Language Studies*, 2008 (18): 121 – 145.

会面临更多的瓶颈问题。当前多模态互动研究与人工智能、虚拟现实（Virtue Reality）和网络视频交际等领域之间的交互应用等现实问题亟须解决。而这些问题的解决与会话含义、视频语义的推理，视觉—语音导航、语言—图像理解等多模态互动的基础研究密切相关，倘若学界能为多模态研究的技术层面提供更多的学理支持，定能促进相关研究的转化与应用，进而造福桑梓、泽被后世。

目前，国内这方面的研究还刚刚起步，我们呼吁更多的学者把握多模态互动研究的契机与机遇，积极参与到富有前景的研究领域中去，使语言学在解决社会现实问题中发挥更大的作用。

首批"汉语口语语法研究丛书"共收著作9本，其中译著4本，专著5本。4本译著或为互动语言学研究的经典教材，详细介绍了互动语言学理论体系框架、基本研究范式、典型个案分析；或为汉语口语语法研究前沿著述，全面展现了汉语会话交际单位、多模态资源、话轮转换系统的面貌特征。这些译著对汉语口语语法研究乃至跨语言的互动研究具有重要的方法论意义。5本专著虽研究内容各有侧重、研究方法不尽相同，但均将互动语言学的理论贯穿其间，秉持了高度一致的研究理念。

总体而言，本套丛书既有宏观理论的引介，又有微观个案的剖析，内容丰富，视角多样，涉及互动语言学、多模态互动、位置敏感语法、认识状态等理论方法的介绍及其在汉语口语研究中的应用。丛书将传统的语言形式置于互动交际的框架中进行重新审视，考察各语法实体在会话交际中的基本形式、序列位置、互动功能、多模态表现，揭示了语言形式与社会行为二者之间的互育关系，从不同角度勾勒了口语语法的面貌。

"红雨随心翻作浪，青山着意化为桥"，我们期待该丛书能够为汉语口语语法研究贡献一份力量，读者能够借此从不同的侧面管窥自然会话中语言的特点。聚阳生焰，拢指成拳，相信后续还会有源源不断的成果加入，若干年后，能在汉语口语语法研究这一广阔的天地形成一个有特色的方阵。

姚双云

2022年12月

目　录

第一章　绪论 …………………………………………………… （1）
　第一节　论题研究缘起 ………………………………………… （1）
　第二节　研究结构和研究方法 ………………………………… （7）
　第三节　语料来源及转写体例 ………………………………… （9）

第二章　认识状态及研究现状 ………………………………… （11）
　第一节　认识状态的理论来源和概念基础 …………………… （11）
　第二节　认识状态视角下的汉语语法现象研究 ……………… （28）

第三章　认识状态变化标记"哦" ……………………………… （35）
　第一节　引言 …………………………………………………… （35）
　第二节　用法概览 ……………………………………………… （37）
　第三节　功能分析 ……………………………………………… （38）
　第四节　总结 …………………………………………………… （69）

第四章　认识状态变化标记"啊" ……………………………… （71）
　第一节　引言 …………………………………………………… （71）
　第二节　用法概览 ……………………………………………… （72）
　第三节　功能分析 ……………………………………………… （73）
　第四节　总结 …………………………………………………… （97）

第五章　"是吧"的互动功能研究 ……………………………… （100）
　第一节　引言 …………………………………………………… （100）

第二节　用法概览 …………………………………………（102）
第三节　功能分析 …………………………………………（102）
第四节　讨论和总结 ………………………………………（119）

第六章　"好吧"的元话语功能研究……………………（122）
第一节　引言 ………………………………………………（122）
第二节　用法概览 …………………………………………（123）
第三节　"好吧"的人际互动功能 ………………………（123）
第四节　"好吧"的序列组织功能 ………………………（134）
第五节　"好吧"元话语功能的浮现动因 ………………（144）
第六节　总结 ………………………………………………（153）

第七章　复合型话语标记"那个什么"的互动功能与浮现动因……（155）
第一节　引言 ………………………………………………（155）
第二节　复合型话语标记及其特征 ………………………（156）
第三节　"那个什么"的互动功能 ………………………（158）
第四节　"那个什么"的浮现动因 ………………………（174）
第五节　总结 ………………………………………………（179）

结　语 …………………………………………………………（181）

参考文献 ………………………………………………………（186）

附录1　行为中的认识：行为构建与知识领域 ………………（207）

附录2　认识引擎：序列组织与知识领域 ……………………（250）

后　记 …………………………………………………………（284）

第一章

绪　　论

第一节　论题研究缘起

作为口语语法现象的重要研究方法，会话分析（Conversation Analysis，CA）和互动语言学（Interactional Linguistics，IL）都注重从真实自然的口语会话材料出发，结合会话实例考察特定口语语法现象在具体互动场景中的表现和规律。其中，会话分析重视透过言谈交际这种最基本的社会互动方式来揭示社会秩序（social order）、社会实践（social practice）和社会行为（social action）的构建，而互动语言学关注在真实语言使用中，社会交际、人际互动和认知因素等在语言结构和规则形成过程中的作用。与传统的语法研究路径相比，会话分析和互动语言学更关注参与者的交际意图（communicative intention）对语言表现形式的影响，更强调言语交际实际是一种动态的（dynamic）、在线的（on-line）生成过程，要从交际过程中发现语言表现形式生成的动因。因此，从外在的语境层面看，汉语口语语法互动研究要求从语言使用的互动角度入手，对会话进程加以动态还原，结合较大的语言片段、较全的交际语境挖掘和归纳具体语言现象的属性、类别和成因，这样的研究比利用孤立句，单从结构上探索某一语法现象的特征更具现实意义，也更能真实反映汉语口语语法的特征和原貌。另外，从内在的心理认知因素层面看，互动主体对话题的知晓存在相对的知识差别（knowledge differential），而这种差别不仅影响语言形式所实施社会行为的归因（ascription），作用于共同对话者在下一话轮的接续，还通过话轮转换推动互动序列的发展或消亡，从而构成序列推进的内在动力机制。这种互动主体内在的心理认知因素就是

"认识状态"(epistemic status)。

在会话互动中,参与者对其所提出或断言的话语内容会存在确定和不确定的差别,而其具体的确信程度与其知识权限(access to knowledge)、知识权利(rights to knowledge)、知识展示(knowledge displays)等因素密切相关。参与者不仅会透过话语内容的编排表达其对相关知识的知晓状态——如说话人声称其知晓的内容,一般是属于他/她的信息范围/领域内的(Heritage,2012a、2012b),还会在互动中与共同参与者协商他们各自知晓什么,如何知晓,知晓多少,以及对其的确定程度(如,Drew,2012;Heritage,2012a、2012b;Heritage & Raymond,2012;Sidnell,2012;Stivers et al.,2011)。互动中参与者之间的此种知识分布、知识权限、知识深度等就是认识(epistemics)的核心要义所在(Stivers et al.,2011)。相对于共同参与者,说话人可根据双方对话语内容的知晓程度和对所述信息领域的权限高低,而声明其处于较对方知晓更多的地位,或较对方知晓更少的地位。信息领域和知识的分布以及信息的分布构成了对话中特定个体之间的共享背景(Heritage,2012a、2012b;Sidnell,2012),但在实时展开的谈话中,通过发话者对它们的断言和受话者对这些断言的回应,或者发话者对它们的提问和受话者对这些问题的回答等,它们也可充当被主要讨论和解决的议题。

建立于认识概念基础之上的认识方案(Epistemic Program,下文简称EP)是会话分析中涉及社会互动中信息交换(exchange of information)的一套研究方法。[①] 它不仅是会话分析研究领域有待探究的一个重要课题,同时还作为一种新的研究方案(research program)用以考察会话行为(conversational action)的组织。认识方案的核心概念是"认识状态"以及在其基础上构建而成的"认识引擎"(epistemic engine)的概念(Heritege,2012a、2012b)。前者是指交际者之间关于某一事态或某一知识领域的相对知晓权限与权利,是会话互动中构建和识别社会行为的关键要

[①] "认识"(epistemics)这一术语最初被用于认知主义研究方案中,该方案旨在解决语言和语言使用中的逻辑、社会学和心理学问题。值得注意的是,EP并不明确地依附于认知科学,但从某种程度上说,它确实是会话分析研究中偏认知主义的理论,因为它旨在深入探究社会互动中被促动的信息交换。

素,因此,在语法研究中还可被借以判定语言形式在特定交际场景中所履行的互动功能。后者是交际者相对认识状态所形成的一套抽象动力装置,它渗透在互动言谈的组织中,推动信息的交换和序列的发展。正如 Heritage 和其他学者所主张的,EP 关注的是知识的社会分布这一经典议题,并通过调用语言学的概念和分析资源,以独特的方式解决信息交换的问题(Heritage,2005、2012a、2012b、2012c、2013a、2013b;Heritage & Raymond,2005;Raymond & Heritage,2006;Sidnell,2012;Stivers & Rossano,2010)。在 Heritage(2012a、2012b)系统阐述认识状态及其相关机制后,Sidnell(2012)和 Clift(2012)将 EP 视为会话分析领域的重大突破并对其予以高度评价。Sidnell(2012:59)认为 EP 不仅仅是对 CA 已有的序列组织程序的补充:"事实上,Heritage 描述的不是另一个诸如话轮转换(turn taking)、序列组织(sequence organization)或修复(repair)之类的范畴。它是更为基本的东西——是一套使这些范畴以及其他范畴得以产生的原则和假设"。Drew(2012)也述及了 EP 的"创见"(quite radical)性:

> ... in any and every turn at talk speakers display and monitor (are cognizant of?) what they know in relation to what others know, what others may know they (speakers) know, and how each knows what they (claim to) know—and that there will always be imbalances or asymmetries in relative knowledge, albeit momentary or temporary imbalances. Indeed, the information flow in one turn to the next, from a prior turn/action to a response, then a response to a response, works to resolve those imbalances. (Drew,2012:63)

可见,Drew(2012)同样也认为 EP 提出的基本认知(以知识和信息为中心)操作(operation)"驱动"(drive)着序列组织。这也正如 Heritage 所言,互动的关键"驱动力"(driver)是发话者与受话者关于目标事项"共知"(known in common)的认识状态(Heritage,2013a:564)。也就是说,以交际双方认识状态不均衡或不对称为出发点的知识和信息的流动(flow),是以实现双方认识状态的均衡为目标的。在会话互动中,交际者这种认识状态的调整和变化有时会通过特定语言形式甚至标记得以直接和公开体现。比如在下面的英语实例中位于第 9 行的回应标记 Oh：

(1) 商品已送达①：

```
1 Jenny：  Hello?,
2         (0.5)
3 Ida：    Jenny?
4         (0.3)
5 Ida：    It's me:,
6 Jenny：  Oh hello I:da.
7 Ida：  → Ye:h..h uh:m (0.2) ah'v jis rung tih teh- eh tell you
          (0.3)
8      → uh the things ev arrived from Barkerr'n Stone'ou[:se,
9 Jenny：                                                 [O h:::::.
10        (.)
11 Jenny： Oh c'n ah c'm rou :nd,hh
```

该对话中，Ida 打电话给她的朋友 Jenny，双方互相问候并确认彼此身份后，Ida 直奔通话主题，告知对方（双方共知的）商品已从当地一家百货商店送达（第7—8 行）。该陈述式所传达的信息对 Jenny 而言本属于未知信息，但在 Ida 进行告知后，她通过发出带拖长音的"Oh"（第 9 行），表明在上一话轮的作用下，自己已从未知状态转变为已知状态（Heritage，1984a）。表示状态变化（change-of-state）的回应标记"Oh"同时还标识着双方就商品已运达这一信息的相对认识状态实现了均衡。

小品词（particle）履行广义上的"认识"功能这一现象并不局限于英语，在汉语、芬兰语、德语、丹麦语、日语、爱沙尼亚语等多种语言中也同样存在可被用于表达认识状态变化的小品词（Wu & Heritage，2017；Golato，2010；Heinemann，2015；Hayano，2011；Kasterpalu & Hennoste，2016；Koivisto，2015a、2015b）。在汉语中，同样由叹词发展而来

---

① 此例转引自 Heritage（1984a）。

的回应标记"哦"就可用于表征状态变化,甚至可标识多种类型的状态变化,与我们上文所讨论的英语标记语"Oh"存在诸多相似之处。① 如:

(2) 绣球:

1 L: 我见过那个
2 R: 那个叫<u>绣球花</u>
3 L: →哦:
4 R: 这名字也好听
5 L: 嗯
6 R: 然后 (.) 那个八号楼的那个

在该序列前,R 一直在为 L 详细描述某种植物的形态特征,并顺便提及了它们在校园里的分布位置。在这一线索的指引下,L 回忆起她曾在 R 所提到的地方见过该植物(第 1 行)。这时,R 告诉 L,这种植物的名字是绣球花(第 2 行)。通过这种自发告知(volunteered informing,Thompson et al., 2015),R 声明她对该植物很了解,与此同时,受话者 L 则相对地处于不了解的状态。而且先前数个话轮的谈话(此处未显示)也表明,L 对该植物并无任何预设,在会话中主要充当接收者的角色。由此我们可以推断,该植物的名字为"绣球花"这一事实对 L 来说属于新信息。因此,L 在下一话轮发出独立的话轮成分"哦",承认对方的话语具有信息性,而且这种信息性引发了其知识状态从未知到已知的转变(Wu & Heritage, 2017)(箭头标示的第 3 行)。随后,R 在双方业已实现均衡的相对认识状态的基础之上,又对植物的名字实施评价,并获得对方认同(第 4—5 行)。

在汉语中,除了"哦"这样的叹词形式外,我们还发现其他一些表征说话人认识状态的外显语言形式。如下例中由附加问表达式发展而来的回应标记"是吧":

---

① 尽管汉语"哦"与英语 oh 在状态变化的表达上存在许多相似之处,但它们的具体功能类别及其序列分布特征仍存在诸多差异,这一点我们将在本书第三章进行详细阐述。

(3) 考博①：

```
1 Bai：  我们学校很多就是四十来岁的老师
2 Liu：  嗯
3 Bai：  不分男女（-）然后都都都去那个考博
4 Liu：→是吧
5 Bai：  就有一个女老师
6       她本来就比较
```

该对话中，Bai 讲述其学校老师——不分男老师和女老师——参加考博的风潮，这一事实对不在该校工作的 Liu 来说属于未知信息。在对方完整产出第一条新信息后（第1、3行），Liu 在第4行立即发出新信息接收标记（newsmark）"是吧"，明示对 Bai 所传达信息的接收和自身认识状态上的变化（change in epistemic status），同时示意对方继续其告知行为（Liu & Yao，2021）。

以上我们仅对汉语口语会话中的小品词"哦"和附加问表达式"是吧"等形式的状态变化标识作用作了简要说明，并未具体呈现其诸多功能变体在互动序列中认识状态表达的全貌。事实上，处于不同序列位置（sequential placement）上的"哦"或"是吧"所行使的互动功能可能迥然相异，且相应的语法与韵律表现、共现特征等也各不相同。譬如，位于引发话轮中的"是吧"和处在回应话轮中的"是吧"在会话互动中所完成的社会行为就截然不同，所反映的相对认识状态也恰成对照。因此，在认识状态表达这一分析视角下，"哦"和"是吧"在互动交际中具体存在哪些序列特定（sequence-specific）的功能变体，汉语口语会话中又有哪些常见的标识互动主体认识状态的语言形式或标记，它们又分别是如何推动互动序列向前发展的，这些都是本研究拟探究的问题。

---

① 此例转引自 Liu 和 Yao（2021）。

第二节 研究结构和研究方法

在初步调查后，我们选取了"哦""啊""是吧""好吧""那个什么"这几个汉语日常会话中较为典型的负载说话人认识状态的语言形式作为研究对象，并以会话分析和互动语言学为主要研究方法，将 EP 这一新兴研究方案贯彻到具体会话实例的剖析过程中，通过刻画互动主体相对认识状态及其表达过程，系统考察认识状态及其相关机制作为互动交际的驱动因素在汉语口语语法现象形成过程及行为塑造中的根本作用。

会话分析和互动语言学作为本研究的主要研究框架，是描写和解释口语会话中语言现象分布规律和演变动因的重要理论和方法（会话分析参见 Heritage，1984b；互动语言学参见 Couper-Kuhlen & Selting，2001）：会话分析尤其关注对话者对正在展开的序列的定位（orientation），因此，在会话实例的考察中我们将反复运用"下一话轮证明程序"（next-turn proof procedure）① 这一基本方法，以透过受话者对目标话轮的回应来确定特定语言形式所实施的互动功能；互动语言学极为强调语言结构和互动是如何相互塑造的（shaped），因此，在分析目标语言形式的序列组织、共现特征、行为构建，以及这些因素如何与互动相互影响的过程中，我们将始终贯彻结构塑造与互动运作之间天然互育（cross-fertilization）的理念。至于认识理论，它无疑是近二十年来会话分析和互动语言学研究中最炙手可热的研究路径之一，它将互动双方关于目标信息的认知这一情境外（extrasituational）因素纳入会话序列的分析框架，探讨在真实语言使用中主体相对认识因素对语言结构和规则的形成所发挥的作用。

基于以上理论框架，本书第二章将系统综述认识理论的概念基础、内涵及其与序列位置、序列组织、社会行为等会话互动研究关键要素之间的相互关系，同时，我们将简要介绍汉语语法学界运用该理论业已解决的实际问题。本书随后的五个主体章节将在认识的理论取向和观察视

---

① "下一话轮证明程序"是会话分析中的一种基本分析法（Sacks et al.，1974：728；Hutchby & Wooffitt，1998：15）。它确保分析是基于受话者在下一话轮对话语的定位的，"而非分析者做出的主观和直觉上的解读"（Li，2014：29）。

角下,通过五个个案分析来展示如何将 EP 的研究方案运用到对具体语言形式的功能判别及其所实施社会行为的解读中,从而揭示广泛分布于日常会话中的这些语言形式、标记与互动交际之间的共生关系,以及它们的使用规律和形成的认识动因。这些分析个案分别是:

(一)标识说话人状态变化的叹词性回应标记"哦"和"啊"。认识状态变化在包括汉语在内的许多语言中均可通过标记化的叹词这一手段来表达,因为叹词可以独立成句并表示"感叹"和"应答"等基本语义(胡裕树,2011),这些特征使得它们可实时地将说话人内在的认知或心理状态外显化,也便于听话人进行在线识解。"哦"和"啊"是汉语口语中最为常见的表认识状态变化的标记化叹词,它们在会话序列中的位置分布灵活,并在"状态变化"这一基本语义的基础之上实施多种序列特定(sequence-specific)的互动功能。那么,这两个标记化的叹词惯常出现的序列位置有哪些?在这些位置上又分别实施何种互动功能?在第三章和第四章我们将对这些问题进行详细解答。此外,在分别探究"哦"和"啊"最为典型的几种状态变化表达功能的基础上,我们还将试析二者功能表达和序列分布上的一些异同点。

(二)反映交际双方相对认识状态的"是吧"。自然会话中典型的附加问表达式"是吧"所发挥的基本交互功能"请求确认"(邵敬敏,1996:123),其实质为说话人针对特定信息将自身置于略低于听话人的认识地位,以请求对方予以确认。而且在双方相对认识状态产生细微变化后,同一位置的"是吧"还会衍生出本质上截然相反的认识表达功能。此外,我们还初步观察到,"是吧"在回应序列中还衍生出了一些扩展功能,这些功能变体同样与认识状态的表达密切相关。在第五章中,我们将缕述"是吧"各项功能变体在会话互动中的具体序列分布表现及其主要实施的社会行为,并对以"是吧"为代表的附加问表达式各功能间的演化关系加以剖释。

(三)担任认知调节标记的"好吧"。在现代汉语口语中,用作同意、赞许等表态义的"好"与语气词"吧"组合成"好吧",除了表示与具体行为事件相关联的征询或允准义外,还衍生出话语标记用法,在回应位置上独立构成话轮,履行让步性妥协回应功能(邵敬敏、朱晓亚,2005;郑娟曼,2018)。此外,"好吧"还附着在陈述事实或发表观点的断言末，针对听话人前述话语内容加以反驳等。初步调查发现，"好吧"所履行的这些话语功能本质上是说话人在借其实施认知调节行为——调节自我认知或调节对方认知，而且均与互动双方的认识状态密切相关。在第六章中，我们将研析在"好吧"各互动功能框架中，会话双方相对认识状态与说话人认识立场表达的特征，并探究"好吧"所处序列位置对其所反映的说话人认识定位的解读的重要性。

（四）暗示双方认识状态相对均衡的复合型话语标记"那个什么"。自然会话中话语标记"那个"与"什么"高频共现，在内部组构成分"那个"与"什么"的语义相宜性和外部交互式语境对最佳关联性假设的要求这两个因素的作用下，凝固为复合型话语标记"那个什么"。"那个什么"在言谈交际中主要承载占位填充、切换话题和引介例释三项互动功能。其中后两项功能系在第一项功能的基础上衍生而来，具有位置敏感性。在第七章中，我们将借助认识理论的分析框架，探查相对于互动双方认识领域而言，"那个什么"所指代的目标信息处于何种状态，而认识理论在该话语标记各互动功能本质的推寻过程中是否存在某种提纲挈领性的价值。

最后，我们还将翻译美国会话分析学家 Heritage 关于认识理论的两篇经典论文，并附于本书文末以供互动语言学、会话分析等相关领域的语言学研究者和学习者阅读参考。

第三节　语料来源及转写体例

鉴于以上所述互动语言学与会话分析对研究材料的严格要求，本研究使用的语料均为真实自然的口语会话材料，它们来源于课题组自建的"汉语自然会话语料库"（书中进行具体实例分析时，不再另作说明）。该语料库为课题组成员采用录音、录像的方式收集无主题自由谈话，然后在其基础上加工而成①，总时长约为 97 小时 16 分钟，转写文本共计 173

---

① 语料所涉及的录音、录像内容均已获得参与者同意与授权，谨致谢忱！书中引用语料时会做适当的省略与调整，语料中的人名均为化名。

万字，其中包含 76.5 万字由视频转写的多模态语料①。参与者均为同学或朋友关系的汉语母语者，能流利使用普通话。语料转写规范以 GAT-2 转写系统为基础。② 转写体例如下：

→	目标行
[	重叠和同时谈话的开始
[	
(.),(-),(- -),(- - -),(1.0)	微停顿 0.2 秒，0.2—0.5 秒，0.5—0.8 秒，0.8—1.0 秒，1.0 秒及以上
:,::,:::	语音延长 0.2—0.5 秒，0.5—0.8 秒，0.8—1.0 秒
=	即时延续
(( ))	非言语行为和事件
((laughter))	非音节化笑声
<<laughing>>	边笑边说
((lip smacking))	咂嘴音
(XX)	辨识不出的音节
<u>十点</u>	音节重音
<<creaky>>	喉音化
(?)	由声门闭合引起的喉塞音
<<p>>	弱音

---

① 在对某些会话实例进行分析时，我们还会结合视频对互动参与者的身体活动等进行微观序列分析（Stivers & Sidnell, 2005；李晓婷, 2019），以协助我们更深入地理解和探索语言和互动的关系。

② 本研究的语料转写规范以 GAT-2（Gesprächsanalytisches Transkriptionssystem）转写系统（Selting et al., 2009）为基础，并结合 Li（2014）的转写规范做了微调。

第二章

认识状态及研究现状

第一节　认识状态的理论来源和概念基础

一　认识状态的理论来源

EP 的理论来源主要有两个，一是 CA 的一些文献，特别是 Schegloff（1968、1984、2007）关于序列分析和相邻话对（adjacency pair）组织的著作、Sacks（1992a、1992b）关于故事（story）——尤其是故事所传达的对个人经历的"权利"（entitlements）的演讲材料、Pomerantz 关于二次评价（second assessment）（Pomerantz，1984）和"我的视角"讲述（my side telling）（Pomerantz，1980）的论文、Goodwin（1979）关于发话者针对"知晓受话者"（knowing recipient）与"不知晓受话者"（unknowing recipient）进行消息宣告时采取不同话语设计的研究等。EP 的研究参考了这些 CA 的文献，并将其发现与以下心理语言学和社会语言学的主题相结合：Bolinger（1957）对断言和求取信息的"窗帘拉起/窗帘放下"（blinds up/blinds down）的区分；Labov 和 Fanshel（1977）对"A-事件"和"B-事件"的区分；以及 Clark 和 Haviland（1977）关于已知—未知的区分（发话者对受话者是否已经知晓某一特定消息或信息的预设）。

EP 的另一个理论来源是被奉为 CA 和常人方法学（ethnomethodology）先驱的社会学家 Goffman 关于自我领域（territories of the self）的研究，特别是与"信息界域"（information preserves）相关的揭示与隐藏的动力（the dynamics of revelation and concealment）（Goffman，1971：39；另见 Kamio，1997；Hayano，2011，关于知识/信息的研究）。下面我们选取与 EP 密切相关的一些研究进行简要介绍。

首先，Labov 和 Fanshel（1977：100）区分的 A - 事件（A-events）和 B - 事件（B-events）分别是指对于 A 是已知的，但对于双人交际中的 B 是未知的事项，和对于 B 是已知的，但对于 A 是未知的事项，这一理论被借以分析陈述式问句（declarative question），作者提出这种 A 所作的 B - 事件陈述（如，"And you never called the police."）应被视为未使用疑问式句法或句尾升调的信息求取行为。

在一个相关研究中，Pomerantz（1980）从主体行为人对知识所负责任的角度对知识作了 1 类知识（type 1 knowable）和 2 类知识（type 2 knowable）的区分。前者是主体行为人有"权利和义务"（rights and obligations）从一手经验中获得的知识，比如自己的姓名、正在做的事情或自己的感受等，而后者是主体行为人的所见所闻"引发的知晓"（knowings being occasioned），如通过告知、传闻、推理等方式获得的知识，朋友的行踪、室友昨天所做的事等就属于此类，主体行为人对这些知识所承担的责任相比 1 类知识要更轻（1980：187；另见 Sacks，1975）。总之，Pomerantz（1980）对知识的区分本质上关涉的是主体行为人对相关知识的社会权利与责任。

1 类知识和 2 类知识这两个概念在 Kamio（1997）关于日语"信息领域"（territory of information）的讨论中得到了拓展。与英语一样，日语中的句末小品词（final particle）常被用来标识信息领域（另见 Hayano，2011、2012）。Kamio 将这些早先的概念加以扩展，主张发话者与受话者都有信息领域（或"认识领域"（epistemic domains）［Stivers & Rossano，2010］），若某一特定信息在听说双方之间更接近说话人，该信息可被视为归属于说话人的领域，反之，则被视为归属于听话人的领域。每个人都有自己的信息领域，包括他/她的个人和工作经历，对家人或亲近的人的了解，等等，对于属于这些领域的事项，个人享有相对于其他互动交际者的认识权威，包括告知、解释和评价这些事项的相对权利等。互动的具体内容均可针对言谈参与者的信息领域加以划归，尽管存在程度深浅的差异，而这种程度的深浅决定了说话人对语言形式的选择，即说话人在说每一句话时均须揣度信息所处的领域。如当说话人产出"I forgot to tell you the two best things that happened to me today."（Terasaki，2004：176）或"Jesus Christ you should see that house Emma you have no idea."

(Heritage & Raymond, 2005: 17) 这样的话语, 是在宣称他/她对自己亲身经历的事或亲眼所见的情景拥有绝对的认识优势, 并预期受话者完全不知晓自己接下来要说什么。而当说话人说出 "It's a beautiful day out, isn't it?" (Pomerantz, 1984: 61), 对天气情况进行评价时, 他/她暗示双方对因外部世界共同的直接体验而获得的信息拥有平等权限。总之, 知识的相对状态可以是说话人 A 对某一事项完全了解, 而听话人 B 毫不了解的情况, 或双方拥有完全相等信息的情况, 以及介于这两者之间的每一种情况。此外, 除上文这三句话所示的直陈或疑问等句式和结构外, 有时说话人对信息领域的揣度结果还决定了他/她对词语尤其是言据性标记①的选择, 如弱化断言程度的 seem、look 等, 暗示信息间接获取方式的 I hear、they say 等, 以及表信息主观性的 I think、I guess 等 (Kamio, 1997: 24), 它们均可被说话人调用, 以对其所作断言进行某种调整。

Stivers 等 (2011) 从三个对于会话互动者而言较为显著的维度对知识尤其是知识的不均衡性进行了划分: (1) 认识权限 (epistemic access); (2) 认识优势 (epistemic primacy); (3) 认识责任 (epistemic responsibility)。具体说明如表 2-1 所示:

表 2-1　　　　　会话中的知识维度 (Stivers et al., 2011: 9)

维度	说明
认识权限	知晓 vs. 不知晓
	确定程度
	知识源
认识优势②	知识的直接性
	相对知晓权利
	相对宣称权利
	相对知识权威

---

① 言据性标记 (evidential marker) 是用来表明某个命题的信息源的形式 (Bybee, 1985: 184; Anderson, 1986: 274), 而且这些标记实际上不但可以表明信息是如何获取的, 如直接经验、推理或是传闻等, 还可表明说话人对信息真实性所持的态度。

② 认识优势与认识权限的不同之处在于, 即使互动双方对某一信息具备相同的认识权限, 其认识也不一定是平等的, 一方可能因为他/她是所谈论事项的亲身经历者而在认识上领先于只是间接参与相关事项的另一方, 因而具备相对认识优势。

续表

维度	说明
认识责任	知识类型（1类 vs. 2类）
	行为的受话者设计①
	话轮的受话者设计

其中认识权限涉及互动双方对某事项的知晓/不知晓状态、不同确定程度的表达，以及对知识的直接/间接权限等。如果说认识权限主要与个人的绝对知识状态有关，那么认识优势则不仅是分级的，且本质上是相对的。它涉及认识权威（epistemic authority），即互动双方谁对知识享有权威性，谁有权利知晓知识，以及谁有权利宣称知晓知识。认识责任则涉及Pomerantz（1980）所提出的1类知识和2类知识，其中互动者对1类知识所承担的责任相对而言更多，但也并非绝对。此外，互动者也对行为的受话者设计和话轮的受话者设计负有责任，譬如在知晓答案的情况下，互动者一般不能实施信息求取行为。Stivers等（2011）认为，在会话中，互动者表示对他们所知晓的、他们的确定程度、他们的相对权威，以及他们行使权利和履行责任的程度负责。因此，互动者将知识视为一个道德领域，而这也对他们与共同互动者的关系产生了明显的影响。

二 认识状态的概念基础

（一）何谓认识状态

在综合以上不同理论来源的基础上，Heritage和Raymond（2005）提出了"认识状态（epistemic status）"的概念："关于交际者可知晓的内容，如何知晓②，以及他们是否有权对其进行描述的权利和责任的分布"（2005：15）。后来，Heritage又深化了对这一概念的定义。他认为，就某

---

① 受话者设计是指"发话者根据受话者是谁来选择谈论的事项并组织话语……而且他/她谈论这些事项的方式——使用什么样的词语、指代形式等，也取决于在该互动节点，对发话者而言，当时的受话者是谁"（Schegloff，2006：89）。

② 包括通过何种方式，有何种程度的明确性（definiteness）、确定性（certainty）与新近性（recency）（Heritage，2013a）。

一信息领域，交际双方的相对认识权限是分级的，这样他们在认识斜坡（epistemic gradient）上占据不同的位置——分为掌握知识多的（编码为[K+]）交际者和掌握知识少的（编码为[K-]）交际者，而双方相对位置所构成的认识斜坡本身会因坡度的陡缓呈现差异（Heritage，2010、2012a、2012b、2013a、2013b；Heritage & Raymond，2012）。[1] 这种交际双方的相对定位就是认识状态。认识状态是"基于交际者对彼此关于特定知识和信息领域的认识权限和认识权利评估的"（Heritage，2012a：7），它涉及双方对其关于（或多或少为确定事实的）某一知识领域的相对权限、知晓程度和权利的共同识解（Heritage，2013a）。也就是说，鉴于其知识权限和权利的分布，对话参与者赋予自己和他人从知晓较多的[K+]到知晓较少的[K-]等各种认识状态。此外，值得注意的是，Heritage等所说的认识状态并不限于信息获知权限，它还与认识优势和认识责任等密切相关（Stivers et al.，2011）。

一般而言，当信息领域涉及的是交际者的个人想法、感受、经验、专业知识范畴和家庭等时，一方往往对该领域具有某种特权与责任，此时双方的认识斜坡坡度较陡（双方认识差距较大），而当信息领域涉及的是双方对人、物、事的同步体验，形成的认识斜坡则坡度较缓（双方认识差距较小甚至呈均衡态势[2]）。此外，对某一话题或事件处于较高认识状态的一方，当与最近参与或接触该话题或事件的另一方相比时，情况可能又会发生变化。可见，认识状态本身就是一个相对的和关系的概念，它涉及双方（或多方）在某个时间点对某一领域的相对权限。而且每个人相对于他人的认识状态往往会因领域的不同而产生差别，并随着时间的推移而变化，甚至还会因特定互动行为的作用随时发生改变。

根据经验、权限、所有权（ownership）及其他此类因素，对话双方

---

[1] 此处有两点需要说明：首先，这种[K+]或[K-]的编码状态是认知的，也就是说，它是根据发话者所拥有的，或是发话者被假定拥有的相对于受话者的知识来定义的；其次，认识斜坡的坡度较陡意味着[K+]的一方所知晓的信息远多于另一方，坡度较缓则意味着[K+]的一方只比另一方多了解一点信息，而认识斜坡呈水平状态意味着双方对所谈论问题的了解大致相当（见Lindwall et al.，2016）。

[2] 对某一领域的平等认识权限体现在诸如"It's a beautiful day out, isn't it?"这样的话语中（Pomerantz，1984：59）。因此，认识权限均衡（"水平"的斜坡）"可能仅限于（但不保证）对特定的人、物和事的共享同步体验中"（Heritage，2012a：5）。

的相对认识状态或是不对称的（其中一方在权限和知识上高于另一方），或是对称的（权限和知识在双方之间更均匀地分布）。而且即便是不对称的状态，其内部仍存在程度高低的差异，这并非［K＋］和［K－］这两种状态所能简单概括的，正如 Drake（2013）所言，认识状态"并非二元状态，而是呈现出一种相对于共同参与者而构建和表达的连续统状态"。如 Couper-Kuhlen 和 Selting（2018）在分析提问者在提问行为中的不知晓（unknowing 或［K－］）状态时，又将［K－］认识状态细分为完全［K－］状态和部分［K＋］状态，前者指的是提问者对所谈事项毫不知情的情形，而后者意味着提问者对所提问题的答案多少有些明确的预期。如作为真正的信息求取行为（提问者为完全［K－］状态）的是非疑问句，其相应的下一行为是进行肯定（或否定）回答，而作为请求确认行为的是非疑问句和 B-事件陈述（提问者为略微知晓、部分［K＋］状态）的回应行为则应是予以确认（或否认）。① 可见，提问行为相应的回应行为的具体类型是与提问者的认识状态密切相关的，而且这种认识状态并非简单的［K－］状态所能确切描述的。

在会话互动的每一个话轮中，发话者都会通过话轮的语法设计（包括句法和词汇形式）编码和表达他/她相对于受话者知晓什么/知晓多少，而且，发话者考虑其受话者知晓什么——即受话者设计——也是话轮设计的核心（Goodwin，1979、1986a）。关于语法设计与认识状态的关系，Drew（2012）就曾指出，［K＋］认识状态通常借由陈述式表达，而疑问的语法格式也是发话者表达［K－］认识状态最为直接的方式，二者分别构成表达［K＋］认识状态和［K－］认识状态的非标记句法形式，是告知和求取信息的行为构建的基础，除此以外的其他行为则是通过（除其他因素之外）语法形式与发话者认识状态之间的不一致来被构建和识解的。例如，当一位母亲看到自己的孩子胡乱放置自己的玩具并产出"你在做什么？"这一话语时，她并不是在求取信息，而是在质疑孩子的不当

---

① Couper-Kuhlen 和 Selting（2018）认为肯定（Affirmation）与确认（Confirmation）的区别在于：当回答者肯定先前话轮的内容，他/她是将自己定位为［K＋］方，将提问者视为完全［K－］方，因此，回答者提供的信息对提问者而言是全新的、信息性的；相对地，当回答者确认对方所说的话，他/她仍是将自己定位为［K＋］方，但将提问者视为部分［K＋］方，在这种情况下，回应中所提供的信息对于提问者来说并不是全新的，而是意料之中的。

行为。反过来，受话者也会观察引发话轮的语法设计和发话者的认识状态，包括对方的知识、信息、认识权威、认识权利和经验权限等——以此决定如何进行回应①，从而驱动序列从一个话轮到另一个话轮向前推进。由此可见，会话互动中的参与者均持有一个"认识自动收报机"（epistemic ticker）②，每一方都在持续观察对方对话题领域的了解程度，对谁知晓什么进行详细、实时的记录（Heritage，2012a：25）。"观察互动中每一个话轮所蕴含的认识状态是话语作为行为建构的一个无可避免的特征"（Heritage，2013a：565），也是"行为构建中几乎无所不在的背景因素"（Heritage，2013a：573），从而形成构建和识解特定行为的先决条件：为了能得当地参与谈话，人们不仅需要知晓一些信息（如为了有话可说），而且必须时刻留意别人知晓或不知晓某些内容，因为这将决定他们自身话语的产出及其对他人话语的理解（Sidnell，2012）。对会话参与者与专业的会话分析者而言，相对认识状态对确定发话者方才说了什么和做了什么，以及受话者应该如何针对序列中的先前行为进行回应至关重要。因此，认识（epistemics）解决了会话互动中社会行为如何被构建和识解的难题。

通过对会话双方认识状态、话轮设计特征与行为解读三者关系的系统阐述，Heritage 明确指出，在确定特定话语是被理解为信息求取行为还是信息传递行为时，相对认识状态比形态句法和语调等其他因素更为重要（2012a）。譬如，在识解提问这一社会行为时，疑问性（包括疑问句法和疑问语调）并非构建提问行为的唯一手段，事实上许多话轮之所以被视为在实施求取信息或请求确认的行为，仅仅是因为它们是关于对方认识领域事项的陈述。其中陈述式问句就是一个典型范例，它甚至是英语会话中最常采用的问句形式（Stivers，2010）。其存在本身就说明，在确定话轮是在传递信息还是在寻求信息时，认识状态这一因素较之句法

---

① 值得一提的是，受话者对先前话语的理解（例如，求取信息）通常与该话语的形态句法形式相一致，但在某些情况下，认识凌驾于表层语法之上，比如第一位置的疑问式话语表达的却是有待确认的断言或有待认同的权威评价等。后文我们将对此进行详细讨论。

② 自动收报机是接收无线电电码信号的机器，它作为一种快速的、即时的、可靠的远距离通信方式，被广泛用于金融圈，在相当长的一段时间内，它都承担着向股票经纪人、投机商人、投资银行家、重要媒体经济部编辑以及众多华尔街雇员提供最新股市信息的重任。

因素更为重要。① 而且即便是带句尾升调的陈述句法，对其行为本质的解读也有赖于互动双方的相对认识状态：当目标事项属于发话者认识领域时，它被用来引发对方的继续型反馈（continuer），以协助发话者实施继续陈说（continuing）的行为；反之，则是被用来实施求取信息的提问行为（Heritage，2012a）。再如，认识状态在解读完整重复（full repeat）或部分重复（partial repeat）形式的修复发起（repair initiation）行为时发挥着关键作用（Robinson，2013）：如果受话者认为重复的产出者对被重复项并不知晓（即，对被重复项处于［K－］认识状态），那么他/她很可能会将重复解读为基于理解性困难（a problem of understanding）的修复发起行为；反之，如果受话者认为重复产出者知晓被重复项（即，对被重复项处于［K＋］认识状态），那么他/她很可能会将重复识解为发话者对后续某种不认同行为的投射。

另外，社会行为（如告知或求取信息等）并不能基于其形式上的语言格式（或语调等）来识别，因为句法（或语调等）不是保证断言和提问等行为之间区别的根本所在。事实上，在会话互动中，疑问式句法不仅限于提问和求取信息，还可用于表达其他类型的行为，如充当前置请求（pre-request）的问句（Levinson，1983；Schegloff，2007）、评估学生理解力的"考试"问句（"exam" question/known answer question）（Searle，1969），以及实施断言的疑问陈述句（queclarative）等（Sadock，1971、1974），这都是在实施信息求取之外的某种行为。相对地，真正的提问并非总是用疑问式句法来表达。此外，句法在确定一个话轮是传递信息还是寻求信息时也并不发挥决定性作用，这些在上文所呈现的许多会话实例中早已得到验证：当其所述内容主要归属于受话者的认识领域时，陈述句无法被用于传递信息，而当其所述内容主要归属于发话者的认识领域时，疑问句也不再是用于求取信息。因此，公认的互动双方关于话语内容的认识状态凌驾于句法和语调等话轮设计因素之上，它才是

---

① 陈述式问句在形态句法和韵律上与一般的陈述句无异，但从会话序列角度看，它其实是要求对方对信息予以确认（confirm）或否认（disconfirm）的问句（Stivers，2010）。需要说明的是，陈述式问句在话语中的使用旨在寻求对已有信息的确认，而非像疑问句法一样，主要用于求取新信息（Levinson，2012；Stivers，2010；Stivers et al.，2010），因此，从认识状态角度看，与求取新信息的问句相比，陈述式问句中互动双方的认识斜坡坡度较缓。

行为构建和识解的关键。

(二)认识状态与认识立场

尽管相对认识状态可以而且确实会在互动过程中发生变化,但在大多数情况下,参与者并不会不断地协商其认识状态。正如 Heritage 所说,它通常被视为一种"预设的或商定的,因而真实和持久的事态",也就是说,认识状态是社会关系(social relationship)的某种稳定的特征(2012a:6)。而关于认识状态在真实互动中是如何动态表征的这一问题,则涉及另一个认识概念——"认识立场"(epistemic stance)。Heritage(2012a、2012b)在提出"认识状态"这一概念时,就相应地提出了"认识立场"的概念,用以描述说话人如何通过话轮的设计来定位自己在言谈互动中的认识状态(Heritage,2012a、2012b)。如果说关于特定认识领域的认识状态是交际者社会关系的相对持久的特征,那么认识立场则与之相反,它涉及这些关系逐时逐刻(moment-by-moment)的表达,说话人通过互动中话轮的构造和行为的设计对其进行管理。具体而言,说话人既可以通过语言资源(如陈述句、疑问句和附加问句等句法手段或句末语气词等语法手段)、韵律资源(如句尾降调、升调等),也可以借由具身动作(如摇头等),将其认识立场构建于话轮组织中,并将发话者和受话者区分为在认识斜坡上处于相对高位的[K+]方和处于相对低位的[K-]方。在英语中,认识立场"突出体现在对命题内容的不同语法表达中"(Heritage,2012a:6、2013a:558)。如下面三句话,如果作为问—答相邻话对的前件,它们表达的命题内容,即受话者的婚姻状况是一致的,而且实施的都是提问行为,但其编码的语法形式不同,例(1)通过是非疑问式的形式输出,例(2)则是附加疑问式,而例(3)为陈述式:

(1) Are you married? 你结婚了吗?
(2) You're married, aren't you? 你结婚了,是吧?
(3) You're married. 你结婚了。

这三句话涉及的婚姻状况属于受话者的个人信息,完全归属于受话者的认识领域内,因此他/她对该信息拥有主要的知晓权利(互动双方相对认识状态可编码为:[K-]→[K+]),但发话者所表达的认识立场依其所采用的语法编码形式而有所不同,使其在认识斜坡上所占据位置高低有别,从而与受话者形成不同的认识极差。具体如图2-1所示:

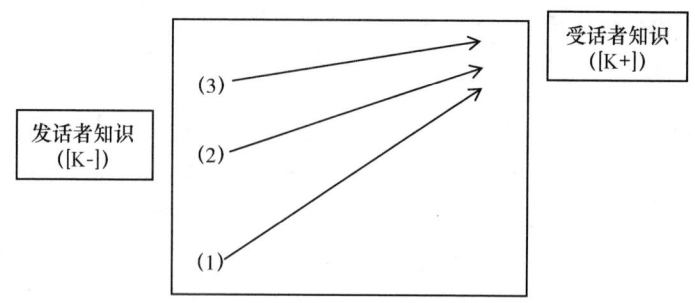

图 2-1　例 (1)—(3) 认识立场的认识斜坡表征 (Heritage, 2012a: 7)

如图 2-1 所示，例 (1) 中发话者通过是非疑问式将自身置于位置较低的 [K-] 立场，表示自己对对方的婚姻状态并不掌握多少信息，也不存在个人假设，[K-] 方与 [K+] 方之间形成的认识斜坡落差较大，而例 (2) 和例 (3) 的附加疑问式和陈述式则表示发话者对受话者已婚状态越发肯定的状态，这通过 [K-] 方与 [K+] 方之间坡度越小的认识斜坡得以表征。其中例 (3) 这种涉及对方认识领域信息的陈述式，主要用于发话者已被告知（或独立知晓）并试图确认或再次确认目标信息的情况，或用于表达其推断、假设或其他类型的"最佳猜测"（best guess）（Raymond, 2010; Stivers, 2010）。

因此，例 (1)—(3) 这些各不相同的语法结构在分别表达发话者对所述信息的知晓程度由低到高的同时，还体现了发话者对所述信息的主观确信度由低到高的过程。在综合说话人对信息的知晓与确信程度这两个因素的基础之上，Zuczkowski 等（2014、2017）还对认识立场做了进一步的理论扩展，在知晓（known, K）与不知晓（unknown, U）之外提出了另一种认识定位——相信（believed, B），即说话人不确定信息是否为真，但相信其为真的状态，以解决诸如位于引发位置的"You're married, aren't you."这种附加问句和位于回应位置的"I think that she is at the theatre."这种直陈句中言者所表达的不确定但主观确信的状态的归属问题。[①] 知晓、不知晓和相信这三种状态构成了 KUB 认识模型，该理论模型除了可用于把握带"I

[①] Zuczkowski 等（2014）指出，知晓状态是说话人对信息既知晓又确信的状态（known/certain），而不知晓和相信状态最主要的区别为：前者存在信息的缺失（unknown），而后者不存在此种缺失，只存在观点或推测的不确定或待确认（believed/uncertain）。

think"等言据性标记的话语中说话人所表达的认识立场外,还可用于解读含不同程度不确定性的非知识的观点、推测、假设等。

由此可见,认识立场既包括说话人对命题内容知晓或不知晓的立场,还包括他/她对命题内容确定或不确定的立场(Drake,2013)。从这个角度看,如果说认识状态是说话人对所述信息客观上的知晓度,那么认识立场就是说话人为实现交际目的而主观上调整的确信度。Enfield 等(2012)在研究三种语言(荷兰语、老挝语和泽塔尔玛雅语)的疑问句句末助词(sentence-final particle)时就采用了"命题确信度"(commitment to a proposition)这一术语,并发现在这些不同类型的语言中,均存在表达发话者对命题真值不同程度确信度的句末助词,被用以降低发话者对命题真值的确信度,或提高受话者对命题真值的确信度。Drake(2013、2015)还发现,在英语中,话轮末连词 *or* 也具备此种降低发话者对命题确信度的认识立场表达功能。

表达认识立场或命题确信度的资源除我们上文提到的是非疑问式、附加疑问式、陈述式等句法结构,以及句末助词、话轮末连词等词汇形式外,还有认识立场标记。其中添加在完整话语内容后的完成后(post-completion)成分就是一类典型的认识立场标记,它们并非先前话语的扩展成分,而是被用于表达说话人对先前完整命题内容的把握程度,这些认识立场标记既包括"I dunnos"等小句资源,也包括笑声、呼吸、面部表情、点头、耸肩、吸气等声学或视觉多模态资源(Schegloff,1996)。此外,语调这一韵律资源也是交际者可调用的一种立场表达手段,如附加问上的降调就可提高说话人对附加问所附命题内容的认识确信度(Holmes,1982;Keisanen,2006)。

不同认识立场的表达不仅会引发受话者的不同回应,甚至还会影响会话序列的发展趋势。因为在认识斜坡上占据不同位置的认识立场的表达意味着发话者在"认识跷跷板"(epistemic seesaw)①上的发力轻重有所不同,从而形成与受话者此消彼长的力量对比,驱动会话序列以不同

---

① 会话参与者在互动序列中不断调整他们相对于对方的认识立场,这就产生了所谓的"[K+]/[K-]跷跷板"(Heritage,2012b:45)。人们小心地经营着他们的认识领域,像是坐在认识跷跷板上一样,推动会话序列向前发展。

的方式向前推进。如例（1）这样的［K-］认识立场表达，常会引发对方对所求取信息的详述并投射序列扩展，而像例（2）和例（3）这种更为［K+］的认识立场表达，则会引发对方的确认及序列终止（Heritage，2010；Heritage & Raymond，2012；Liu & Yao，2021；Raymond，2010）。

总之，我们可将认识立场表达看作是处于一个从完全［K-］的表达到完全［K+］的表达的连续统上，而在这个连续统的两端，"不知晓"立场的表达是在请求［K+］参与者进行详述并从他/她那里获取信息，与之相对，"知晓"立场的表达则往往是在实施讲述和告知，并引发其他［K-］参与者予以回应。

会话互动中，发话者通过话轮设计中语言等资源的选择对其认识状态进行的实时表达形成了认识立场。通常情况下，发话者在互动话轮中所编码的认识立场是与其针对特定知识领域所占据的认识状态相一致的，即知识声明（knowledge claims）（表示自己知晓特定事项）的公开表达通常可以用来索引（index）相关的潜在认识状态。如处于相对［K-］认识状态的说话人产出疑问式进行提问，用来表达较低立场，处于［K+］认识状态的说话人产出陈述式实施断言，用来表达较高的立场等，都属于二者一致的情形。但是，有时互动的迫切需求（interactional exigencies）会促使甚至导致认识状态与认识立场间不一致情形的产生（Raymond & Heritage，2006；Hayano，2011）。一方面，在互动言谈中，"说话人会借助认识立场的表达来掩饰其真实的认识状态，以显得比实际知晓更多或更少"（Heritage，2012b：33）。比如在评价序列（assessment sequence）中，人们在做首次评价/一次评价（first assessment）时，通常会通过在其评价上加上言据性动词或标记、附加疑问句等方式，对其评价实施降级（Heritage & Raymond，2005；Raymond & Heritage，2006）。① 例如，当说

---

① 在评价序列中，发起评价行为的对话者因占据第一位置而通常被认为具备较共同对话者更高的知识权限和评价权利。也就是说，首先对某一对象进行评价的说话人将对方置于必须同意或不同意其所作评价的"从属"地位，"协议条款"（terms of agreement）是由第一个说话人制定的（Heritage & Raymond，2005）。因此，当说话人意欲表达的认识权利（如较低的认识权利）与其进行评价的序列位置（如第一位置）不相匹配时，就会通过特定的语言手段（如言据性动词）取消这种序列上先后顺序所暗示的认识主导权的差异（如第一位置与较高认识权威的关联），对其评价中的认识予以降级（downgrade）或升级（upgrade），实施较低或较高的认识立场表达。

话人主动在别人面前夸赞自己的孩子有舞蹈天赋,但又不想显得过于吹嘘,就会采用像"我觉得他挺有舞蹈天赋的"这种认识立场被降级的表达形式。此处,不一致情形的产生是出于会话参与者对礼貌原则的考虑,属于会话策略的层面。这种情形同样存在于当一方(如提问者)真实实施的立场表达与其关于另一方(如回答者)认识状态的假设之间不一致的情形。如在爱沙尼亚语中,有时说话人在会话互动中会有意借助特定的认识手段(epistemic device)来向其假定处于[K−]认识状态的受话者实施提问,其中该种手段在标识问题潜在无法回答的同时,协助减轻了受话者进行作答的压力并降低了对其社会面子(social face)的威胁(Keevallik,2011)。另一方面,不一致情形的产生还可能是出于会话参与者对特定社会身份所设定的认识状态的有意挑战或故意转变。Mondada(2013)就系统描写了在有导游的参观中,参与者(导游和游客)如何"再建(认识状态与认识立场之间的)一致性,但也会通过不一致的行为来抵制、颠覆和重新协商他们之间的认识状态"(2013:600),如游客会在第一位置通过特定语言形式发起通常是由导游发起的告知行为,或是在第二位置通过此种语言形式实施通常由导游实施的回答,以对其自身认识权威或认识权利进行修正等。

总之,尽管认识立场与认识状态都是一个相对的概念,其具体属性由发话者与受话者的相对关系所决定,但相对认识状态是一种互动双方共识的、实际上的"真实"状态,它是基于参与者对彼此关于特定知识和信息领域的认识权限和权利的评估,即谁有责任或有权知晓特定内容,因此它是社会关系的某种持久的和客观的特征。与涉及说话人对命题客观上的知晓度的认识状态不同,认识立场则是逐时编码于互动话轮中的(Heritage,2012a),因而是一个完全互动的和浮现的过程,它涉及的说话人关于信息的确信度的高低,其实质体现了他/她为实现特定交际目的所作的主观调整。此外,与严格意义上的主要通过动词、副词等词汇手段来表达的传统认识情态相比,认识立场会借由更为丰富的语言手段来标引,既包括言据性标记和认识情态助词(Aikhenvald,2004;Chafe & Nichols,1986;Wu,2004),也包括我们上面提到的疑问句法和附加疑问式等(Couper-Kuhlen & Selting,2018;Liu & Yao,2021)。因此,认识状态是语义语用层面的概念,而认识立场则是互动中说话人调取语言资源

（包括词汇、形态句法、韵律手段和多模态手段等）对认识状态的外显表达和主观调整的一个语言范畴（Heritage，2012a、2012b、2013a、2013b）。

（三）认识状态与序列组织

在系统阐述会话双方认识状态与话轮设计特征、行为解读的关系后，Heritage（2012b）又提出"认识引擎"（epistemic engine）① 的概念，即互动双方之间的认识不均衡（epistemic imbalance）会启动一个引擎，驱动会话序列向前发展。"信息"是互动交际中的一个关键因素，当会话互动中的一方注意到他/她关于某一信息的认识状态与对方的认识状态之间存在差距时，他/她通常会努力实施旨在填补双方之间认识缺口的相关行为，与此同时通过这种［K＋］/［K－］的认识跷跷板推动序列向前发展。一方面，说话人既可能从关于信息的［K－］位置实施信息求取行为（如提问），也可能从［K＋］位置主动传达信息（如进行讲述和告知），使分别被置于［K＋］或［K－］位置的受话者必须给予回应（Levinson，2012）。Goffman（1964）曾将此称为"会话供给"（conversational supply），这种信息的供给形成了互动双方认识跷跷板的上下摆动状态，从而推动会话序列的开启和发展。另一方面，当先前假定（或被假定）处于［K－］位置的一方声称已达成信息上的平衡，即双方从［K＋］/［K－］的相对状态转变为［K＋］/［K＋］的相对状态，互动序列就会自然衰退和终结。比如在"序列结束第三位置"（sequence-closing third），受话者通过表达对所传达新信息的接收来结束当前序列，其中汉语中表达从［K－］到［K＋］认识状态变化的"状态变化标记"（change-of-state token）"哦"就属此类（Schegloff，2007：118；Heritage，1984a：299；Wu & Heritage，2017）。正如第一章中例（2）所示，"哦"在标示双方关于"绣球花"的信息业已实现均衡认识状态的基础上，结束了关于植物形态特征和名称的信息供给与接收的局部序列，随后话题被转移至关于植物名字的评价（第4—5行）。可见，任何表达参与者之间［K＋］/［K－］不均衡状态的话轮都会促成旨在纠正这种不均衡的言谈

---

① 认识引擎是"一个液压（hydraulic）隐喻，借由它信息交换被比作寻求平衡的流体流动"（Lynch & Wong，2016：533）。

互动的产生。而当双方认识状态实现均衡，达成某种"共识"（common ground）（Garfinkel，1967），并停止驱动［K＋］／［K－］的认识跷跷板时，就会直接导致序列的衰退和终结。当互动双方达成认识均衡状态，即本序列或话题终结后，会开启新的序列谈论其他事项，认识不均衡到均衡的循环模式又再次启动。

总之，言谈互动中，发话者在自身认识状态和他／她对受话者认识状态所做假定的基础上，会进行话轮形式的编码和多种语言资源（包括多模态资源）的调用，而受话者则从他／她对双方相对认识状态的估量出发，结合对方的话轮设计及其共现特征，作出相关联的回应，从而使会话序列呈现出话轮交接，往复向前的情形。序列特征显然受到认识状态的塑造，而认识状态也正是在序列的动态组织和信息流的互动传送中得以切实体现。互动双方的认识斜坡／不均衡以及他们对认识均衡的偏好简洁地说明了互动序列中是什么驱动或促进了回应，以及对回应的回应，如此往复，直至序列／话题的终结。因此，Heritage 关于认识"驱动力"的概念为相邻话对产生的机制提供了解释，它说明了相邻话对前件因何种力量引发了后件的产生，即话轮与其先前话轮以及后续话轮之间因纠正认识不均衡的驱动而存在的一种内在联系（Drew，2012），同时它还从深层解释了会话中"人不应告诉其谈话对象他们已经知道的东西"等此类基本原则的本质（Goodwin，1979：100）。由此可见，Heritage 所提出的认识驱动并非会话分析中另一个与话轮转换、修正以及受话者设计等相并置的互动范畴，而是一个基本的信息交换系统，它为互动言谈中的序列组织提供恒定的潜在原动力，同时也是话轮转换等一系列互动范畴形成的基本前提。

（四）认识状态与序列位置

前面我们提到，说话人的相对认识状态通过具体话轮设计所表达的认识立场得以实时体现（当然，也存在少数二者不一致的情形），也就是说，说话人通过话轮的设计（包括语言形式及其所处序列位置）来定位自己在言谈互动中的认识状态，表达认识立场。可见，认识状态、序列位置与语言形式这三个因素构成了定位认识立场的三角关系（Couper-Kuhlen & Selting，2018）。因此，我们可通过观察不同序列位置上标记性语言形式的使用及其认识立场的表达，洞悉认识状态与序列位置之间的密切关系。

首先，同一语言形式在不同序列位置所反映的认识状态不同甚至可能截然相反，说话人有时还需特意打破这种位置与状态间的限制关系。比如，在评价序列中，第一位置通常与较高的认识权威相关联，而第二位置则与较低的认识从属地位相关联，如果说话人的认识状态与其实施评价的序列位置（第一位置/第二位置）之间存在不匹配性，他们就可借助特定外显手段实施认识降级或认识升级。具体而言，在进行第一位置评价时，说话人如果对评价对象的认识权利比对方少，可以使用言据性标记、附加问等手段来降低其认识优势（Heritage & Raymond，2005）。相反，在进行第二位置评价时，如果说话人具备的认识权利并不比第一个说话人低，甚至比其更高时，他们可以选用多种语言资源来弥补其实际认识状态与序列位置间的不匹配性。如英语中 oh 引导的第二位置评价，表示说话人是基于其自身"独立依据"（independent grounds）作出的评价，体现了其认识独立性（Heritage，2002a：199）。附加问也可用于第二位置评价中，通过将对方置于回应位置的方式，协助说话人声明其具备更高的评价权利（Heritage & Raymond，2005）。而当附加问位于第一位置时，则可协助说话人实施认识降级，具有交互主观性的意义（Heritage & Raymond，2005；Liu & Yao，2021）。可见，附加问在这两种位置上发挥着不同甚至完全相反的作用：它们在第一位置实施的是认识降级，而在第二位置实施的则是认识升级。这种同一句法形式在不同序列位置上所表达的认识立场截然相反的情形，正是语法"位置敏感性"（positional sensitivity）的有力证据，即语言结构的选用是以它们在话轮和/或序列中的位置为基础的（Schegloff，1996：108），因而也导致同一语言单位在不同位置所实施的行为各不相同。

其次，这种位置与状态间的限制关系有时还会通过受话者非预期的回应方式得以凸显。如在提问序列中，处于第二位置的受话者一般被置于回答的位置。如前文图 2-1 所示，其认识斜坡是往第一位置发话者方向倾斜的——即受话者对相关认识领域知晓更多，因此发话者在第一位置实施提问行为，请求受话者对相关知识予以传达或确认。然而，受话者在第二位置并不总是以发话者所预期的方式作出回应。当受话者认为自己所知晓的知识并不比对方多，或对方的问题不合理时，他们就会调用一些语言资源来打破这种问题的认识假设或质疑问题的适当性，也就是说，故意违背互动常规（interactional practice），采用非"类型相符"（type-conforming）的回应①。如位于回应话轮首的 *oh*，就可针对第一位置是非问句的不适宜（inappoite）提出疑问（Heritage，1998），发挥此类认识立场表达功能的还有 *of course*, *absolutely* 等有标叹词（Stivers，2011）。为了抵制特指性特殊疑问句的某种含义或规范性预期，受话者还可通过非类型相符的完整的小句形式回应，暗示问句不适宜和/或序列有问题（Fox & Thompson，2010）。此外，重复式回应或回溯"变换"（transforming）问题的回应可以表达受话者认识强势地位②，从而用于抵制是非问句和特指性特殊疑问句这两种问题的设定（Heritage & Raymond，2012；Stivers & Hayashi，2010）。总之，与评价序列一样，在提问序列的第一位置或第二位置上，认识状态与认识立场表达相互作用，通过话轮设计中特定语言资源的选用得以具体表征。

简言之，说话人在实施评价、提问、回答或其他社会行为时，所选择的语言形式传达了他们对目标事项所具备的认识权限和认识权利，而且这是建立在行为所实施的序列位置，即第一位置、第二位置或其他位置这一因素的基础之上的，也就是说，语言形式的选择受到互动交际的塑造，其中一个重要的影响因素就是双方认识定位所处的序列位置。假若说话人的认识状态与其行为所处的序列位置之间存在不适配性，他们还可借助特定语言手段实施认识降级或认识升级。

关于认识状态与序列位置的关系，我们在对特定语言项目互动功能或所实施社会行为的分析中还可窥见一斑。譬如，汉语中的附加问"是吧"在实施其扩展功能时，"是吧"所处序列位置与交际双方相对认识状态是影响其功能发挥的两个决定性因素。具体而言，当位于告知序列第二位置时，"是吧"充当启后型新信息标记（newsmark），而当其位于评

---

① 所谓"类型相符的回应"，是指符合相邻话对前件语法形式限制条件的回应（Raymond，2003：946）。如针对是非疑问句的"yes""no""mmhmm"，针对特指问句（specifying question）的含特定信息的短语，以及针对开放式问句（telling question）的扩展性讲述等，都属于类型相符的回应（Fox & Thompson，2010；Raymond，2000、2003；Thompson et al.，2015）。

② 回溯变换问题的回应是指通过限定或替换有问题的措辞来回溯调整它们所回答的问题（Stivers & Hayashi，2010）。

价序列的第二位置或第三位置时,则是协助说话人表达独立性认同,前者反映的是说话人的相对[K-]认识状态,而后者反映的是其与对方相等的[K+]认识状态(Liu & Yao,2021)。互动双方相对认识状态与语言项目所处序列位置这两个因素就如横坐标与纵坐标,构成判定语言形式具体功能项目的坐标系。而从另一个角度看,它反映了互动交际中具体语言形式所编码的认识立场是与其所处的序列位置紧密相关的。总之,脱离序列位置谈认识状态的操作都是片面甚至无效的。

尽管认识状态最初的提出是为了解决下一行为无法解释上一行为如何被识别为特定行为以及"序列分析资源"(resources of sequential analysis)对"初始行为的底层机制"(underlying mechanics of first actions)几乎毫无作用的问题(Heritage,2012c:80),但正如 Drew 所评论:这种对认识的兴趣有望通过"对邻近性、邻接性和相邻性"(contiguity, nextness and adjacency)的重新定义,为 CA 现有的序列分析方案(program of sequential analysis)注入新的活力(Drew,2012:65)。可见,对认识状态的强调绝对不能以削弱序列环境在社会行为识解中的作用为前提,这在 EP 最初就是以 CA 关于序列分析和相邻话对组织的文献为主要来源这一点中得到了充分体现,何况互动言谈(talk-in-interaction)中个人的信息交换本就是被内嵌(embedded)在特定情境的序列组织之中的。总之,认识状态与序列位置在社会行为的构建和识解中互为补充,具有同等重要的作用。

第二节 认识状态视角下的汉语语法现象研究

在 Heritage(2012a,2012b)系统阐述认识状态及其相关机制(包括认识立场、认识领域、认识斜坡、认识跷跷板、认识引擎、认识收报机等)与话轮设计、序列推进、社会行为的构建和识解等因素之间的密切关系后,学者们开始从不同类型的序列、行为等角度入手对认识理论进行广泛的研究,甚至还展开了激烈争论。如在 2016 年,Discourse Studies 杂志就将这个被认为是会话分析和互动语言学领域创新的甚至变革性的研究成果称为"认识方案",并以特刊的形式刊载了一系列文章(包括四篇论文和两篇评论文)。这些文章分别从 EP 文献中关于会话序列初始行为的处理方式、源于功能语言学和认知科学等的解释模式、具体实例的分析以及早期 EP 文献的谱系起源等各方面入手，对认识理论的性质、定位、序列论证方法等进行了批判性审视，引发了学界对 EP 的进一步讨论（Lynch & Macbeth，2016）。认识理论无疑被公认为是会话分析近二十年来最重要的概念创新之一。在国际语言学界将认识理论视为重要研究课题的背景下，汉语语法学界近年也开始引入认识状态及其相关理论。研究者们主要基于会话分析和互动语言学的方法论，利用认识的理论模型来协助定位和解释汉语口语会话中的具体语言现象，但基于认识视角的系统研究则尚未有见。从研究对象的性质来看，这些关于汉语口语语法现象的个案研究主要集中在以下三种类型。

第一种是关于表认识立场的语言形式和语法结构互动功能的研究。如 Hsieh（2018）在考察口语会话中的构式"问题是"的用法时提出，该构式可充当认识立场标记，在寻求认同的过程中协助说话人将其自身认识权利进行升级。而方迪（2019）在采用互动视角分析对话中独立使用的"这话说的"的立场表达功能时，指出该构式在表达关于话语适宜性的负面立场时，往往是基于说话人的认识和背景知识传递的，即他/她对适宜性的怀疑与其自身的认识权威密切相关。张文贤、李先银（2021）以"我跟你说"为例，也讨论了互动交际中的认识权威表达，发现"我跟你说"已经规约化为预示语，说话人借助其彰显自身知识权威和道义权威，而且它还能表达交互主观性，说话人期待借其引发听话人的共情回应。除规约化的构式外，也有学者对句末助词的互动功能加以考察。Wu（2004）及 Wu 和 Heritage（2017）提出，回应话轮后附"啊"时，可协助说话人针对上一话轮的断言表达更高的认识立场，而且该断言中所述事项违背说话人的预期，且这种违预期是以他/她已具备相关的知识和对这些已有知识真实性的认同为基础的。值得注意的是，饶宏泉（2019）在基于认识定位的相关理论考察句末助词"来着"表示"确证"的强调性情态功能时，还提出了一个适合汉语事实的分析框架，他指出说话人在自身认识状态以及他/她对受话者认识状态所作假定的影响下塑造"来着"所在的话轮，使话轮在形式选择、序列组织以及共现的语言特征等方面都呈现出一定的差异；但总体而言，"来着"的使用多集中于说话人的认识状态处于较高位置，而受话者的认识状态也多是有所知晓的情形；更重要的是，该研究在认识斜坡的理论基础上，吸收了KUB的定位方法，经过整合和细化提出了"来着"的认识定位表征图，为汉语事实认识状态角度的分析提供了具体、可参考的理论模型和操作方案，而且该模型在"不知晓"和"知晓并达及"这两个认识的极端状态之间，又具体入微地提出了"据事理猜测或推理""共知背景""虽知晓但瞬间无法达及"等中间状态，对学界关于汉语相关现象的讨论启发较大。

除以上标示说话人较高位置认识状态的语言单位外，汉语口语中还存在协助说话人表达较低认识立场，以实现特定互动目的的语言手段，如认识标记"我觉得"和句末语气词"吧"等。Lim（2011）调查会话中的认识标记"我觉得"后，发现它具备以受话者为导向的交互主观性，常被前置于观点表述性话语中，以提前预防受话者在下一话轮表示对命题的反对，可见在某种程度上它具有立场降级的缓和性质。再如Kendrick（2018）考察句末助词"吧"后提出，"吧"在用于实施对问题的回答、告知或评价时，充当的是降低序列位置所限定的较高认识定位的话轮构建资源，如在评价话轮中，"吧"协助说话人降低其认识立场，以从对所谈事项有所知晓的受话者处寻求回应。此类现象不单发生在汉语普通话中，譬如，广泛存在于东北方言中的右边缘独用语气词"嚎"，也是降低认识立场的手段之一，周士宏（2020）利用认识斜坡理论分析了由语气词"嚎"构成的"嚎字句"，认为该句式是协助发话者站在较低认识立场上"寻求认识一致性"的一种言语互动手段，它凸显的是发话者请求受话者参与并校验共同立场的互动功能，而且与其他句末语气词不同，"嚎"是附加在话语最外围、独立性与互动性最强的"独词附加问句"。

此外，与其他语言一样，汉语口语中也存在一类表认识状态变化的语言单位。如Wu和Heritage（2017）在对比分析英汉语中具备认识功能的小品词时提出，回应话轮首位置的"哦"也可表达对信息的认识状态的改变。方迪、张文贤（2020）讨论对话中独立充当应答语的非指代性结构式"这样啊"和"是这样啊"的话语功能时，指出前者是标示说话人认识状态改变（即从未知到知晓）的新信息标记①，而后者在表达说话人认识变化的同时，并不投射后续进一步的言语行为，反而预示当前会话序列的终结。

除上述基于自然口语会话的研究外，我们在文献检索中还发现了少量以机构性谈话或特定类型会话互动中语言现象为研究对象的个案调查。如刘娅琼（2016）考察了现场讲解中的"了$_{讲解}$"的话语功能，认为它可用于言者在非典型交互语境下单向地与听者交互，并作为具有认识权威的一方提醒听者位置、知识状态等的改变。而饶宏泉、李宇明（2021）在关于儿童互动中的评价表达与知识构建的研究中，发现儿童会将认识的升降调节调用为一种评价性语言手段：一方面，儿童常使用"我觉得""我看""看起来"等降级手段，体现其认识层面上向受话者的倾斜；另一方面，儿童还会选用反问形式来升级认识立场，强调更多的认识权威，有时附加问也可承载这种功能。

有关第二种类型，在汉语语法学界，认识理论除被用以协助判定和揭示特定语言形式尤其是构式与功能的关系外，还常被调用于对不同句式——如附加问、特指问、陈述式问句和反问句等的功能和所实施行为的剖析。

首先是关于特指问的研究。曹佳鸿、张文贤（2020）在分析自然口语中"怎么（询问原因）"疑问句的互动功能时提出，当"怎么"用于二次评价时，它表示说话人并不同意一次评价，而且关于被评价项他/她具备更多的知识和经验，因此认识地位与认识权威也比上一说话人更高。张文贤（2021）进一步指出，出现在因信息不一致而予以回应的序列中的"怎么"在实施"询问+反驳"的复合行为时，说话人所处的认识斜坡的位置决定了其所发出的行为的性质和调用何种语言资源：当位于[K-]位置时，他/她是在尝试求取信息，反之，他/她可能是在自愿提供信息。

---

① 值得说明的是，该文在对"这样啊"充当新信息标记（newsmark）的功能进行论证时，对新信息标记定义的把握并不准确，事实上，新信息标记"向后关联"（forward-looking）的本质是引出对方更多的话语（Couper-Kuhlen & Selting, 2018：276），而非文中所谓的关联同话轮中的后续话语。

其次，还有许多学者从认识的角度对反问句和/或陈述式问句及两者的辨析进行了研究。如刘娅琼（2014）在关于现代汉语对话中反问句的研究中，以否定反问句和特指反问句为例，考察了反问句所涉及事件的认识类型和问答双方不同社会地位对反问句解读的影响。张文贤和乐耀（2018）以交际双方关于信息的不同认识状态为出发点，重点分析了反问句如何协调共同背景从而推进信息的交流，并提出根据不同事件信息类型的反问句在语言表现形式和互动功能方面所显现出的特点，可以判断反问句是否有疑——基于 B - 事件的反问句可能会有疑，而其他类型的反问句则无疑。值得注意的是，该文还系统介绍了 Labov 和 Fanshel（1977）的 A、B - 事件理论，为汉语语法研究者把握事件信息类型和认识视角的理论与方法，解决其研究中遇到的一些问题——包括疑难问题打下了基础。方梅和谢心阳（2021）则明确提出从交际双方的认识地位角度观察，对于界定"问"与"非问"至关重要——对于同一种语言形式，陈述式问句的解读条件应为涉 B - 事件，而反问句的解读条件则是涉及 AB - 事件或 O - 事件，这一角度还可解释那些孤立地从句法结构甚至韵律特征来看模棱两可的反问表达。谢心阳（2021）还以认识状态理论为基础，对汉语口语中的陈述式问句进行了全面考察，认为其判定标准为双方认识状态——言者低于听者，并将其主要互动功能归纳为要求确认、提供可能理解和充当话题引导语。该研究关于陈述式问句在认识上的判定标准，本质上与方梅和谢心阳（2021）的研究结论是一致的。

此外，汉语语法学界从认识角度对附加问表达式进行考察的研究也不乏其数。如卢勇军（2020）、姚双云、田咪（2020）、田咪、姚双云（2020）及 Liu 和 Yao（2021）分别从互动的视角出发，考察了认识状态理论对处于不同会话序列位置上的附加问句——包括"是吧""对吧"和"是不是"等互动功能的塑造和影响。

关于第三种类型，除以上述语法形式、构式或句式为研究对象，考察它们在实施特定互动功能时交际双方的认识表现外，汉语语法学界还有不少研究是着眼于特定类型的社会行为，调查言谈互动中该类行为在施行的过程中，交际双方相对认识状态对说话人所调用的语言表达形式的特征和规律的重要影响等。如权彤和于国栋（2014）在对比分析中日认识优先（epistemic primacy）评价的表达时，以汉语会话中的话语标记

"我跟你讲"和日语终助词"よ"为例,从词汇构成、变化形态、表现强度等方面探索两种语言在强调认识优先时呈现出来的序列结构特点,提出"我跟你讲"在一次评价中可以强调说话人在认识领域的优先立场,而在二次评价中,它在强调说话人认识优先的同时,还需对评价中所表达的不认同予以解释。而方迪(2018)在考察汉语口语中用于评价的语言表达形式时指出,交际双方的认识在评价表达的形式选择及意义解读规约化过程中发挥着十分重要的作用,例如,整句型评价用于回应时,在抵制先前话语所设定规程的同时,也往往显示说话人更高的认识权威;再如,半规约化评价表达"A着呢"在表达评价的同时关联对方的认识,提示对方更新自我认识,等等。乐耀(2017)则研究了会话中的指称表达,发现认识状态对说话人在交际中采用何种指称形式和指称策略尤为重要,而且正是交际双方对言谈对象的认识状态不平衡及所关涉的认识立场的不同,才会导致会话中窄指和宽指等指称调节的产生。

此外,还有学者从认识的角度针对特定会话现象的产生加以剖释。如李先银和石梦侃(2020)在研究讲述、论辩和日常会话等不同类型自然会话中的话语交叠现象时指出,由于讲述的交际双方在认识状态上处于不平衡地位,即讲述者处于[K+]认识状态而听话人处于[K-]认识状态,因此处于认识从属地位的听话人为配合对方的讲述而时常发出反馈型交叠。

综上所述,在涉及特定语言形式的会话互动中,发话者受到自身认识状态以及他/她对受话者认识状态所作假定的影响,会塑造该语言形式所在话轮的设计和产出的方式,使话轮形式选择、共现的语言特征以及序列组织等多个层面都呈现出一定的规律,从而产生特定的认识意义。由此可见,从认识状态角度对一个语言单位或句式的功能进行判定,为我们带来了互动语言学研究的新思路,同时,认识理论还可协助我们对口语互动中的社会行为甚至特定类型的会话现象进行归因,从而更为准确地把握和揭示形式与互动之间的深层关系。正如我们前文所论证的,会话参与者之间的相对认识状态既是行为塑造的基础(Heritage,2012a),也是互动交际的驱动因素,而且认识状态的变化在互动中无时无刻不在发生,这对语言成分所在的序列组织、语法形式及其共现特征都会产生重要的影响。因此,我们在对汉语中相关语法现象——如情态助动词、情态副词、语气词、特殊构式和句式等进行考察时，尤其是对某些较难界定的语言现象的本质进行定义时，都可通过这一理论模型得到深化，这一点也在上述关于汉语口语语法现象的个案研究中得到了充分验证。

  但也正如以上综述所示，目前研究者们主要是利用认识的理论模型来协助定位和解释汉语口语会话中的具体语言现象，多属个案研究，而结合多种语言现象的关于认识理论多层面的系统调查尚未有见。因此，本研究将结合真实自然的日常会话材料，从认识表达的多角度出发，选取汉语口语中常见的与认识相关的语言手段为对象，在序列的动态组织和信息流的互动传送中，深化认识状态和认识立场的研究，以深入揭示语言形式与功能、互动语境之间的关系，探析语言资源的调配机制，同时通过对具体语言事实的研究，反过来调整与完善适合汉语研究的认识理论框架。

第三章

认识状态变化标记"哦"

第一节 引言

叹词作为人类语言中最古老的一类词，既不承载概念意义，也没有语法意义，但却具备丰富的语用意义，是语言表达尤其是口语对话中不可或缺的一类词，它们主要用于抒发情感、表明态度等。当现实对象或言谈交际中的话语内容超出了言者的认识领域，激活了其相关认识和记忆，或是与言者的原有认识在方向甚至量上存在不一致时，都会引发其感叹性的表达。可见，将言者内在的认识状态变化过程进行外显表达，以促进互动言谈的有序推进，本就是叹词语用功能实施的题中之义。因此，将叹词的研究纳入认识理论的框架中将有利于揭示其语用意义某一侧面的本质属性。

从认识表达的角度研究叹词型回应标记的状态变化标示功能，在许多语言的研究中都被证实是十分可行的分析思路，而且事实证明，在人类语言中用叹词表达认识状态变化属于一种普遍的现象。自从 Heritage（1984a）在他关于英语 *oh* 的奠基性文章中开创了状态变化（change-of-state）研究的先河以来，关于回应标记的研究引起了会话分析学家们的极大兴趣，对状态变化标记的探究已在不同类型的语言中得到实践和丰富。所谓状态变化标记，是表示"其产出者在知识、信息、定位或认识等局部当前状态中经历了某种变化"的语言标记（Heritage，1984a：299）。在英语中，状态变化标记主要有 *oh*（Heritage，1984a、1998、2005；Local，1996），在芬兰语、德语、丹麦语、日语和爱沙尼亚语等语言中，则存在多种可被用来表示状态变化的标记（Sorjonen，2001；Betz & Golato，

2008；Golato & Betz，2008；Heinemann，2009、2015；Emmertsen & Heinemann，2010；Golato，2010、2012；Hayano，2011；Koivisto，2013、2015a、2015b；Kasterpalu & Hennoste，2016）。

通过对多种语言的研究表明，除充当标识言者［+知晓］状态的信息接收标记外（Heritage，1984a），状态变化标记还包含其他一些子类，涉及特定序列环境中的某种互动行为。例如，有学者探讨过英语（Aston，1986）、德语（Golato，2010）、芬兰语（Koivisto，2015a）和波兰语（Weidner，2016）中由上一话轮引发的［+识解］状态标记，以及英语（Heritage，1984a）、德语（Betz & Golato，2008）、芬兰语（Koivisto，2013）和荷兰语（Seuren et al.，2016）中的［+忆起］状态标记。

在汉语中，表达各种类型状态变化的常规做法是使用叹词"哦"。尽管"哦"具有该功能，但学界鲜有将其明确定性为状态变化标记的。以往研究中，处于回应位置的"哦"在传统的语法体系下仍被视为叹词，一些学者对其功能做过探讨。如孙德宣（1985）提出，叹词性的"哦"可表示知晓、惊讶、赞叹或醒悟；房玉清（1992）和刘月华（2001）均认为叹词"哦"可表惊讶和领悟两类情绪。可见，学者们似乎一致认同"哦"的典型用法是充当情感表达手段这一观点。这些研究虽然揭示了其部分功能，但对功能的描述尚不够全面，定性也不够准确。此外，上述文献均将讨论的对象限制在小句或句子以内，未能从更大的对话语境中分析"哦"的情感表达与认识状态变化的关系。因此，要真正认识"哦"的功能与性质问题，很有必要在互动语言学的框架下作更为深入的分析。

正如 Golato（2010）所言，相似的互动交际任务在不同的语言中可能会存在不同的实现方式。在某些语言中，由不同的标记语分别标识言者从未知到知晓，从误解到识解等状态变化，而在汉语中，"哦"的一系列功能变体可分别表征这些状态变化过程。该标记在表征言者状态时模糊难辨，正如 Heritage 针对英语 oh 所描述的，"它对其产出者所历经的状态变化性质的表征非常隐晦"（1984a：325）。事实上，"哦"是可作为对多种会话行为的回应形式而产出的，正是这些产出语境在决定它是被用来表达［+知晓］还是其他状态变化时起着关键作用。本文采用功能研究的路径，聚焦于回应话轮中"哦"的功能特性（参见 Golato，2010：149；Koivisto，2015a：141）及其位置分布特点，初步研究发现，状态变化标记"哦"在会话交际中主要可实施三种互动功能，它在实施各类型互动功能时，在序列位置和话轮设计方面表现出较为明显的分布特征。

第二节 用法概览

本研究所采用的语料源于"汉语自然会话语料库"中21.3小时的会话材料，全部为课题组录制的2—4位会话者参与的面对面谈话的录像。在这些语料中，共搜集到757例认识状态标记"哦"。"哦"在不同的序列环境中，可标识以下三种认识状态变化：1）告知行为引发的从［－知晓］到［＋知晓］；2）否定行为或纠正行为引发的从［－识解］到［＋识解］；3）告知行为引发的从［－忆起］到［＋忆起］，并作为起序词后附其他话轮成分（详见表3－1）。

我们对回应标记"哦"的分析主要采用了会话分析（Conversation Analysis）和互动语言学（Interactional Linguistics）的研究方法（CA详参Heritage, 1984b, IL详参Couper-Kuhlen & Selting, 2001）。下文将详细描述与分析"哦"的三种主要用法在其典型语境中所呈现的具体细节和特征。

表3－1　　　语料中回应标记"哦"的互动功能和序列位置

	"哦"独立构成话轮的数量	"哦"位于话轮初始位置的数量	合计
1）标识［＋知晓］状态			
从［－知晓］到［＋知晓］			
——对自发型告知的回应	245	108	353
——对问题引发型告知的回应	122	60	182
从部分［＋知晓］到［＋知晓］	16	14	30
从［－知晓］到完全［＋知晓］	0	34	34
2）标识［＋识解］状态			
——对否定的回应	31	22	53
——对纠正的回应	26	21	47
3）标识［＋忆起］状态			
——作为起序词对告知的回应	0	58	58

第三节　功能分析

一　[+知晓] 状态标记"哦"

状态变化标记主要用于表达上一话轮话语对言者而言具有信息性，即让他/她经历了从 [-知晓] 到 [+知晓] 状态的变化（Schegloff, 2007: 118）。在我们的语料中，"哦"最常见的功能就是充当此种 [+知晓] 状态的明示标记，即说话人运用"哦"公开表明其对相关事项的认识状态历经了从不知晓到知晓的变化过程。标识新信息接收的"哦"无一例外处于对告知行为（informing）（包括引发的或非引发的）的回应位置上。如表 3-1 所示，在 757 个"哦"的用例中，高达 535 个是作为对告知的回应，其中第二位置（second position）回应有 353 例，第三位置（third position）回应有 182 例。如下例中，"哦"作为第二位置的回应出现：

(1) 绣球
1 R：　八号楼还有那个（-）东区的那个（.）教工宿舍那里也有
2 L：　是不是你上次在朋友圈发的那个
3 R：　嗯但是＝
4 L：　＝会变颜色的那个花＝
5 R：　＝嗯＝
6 L：　＝我见过那个
7 R：　那个叫<u>绣球花</u>
8 L：→哦：
9 R：　这名字也好听
10 L：　嗯
11 R：　然后（-）那个八号楼的那个

在该序列前，R 一直在为 L 详细描述某种植物的形态特征，并顺便提及了它们在校园里的分布位置（第 1 行）。在这一线索指引下，L 回忆起她曾在 R 朋友圈发布的照片中看到过一种植物，便将该植物与 R 所述的植物这二者联想到了一起（第2、4行）。在收到对方关于其联想的最小确认形式"嗯"后，L 公开声称她以前见过对方所说的植物（第5—6行）。这时，R 告诉 L，这种植物的名称是绣球花（注意此处"绣球花"一词是音节重音所在）（第7行）。通过这种自发告知的行为（volunteered informing, Thompson et al., 2015），R 声明她对该植物很了解，这不仅包括它的外在形态、校园分布位置，还包括它的名称等。与此同时，接收者 L 则相对而言处于不知晓的状态。如对话内容所示，L 对所述对象的唯一知晓途径也是 R 间接提供的，即 L 声称其见过的绣球花是通过 R 微信朋友圈所发的照片看见的。而先前数个话轮的谈话（此处未显示）中也并无迹象表明 L 对该植物存在任何预设，由此我们可以推断该植物的名称对 L 来说属于新信息。L 通过在下一话轮发出独立的带拖长音的"哦"的方式，承认对方的话语具有信息性，并引发了其知识状态的改变（Heritage, 1984a；Wu & Heritage, 2017），即她现在对所谈论植物的外在形态、名称及它们之间的对应关系均处于［+知晓］（［K+］）的状态（箭头标示的第8行）。鉴于 L 已经借由标记语"哦"明示其对所述植物的知晓状态，R 便在此基础上进一步对植物的名称进行评价，并转而重拾她先前被对方打断的关于八号楼绣球花的讲述，如第9、11行所示。

正如表3-1所示，用于表示上一说话人为知识变化来源的［+知晓］状态标记语"哦"也常出现在第三位置，即对问题引发型告知（question-elicited informing）的回应中（Thompson et al., 2015）。在以下四位谈话者关于汉语学习者的交流中我们可观察到这一现象：

（2）汉语学习者
1 P：　其实他们特别不自觉
2 S：　嗯
3 K：　他们的都（？）汉语说得好吗
4 P：　他们:::就是(.)打游戏那几个学习很好的
5 K：→哦:::
6 L：　［（XXXX）
7 P：　［因为(.)有时候不管他们就是因为(.)就是我们这

```
                     个是算通过率的 =
    8 S：    = ［嗯
（省略 3 行：P 解释说只要学生能通过考试，他们在教室里玩电
子游戏也没关系）
    12 P：   只要他们把作业（.）只要把：我安排的作业写完了
             就行
    13       因为他们学习好写得特别快
    14 S：→ 哦::
    15 P：   而学习不好的虽然他认真写但写得特别慢
    16 S：   之前我室友（.）
```

在先前的序列中，P 抱怨她的学生在课堂上玩电子游戏，此处她发出"总结性评价"（summary assessment）以结束先前话题（Couper-Kuhlen & Selting，2018：486）（第 1 行）。随后，K 接过话轮，在第 3 行询问这些学生的中文水平高低，P 在此引发下作出回答：玩游戏的这些学生成绩很好（第 4 行）。该回答被提问者 K 通过发出"哦"标记的方式接收为"可能完结"（possibly complete）的，因为其问题得到了解答（Heritage，1984a：309）（第 5 行）。提问者发出的语音延长较大的"哦"证实，尽管她先前对谈论的事项并不了解，但她现在处于知晓状态，即她以问题形式提出的关于在课堂上玩电子游戏的学生的信息差（information gap）已得到消除。此外，这种认知的转变还通过 K 产出"哦"的方式得以强化表征，即单元音的延长（我们用"："标记）和升-降调的发音方式（Heritage，1984a）。

与英语中的 oh 情况相似，在对告知的回应中，"哦"充当的是具有强烈标示作用的接收标记，其独立存在表明言者因上一话轮内容的产出而对相关事项形成了［+知晓］状态（Heritage，1984a），因此"哦"不能后接表示言者对所接收信息具有先备知识（prior knowledge）的话轮成分，如"我就知道"等。此外，独立形成话轮的"哦"通常足以表达对告知行为的接受，因此，在"哦"发出后，如若信息告知方在下一话轮进一步阐述话题，虽说这并不一定是极其相关的下一话轮，但至少也是得到"哦"发出者默许的行为。这一点便是汉语"哦"与英语 oh 的区别

所在，在英语中，当 *oh* 的发出者希望维持其信息接收者的角色时，通常会在 *oh* 后附加其他话轮成分，明确邀请或请求对方产出更多与话题相关的信息，而汉语则不然。这一点在许多实例中均有体现，正如例（2）所示：在独立的、语音延长的接收标记"哦"出现并将问答序列终结之后，作为信息告知方的问题回答者 P 又自发接过话轮，对学生在课堂上玩游戏这一有违常理的问题作出进一步解释，即考试成绩而非学生的课堂表现才是他们教师最为看重的。

当 P 传达玩电子游戏的学生也擅长课堂作业这一额外信息后，她又收到 S 发出的语音延长的独立"哦"回应（第 14 行）。正是这条关于课堂作业的信息，S 不仅认为其具有信息价值，还将其视为与周围话语相比更为"突出的"（significant）和"前景化的"（foregrounded）（Heritage，1984a：306），这与她在第 8 行发出的"嗯"形成对比，后者充当的是简单的继续反馈（continuation response）（许家金，2009：61；李先银、石梦侃，2020），并不表示当时 S 认识状态发生了变化。在收到 S 标识其从［K－］到［K＋］状态变化的"哦"回应后，P 在下一话轮仍坚持完成对比性话语后半部分的输出（以"而"为标志），并结束她关于班上学生成绩和课堂表现的序列。而且由于该话轮的信息并不具备前景性（情景化信息已在第 13 行对比性话语的前半部分输出），故 S 接过话轮后并未对其予以回应，而是选择直接开启新的关于其室友的序列（第 16 行）。

例（2）中出现的两个"哦"在序列位置分布上略有不同。前者所回应的第 4 行的告知行为是问题引发的，即在问答序列中，一个疑问被提出，随后被消除。因此，处于此种序列位置的"哦"表示上一话轮所提供的信息对说话人而言是足量的、没有疑问的，故而"哦"是问答序列完结性的。与之相对，第二个"哦"所回应的告知行为是自发性的，存在于此种序列位置的"哦"明示了说话人对告知中某条具有信息价值的前景信息的接收。尽管存在这些不同，两例"哦"均出现于完整信息块的完结处或可能完结处，这是标识从［K－］到［K＋］状态变化的"哦"最为基本的语境要素。

此外，我们观察"哦"产出之后序列的走向发现，尽管"哦"的产出者/信息接收者 K 和 S 在通过"哦"表达信息接收时，并未额外发出诸如询问等后置话轮成分以明确引发对方展开更多讨论，但信息告知者 P

均主动对学生的学习情况与课堂表现作了进一步论述,从而构成关于其认识域事项的扩展性讲述,并反过来保证了信息的可述性(tellability)。因此,接收标记"哦"是一种简单明了地标识[K+]讲述者与[K-]接收者之间信息不均衡状态得以平衡的语言资源。而且正如表3-1所示,对自发性告知尤其是扩展性讲述作出回应,并独立存在于第二位置的"哦"在数量上呈压倒性优势。"哦"此种序列位置分布倾向表明它在互动序列中不仅充当回溯关联(backward-looking)的信息接收标记(information receipt),还发挥延续性的启下关联(forward-looking)作用,也就是说,当"哦"以独立话轮的形式产出时,有更多话语要输出的信息告知者通常不会等待"哦"的发出者继续产出其他引发信息的话轮成分,而会直接单方面展开更多讨论。"哦"的这一特征某种程度上也促使其形成这样的常规话轮句法配置:"哦"独立存在,话轮中没有任何额外的成分与其共现,这与英语中的 oh 形成了鲜明对比(Heritage,1984a)。由此可见,独立构成话轮的"哦"标记,在扩展性讲述的过程中,主要可协助受话者表达积极的回应,并将受话者自身置于从属性的地位,与讲述者合作实现多单位话语的构建。下例也很好地体现了"哦"在多话轮构建的扩展性讲述中充当回溯关联信息接收标记,明示说话人因先前告知性话语而产生了认识状态从[K-]到[K+]的变化:

(3) 科技馆见闻
1 L: 因为那个科技馆是很老的老馆你知道吗
2   新馆还没有建好:
3   [当时
4 M: [那里面有啥啊
5 L: 真:的都没有什么
6   然后我看到里面有(-)嗯:
7   对(.)那个:
8   勾股定理
9   就是(.)它给它做了一个模型嘛
10 H: 嗯
11 L: 就是那种沙盘的形式

```
12            就是（.）不是（.）AP 的 A 方加 B 方等于［C 方嘛
13 M：→                                    ［哦::
14 H：    ［嗯嗯
15 L：    ［它不是:
16            一个三角（.）
17            三个正［方形嘛:
18 M：    ［它不会是沙面上画了［一个图形吧
19 L：                        ［不是在沙面上
20            就是它是一个立体的
21            就是一个旋转的东西
22            它有那个（.）
23 H：→哦::
24 L：    它会告诉诶::
25            诶（.）反正就是:
26            你通过那个沙面的面积变化你会发现
27            C 方等于 A 方加 B 方嘛
28            就是面积你
```

该序列中，L 向 M 和 H 讲述了她参观一个科技馆的经历，其中第 1 行不要求对方予以回应的话语标记"你知道吗"，在提供背景信息的同时（刘丽艳，2006），奠定了说话人作为会话主导者进行信息传递的角色。在第 4 行，M 发出特指疑问句，询问 L 在科技馆的所见所闻。在 L 经过两个话轮关于沙盘形式的勾股定理模型的讲述后，M 在第 13 行发出带拖长音的"哦"，表示她在第 4 行发出的疑问至此得到了解答，即对方在上两个话轮中提供的信息引发了她对 L 在科技馆所见这一事项从［K－］到［K＋］状态的变化。值得注意的是，在 L 的讲述过程中，另一位会话参与者 H 先后在第 10 行和第 14 行分别发出表示应声回执的"嗯"和"嗯嗯"，表示她已接收对方话语，并示意对方继续说下去（许家金，2009）。其中"嗯嗯"发出的时间点还是紧随另一受话者 M 发出"哦"明示其状态变化后，可见二者所回应的话语内容是相同的，但此处引发了 M 状态变化的信息并未引发 H 状态的变化。直到 L 在 M 的引发下告诉受话者该模型是一个"立体……旋转的东西"（第19—22行），H才在第23行发出带拖长音的"哦"，明示其认识状态的变化。因此，L围绕勾股定理模型所告知的一连串信息中，对H而言只有第19—22行话轮所蕴含的信息是具有价值的，并足以使其承认状态产生变化。在L多话轮讲述过程中，M和H发出"哦"的时间节点迥然相异这一点也说明，在多方会话互动中，针对特定信息领域，每一位受话者相对于说话人的认识状态是不同的，因此在多信息讲述中，能具体引发个人状态改变的信息也是因人而异的。此外，与上例相同，在受话者M和H分别产出独立构成话轮的"哦"回应后，会话主导者L均未因受话者纯粹的状态变化的表达而结束其告知序列，而是遵循先前信息告知的既定轨迹继续输出更多独立完整的信息块。

  正如上面几例所示，尽管对告知（包括问题引发的告知）进行回应的接收标记"哦"，其独立构成话轮的情形在我们的会话语料中最为常见（367例），这一点与英语中 oh 的情况有所不同：在会话语料中，独立存在的 oh 标记相对少见（Heritage，1984a），然而，如表3-1所示，"哦"并不局限于这一种话轮位置，因为位于话轮首并后附其他成分的"哦"在我们的语料库中其实也并不少见（168例）。例如，接收者经常通过重复先前告知中的前景性成分，或将先前告知划分为好/坏消息，来进一步展示其认知上的变化（Maynard，1997：107-108），从而形成"'哦'+重复"或"'哦'+评价"的话语模式。如以下两例所示：

  （4）韩剧
1 C：　什么啊（.）什么剧啊
2 　　　古装剧还年代
3 P：　韩剧
4 C：→哦：（(laughter)）韩剧
5 P：　但是我（.）我们觉得可能是：（.）翻拍嘛
  （5）年轻人与短视频社交软件
1 C：　点进去一看
2 　　　没有超过十八（.）没有超过十九岁
3 P：→哦：那（.）那（.）那（.）正常（.）正常
4 C：　哇::就感觉自己瞬间变成了老阿姨

例（4）中，C 询问 P 最近在观看的一部电视剧的相关情况。C 在第 1—2 行的信息求取行为中，先通过特指疑问句形式询问对方该电视剧为何种类型，并尝试性地先行提供了解答其疑问的可能。在下一话轮中，对方产出了针对特指疑问句的最简回应形式——简单的信息告知"韩剧"作为回答（Couper-Kuhlen & Selting，2018）（第 3 行）。在收到 P 的引发性回答后，提问者 C 在第三位置话轮首先是发出信息接收标记"哦"，随后又产出了一个附加成分，该成分为先前告知内容"韩剧"的完整重复形式（第 4 行）。这种"'哦'+重复"的话语模式表明，通过直接重复被引发的前景信息这种公开的方式，标记产出者关于该问题的信息空白得以完全填补。"'哦'+重复"也是话轮首"哦"最常存在的一种话轮设计。例（5）中，状态变化标记"哦"与评价"那正常"相结合，P 借此表示第 1—2 行对方告知的短视频社交软件的主要使用群体为年轻人的新信息对其而言不足为奇（第 3 行）。这个以"哦"为起始语的评价，通过"哦"发音上的延长和"那""正常"的叠连产出表明，言者正用心表征其对会话的参与，并明示现其已对对方上一话轮所述事项了然于胸（Goodwin，1986b）。此外，在本序列前，P 还曾主动询问 C 在社交软件上的所见所闻，公开表明她与处于［K＋］状态的 C 相比，对所提问题的内容处于相对［K－］状态。而且，"哦"引导的评价发生于对方告知行为结束后的位置，它不但明示该告知引发了说话人认识状态从［K－］到［K＋］的转变，还具备序列终结性或话题缩减性（topic curtailing）（Jefferson，1981）：如第 4 行所示，在"'哦'+评价"的话轮结构产出之后，C 在下一话轮开启了新的序列，以感叹词"哇::"为开头，描述她对先前告知序列中所陈述事实的感受。可见，以上两例中，"哦"都充当了受话者借其调整自身立场，肯定先前告知内容具备信息性的互动手段（Heritage，1984a）。

图 3－1 阐明了此种类型的状态变化标记"哦"所处序列语境的基本模式。如图所示，［＋知晓］状态标记语"哦"作为新信息接收标记，通常处于序列第二位置或第三位置上（与英语中的 oh 相似），标识言者从一个不知情的参与者状态过渡为知情的参与者状态的过程。在语料库中我们还发现，"哦"所承载的状态变化义有时还因其所处的语境、序列位置，或其他附加的话轮成分而有所变化和调整。也就是说，在这样的情

形中，信息接收标记"哦"所标识的说话人的认识状态与上面的几例"哦"略有不同。下例就很好地说明了在特定语境中，当"哦"被调用为现在知晓状态标记语时，所涉及说话人的状态变化过程并非从纯粹的［K-］状态到纯粹的［K+］状态，而有其独特之处：

(A：涉及某种［-知晓］状态的提问行为)
B：提供某些信息的告知行为
A：标识［+知晓］状态的接收标记"哦" （+重复/评价/……）

图 3-1　［+知晓］状态标记"哦"序列语境图示

(6) 录像时长
1 L：　　我们要录多久啊
2 H：　　[啊
3 M：　　[一个小[时：吧
4 L：　　　　　[一个小时整吗
5 H：　　对
6 L：→哦::
7 H：　　说着说着应该很快的

此例为三位参与视频录制活动的参与者 L、H 和 M 之间的对话。序列伊始，L 询问其他人录制活动需要持续多长时间，M 告诉他需要一个小时，该信息的后半部分被 L 更为详细的问题"一个小时整吗"所重叠（第 1、3—4 行）。这个更进一步的追加提问被说话人设计为对 M 方才提供的时间信息的变换性重复（modified repetition），而且"一个小时整"还是说话人对 M 所告知内容的候选说明。总之，整个问题是 L 对 M 上一话轮中"一个小（时）"的"理解核查"（understanding check），同时也是说话人的一种最佳猜测（best guess）（Heritage，1984a：318），而且该问题在下一话轮还收到了 H 的确认（第 5 行）。此时，L 在第 6 行发出了语音延长的"哦"标记，用以表达他现在的 [K+] 状态。与上文所列的 [+知晓] 状态标记"哦"序列语境的基本模式相比，本序列涉及了一个简单的变化，即在询问—告知—"哦"标记这一序列基本模式的基础之上，未来的"哦"产出者此处还在告知之后额外开启了一个"请求确认（理解核查）—确认"的后扩展序列，用以请求对方澄清关于活动持续时间的细节（Schegloff，2007）。这样的理解核查序列有助于促进对话者之间较为平缓的认识差距的调整，并使对话者对先前告知中提供的某条信息的认识达成一致。

此外，理解核查出现在紧随告知行为之后的位置表明，未来的"哦"发出者此时业已对会话所讨论的事项有一些了解，即他/她在产出"哦"标记之前的认识状态为对目标信息不确定的状态，而非简单的不知晓的状态。因此，说话人作为修复发起者（repair initiator），针对上一话轮说话人所告知内容提出其候选理解（candidate understanding），实际上是作为部分 [K+] 提问者请求对方确认其候选理解的正确性或适当性（Couper-Kuhlen & Selting, 2018: 196）。由此可见，在这样的序列语境中，"哦"标记的产出表示，关于某一事项，其产出者经历了从先前的部分 [K+] 状态到现在的 [K+] 状态的变化过程。经调查，我们的语料库中有 30 例此种类型的"哦"，它们无一例外都充当是非疑问句/附加疑问句—确认序列后的反馈形式，而且该疑问—确认序列是针对最初的告知行为所额外开启的后扩展序列。正因为存在这种细微的序列条件和认识条件的差异，此种类型的"哦"可被看作是 [+知晓] 状态标记"哦"的变体。通过以下图示，我们可简要说明在该类型变体所在的典型序列环境中，不同阶段说话人的认识状态表现及其变化过程：

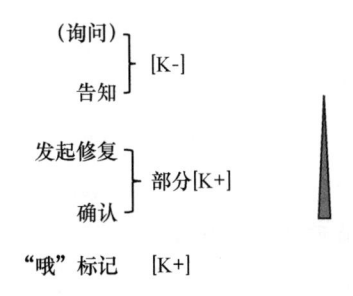

（询问）
告知　　 [K-]

发起修复
　　　　 部分[K+]
确认

"哦"标记　 [K+]

图 3-2　 [+知晓] 状态标记"哦"变体 1

如图3-2所示，事实上在序列告知的最初阶段，未来的"哦"产出者为［K-］状态；而当其收到告知信息后，即在其发起的告知后扩展序列阶段，他/她已因上一话轮的告知转变为部分［K+］状态；直至获得信息告知者对其修复发起话轮中的理解核查的确认后，他/她才发出"哦"标记，明示其［K+］认识状态的最终实现。可见，从"哦"产出的局部序列看，它标识的是说话人从接收完告知话轮后，至获得对方对其理解核查的确认前的部分［K+］状态，到"哦"产出时的［K+］状态的变化过程，我们将这种标记部分［K+］到［K+］状态变化的"哦"记为［+知晓］状态标记"哦"的变体1。

在互动交谈中，还存在这样的情形："哦"产出者不但承认他/她经历了从先前的未知状态到现在的知晓状态的认识变化，还通过展示性理解（displayed understanding）明示他/她已经完全领会了先前告知中所提供的信息及其所包含的意义（Heritage，1984a：321）。通常而言，这种展示性理解反映的是说话人对信息提供者意欲传达的含义业已理解的一种把握，因此，在会话互动中，展示性理解就是基于那些反映说话人持有此种信心的语言资源而被构建和识别的。其中最常被调用表达展示性理解的一种语言资源是：起始语"哦"＋改述性话语/推论性话语的结合，"哦"后的话语成分或是对上一话轮说话者谈话变换的说法或更有针对性的重新表述，或是从先前告知话轮所述信息得出的一种合理的推论。如下例所示：

(7) 考场的钟
1 H： 呃：当时在：(.) 考：：数学还是考哪一科的时候 (1.0)
2   考场的那个钟 (--) 停了
3 M：→哦：：挂的那个钟表 (.) 停了
4 H： 对：
5   停了
(省略7行：H和L讨论钟表的电池电量耗尽的问题)
13 M： 那监考老师报时吗
14 H： 然后之后 (.) 他们 (.) 有人注意到了
15   ［前面的人

```
16 L:  →[哦:你刚开始(.)肯定都不知道对吧
17 H:    对对对
18       然后前面同学就跟:那个老师反映了之后
19       然后老师就把它(.)调了
20 M: →哦:(.)又(.)又安上电池是吗
21 H:    因为我们不是不能戴手表
22       [(XXX)
23 L:    [什么都不能带=
24 H:    =对啊
```

在该序列中，H 详细讲述了她的一次考试经历。在她讲述的过程中，其他两名参与者 M 和 L 总共发出了三例"哦"标记。第一个"哦"发生在 H 讲述完第一条信息——考场的时钟停摆了时，M 作为受话者发出带拖长音的"哦"作为回应。紧随其后，她又产出一个展示性理解：通过将 L 所告知信息中的修饰语"考场的"替换为"挂（在墙上）的"这种重新表述的形式，M 详细说明了正在被告知的内容的细节——时钟的具体位置（第 3 行）。该展示性理解同时还是说话人基于上一告知性话轮本身以及说话人所具备的常识——考场的前墙上通常挂着一个时钟所作的合理推论。通过后附的展示性理解，M 暗示她对自己所领会并表达的事态——墙上的时钟停了下来保有信心，同时也表明她对 H 扩展性谈话中细节的密切关注。如序列所示，信息告知者 H 将 M "哦"标记后的表达视为展示性理解，并在下一话轮确认了其中的推论（第 4—5 行），肯定性确认也是处于此种上下文中的展示性理解的常规或无标记回应。此后，H 继续讲述这个考场停摆的时钟的其他事项。第二个和第三个"哦"出现时也都后附了展示性理解，它们都反映说话人成功地抓住了先前告知中的要旨：在第 16 行中，"你刚开始肯定都不知道"是说话人基于上一话轮"他们有人注意到了……前面的人"所作的坚定的推理（注意说话人使用了副词"肯定"），而在第 20 行中，"又安上电池"是说话人基于上一话轮中关于电池安装行为的话语"老师就把它调了"更为准确的表述。此处值得注意的是，在产出其展示性理解时，说话人同时也暗示了这些话语是独立于后续确认的（Heritage，1984a），也就是说，它们无须信息告知者予以确认。如第21行所示，信息告知的一方并未对上一话轮形式上以"是吗"收尾的展示性理解予以确认，而选择直接继续解释为何时钟的停摆会给考生造成如此大的麻烦。

此种类型的"哦"是［＋知晓］状态标记"哦"在语境和认识上都已分化的另一种变体，我们将其记为［＋知晓］状态标记"哦"的变体2。在会话互动中它被说话人调用，以表示对某一事项他/她经历了从先前的不知情的状态到现在非常了解的状态的变化过程。会话互动的实例表明，此种类型的"哦"标记无一例外都作为起始语分布于话轮首位置，后附一个展示性理解，这样的话轮设计是为塑造该功能变体而量身打造的，而且它是为处理我们上文所讨论的特殊的受话者状态，即塑造积极的受话者角色而存在的。如表3-1所示，在我们的语料库中，此种类型的"哦"标记总计有34例。而且紧随其后出现的展示性理解通常是通过以下格式进行表达的：重新表述或推理＋通过"引导他人进入并自行退出话轮"来进行话语权让渡的附加疑问句（Liu & Yao, 2021；Schegloff, 1996：82），如例（7）中目标行所示的"对吧""是吗"。在这样的格式中，"哦"产出者通过表达其对上一话轮新产出事项的细节的把握和领会，暗示了他/她对自己所表达的展示性理解充满信心，同时他/她还经历了从［K－］到完全［K＋］的认识状态的变化。此外，"哦"所预示的话轮成分还表达了说话人对充当受话者，听取更多关于上一告知性话轮所涉及话题的信息的浓厚兴趣。

二　［＋识解］状态标记"哦"

本节我们将分析标识言者从［－识解］状态到［＋识解］状态转变过程的"哦"。具体而言，该标记的产出者原本对相关事项存在错误的理解，但在先前话轮的引发下实现了正确的理解（Koivisto, 2015a；Weidner, 2016）。此类标识［＋识解］状态的"哦"无一例外出现于对纠正或否定行为进行回应的第三位置上。如表3-1所示，在总计100个［＋识解］状态标记"哦"的实例中，有57例是独立构成话轮的，其余43例则位于话轮初始位置。此种用法的"哦"存在于两类典型的会话语境中，即言者当下的［＋识解］状态通常是由上一说话人所实施的两种互动行为引起的：1）纠正言者的错误假设（47例）；2）否定言者请求确证的问题（53例）。

引发［+识解］状态的纠正行为经常是通过对语法上投射肯定回答的是非问/附加问的否定回答实施的（Raymond，2003）。如：

(8) 干果店铺
1 L：　　然后（.）你想啊：
2　　　　那些都卖给谁（.）
3　　　　他肯定都是（.）那些女生爱吃
4　　　　像我：
5　　　　我们宿舍之前有个女生
6　　　　她（XXX）
7　　　　我觉得也不算太爱吃零食嘛
8　　　　但特别爱买那种（.）炒（.）坚果炒（.）炒货之类的
9　　　　很爱买
10 M：　哦：瓜子花生
11 L：　嗯
12 H：　对（.）
13　　　 干果（.）坚果[之类的东西
14 L：　　　　　　　　[对对对（.）很爱买那些
15　　　 我觉得那：也算[零食吧
16 M：　　　　　　　　[我我我喜欢吃那个铺子里面的（.）
　　　　 那个：红（.）红薯干::
17 H：　　　　　　　　[嗯
18 L：　良品铺子[吗
19 M：　　　　　[紫薯干：
20　　　 不是（.）就是那种（.）炒[干货的那个铺子里面
21 L：→　　　　　　　　　　　　[哦哦哦
22　　　 (5.0s)
23 M：　瓜子花生（.）倒少吃（.）
24　　　 吃得少

本序列伊始，L 提出校门口零食小摊儿的主要顾客为女生，并以其曾经的宿舍室友为例进行说明。当她以话语卡顿的形式说出该室友爱吃的零食（如第 8 行多次出现的微停顿所示）后，M 在下一话轮发出带拖长音的［＋知晓］状态标记"哦"，并后附"瓜子花生"，对 L 话轮中的"炒坚果炒货之类的"进行列举式的重新表述，以展示其对 L 话语中本独属于 L 认识领域的新信息的接收和理解（第 10 行）。在随后的几个话轮中，L 和另一位会话参与者 H 也分别表达了对 M 展示性理解的认同（第 11—15 行）。此时，M 通过与 L 话轮相重叠的形式开启了新的话题，陈述其个人偏好——"铺子里面的红薯干"（第 16 行）。随后，L 以是非疑问句的形式请求对方确认其上一话轮所指的"铺子"就是"良品铺子"（第 18 行）。然而 M 在其下一话轮明确给予了否定回答"不是"，并澄清其真正所指为"炒干货的……铺子"，而 L 则在 M 的信息输出明显未完成时就产出了叠连形式的"哦哦哦"（第 20—21 行）。观看视频可见，M 在输出"炒干货"的同时还配合了大幅度的手部动作，描述炒干货店铺的典型场景。因此，语言和身体视觉方面的双重线索使 L 较早就预测到了 M 即将输出的话语内容，从而在对方未达到话轮完结点时就产出了回应标记"哦"，明示关于对方所指的"铺子"这一事项，她先前误解其为"良品铺子"，而现在知道它是炒干货的铺子而非"良品铺子"这个品牌，即她在对方的否定回答之后，产生了从［－识解］到［＋识解］认识状态的变化。L 在与 M 话语重叠的情况下，产出［＋识解］标记"哦"独立形成的话轮后，M 与另一位参与者 H 均未立即接过话轮，予以回应或延续会话，因而产生了 5 秒的沉默（第 22 行），直至 M 又重拾先前的话题，陈述她的个人偏好（第 23—24 行）。这侧面说明当说话人产出"哦"标记的那一刻，他/她对所述事项的错误认识已被调整，同时实现了正确的认识，所以关于该事项他/她无须更多纠正性或告知性信息的供给。从序列组织方面看，"哦"处于序列结束第三位置（sequence-closing third），标志着局部序列（在本例中，就是讨论"铺子"的所指的序列）达到了终结点。

在会话互动中，有时说话人在借助"哦"标记明示其［＋识解］状态的同时，还会明示其因错误认识被纠正后引发的对自身认识立场的调整。如在以下两位会话参与者关于移动数据套餐的讨论中，"哦"的产出者还以特指疑问句开启新的话题，该疑问形式就反映了其调整后的认识立场：

(9) 大王卡
1 Y：   我觉得还不如就买一张大王卡
2 A：   你大王卡就要换手机号了是吧
3 Y：   不用
4   所以我（XX）手机号没有停嘛
5 A：→哦：
6   就（1.0）大王卡是什么东西啊
7 Y：   就是一个普通的：呃联通的卡啊
8   它就是（.）一块钱八百兆流量
9   收费很便宜嘛
10   对腾讯所有的东西都不要流量
11   就这个东西
12 A：   它是绑在你原有手机号上还是

本序列前，Y 在谈论移动数据套餐时提到了大王卡，在其话语触发下，A 作出用户在申请大王卡时需要变更手机号码的推测，并通过附加问"是吧"请求对方确证，该附加疑问形式一方面蕴含了 A 关于用大王卡需要变更号码的假设，另一方面也承载了其对肯定回应的期望（Liu & Yao, 2021）（第 2 行）。然而，该假设在下一话轮被对方的否定回答予以纠正：Y 先是产出否定短语"不用"，然后又明确指出她的手机号码并未变更这一事实，以此证明对方关于办大王卡需换手机号码的想法是错误的（第 3—4 行）。在"是吧"所引发的局部序列第三位置，提问者 A 发出语音延长的"哦"来标识对该否定的接收，同时表示她已成功修正先前的错误假设，并暗示无须对方作进一步说明（第 5 行）。在借助"哦"表征其［+识解］状态并终结关于大王卡与手机号码关系的局部序列后，A 又主动将序列的轨迹转向了谈论何为大王卡（第 6 行）。

值得注意的是，与第 2 行包含 A 个人假设的附加疑问式相比，A 在第 6 行发起话题时所采用的句法形式为不含任何假设的特指疑问句，这种提问行为的不同编码形式突出反映了说话人对命题内容的不同认识立场（Heritage，2012a、2013a）。当 A 产出第 2 行话轮时，她通过附加问的句法形式将自身置于认识斜坡上部分［K+］的位置，这反映她此时对命题内容具有一定的主观确信度。但当与命题内容完全属于其认识领域内的 Y 互动后，A 发现其所作假设其实与事实截然相反，于是她开始主动调整自身认识立场。这一点首先反映在"哦"标记的产出上，"哦"在序列中充当反馈标记，协助 A 承认其先前假设为错误的认识，并在对方的否定和信息供给下得到纠正的同时，还明示了说话人对自身认识状态表达的降级，即说话人通过"哦"标记将自身置于完全从属于对方的（subordinate）认识立场——说话人关于如何办理大王卡的知识全由对方告知。"哦"标识认识状态的降级还体现在其后附的话轮成分中：在借助"就"对"哦："所开启的话轮实施占位后，A 进行了短暂的思索（如"就"后 1.0 秒的停顿所标识），而后发出求取信息的特指问句"大王卡是什么东西啊"，请求对方将关于大王卡的最基本信息告知己方。与第 2 行附加问形式所表征的部分［K+］认识立场相比，该句法形式此次明确表征了说话人完全［K-］的认识立场，是说话人对其认识立场的主动降级（downgrade），即从先前对命题内容具备一定确信度的立场降为对命题内容一无所知的立场。可见在此例中，"哦"所标识的从属性认识立场，因其后附话轮成分的存在而得以公开明确地表征，而且这种表征是通过说话人在互动的不同阶段所编码的不同句法形式之间的对比而实现的。

然而，不少被纠正的第一位置话轮并未被设计成针对特定他人的疑问形式，并在第二位置收到其对疑问内容的否定，而是被编码成基于说话人误解或错误假设的断言形式，而第二位置的纠正行为目的在于公开消除这种潜藏的误解。这里的纠正行为其实就是"他人纠正"（other-correction），即一方纠正另一方谈话中的失实性错误（Schegloff et al.，1977：378-379；Haakana & Kurhila，2009）。下例可说明这一现象：

(10) 购房压力
1 R： 还有个就是要看（-）条件嘛：
2 　　 就像刚才你所说的
3 　　 他们两个都是编制内的啊

4　　　　那（.）那这个去买房（.）其实两个人的压力其实没
　　　　　有那么大的
5 L：　　对啊
6 R：　　你看你三百五十万（.）你付个首付（.）付两成吧
7　　　　［七十万
8 L：　　［现在不是三成吗
9 R：→　哦（.）三（.）三成啊
10 L：　现在是（.）三成吧
11 R：　三成就一百万嘛
12　　　　那一百万其实我觉得压力还是蛮大的哦
13 L：　家（?）家里补贴一点
14　　　　然后你再拿你们的（.）前两年付工资
15 R：　那（.）但是你要这样想啊
16　　　　你（.）两年的工资到时候到时候它又涨了呀
17 M：　((laughter))
18 L：　但是你两年之后你就可以用你的住房公积金啊
19　　　　一年之后［就可以用你的住房公积金了
20 R：　　　　　　［嗯（-）一年
21 L：　一年之后你就可以去（.）调出来
（省略8行：双方讨论为何购房时一定要使用住房公积金）
30 R：　((lip smacking))（.）我觉得可以（-）就没有那么
　　　　　（.）没有那么那么累＝
31 L：　＝没有想象中的说
32　　　　深圳的房价高不可攀（.）其实
33　　　　因为（.）你（.）认（.）
34　　　　我认识的人里面还是有买了［房子的
35 R：　　　　　　　　　　　　　　　［对

该对话中，几位对话者在谈论深圳购房压力的问题。序列伊始，R在其话轮中表示，如果购房者夫妻都是带编制的工作，那么他们所背负的购房压力就并不是很大（第1—4行），这一观点受到了L的认同（第5

行)。于是 R 开始以首付的比例为切入点进行分析,详细阐述自己的观点,但当他刚说完首付的金额时,L 就注意到了其中潜藏的一处错误假设。如第 8 行所示,L 以话语重叠的方式打断对方话轮,实施纠正行为——她借助否定疑问形式指出并纠正了对方关于首付比例的错误。通过将话轮塑造成否定疑问的形式,L 在明示自己就相关事项具备更高认识地位的同时,也限制对方须作出肯定的回答(Couper-Kuhlen & Selting,2018:304)。在被纠正后,R 放弃了他当前的谈话内容,转而展示其认识上的变化:他发出了标识[+识解]状态的"哦",表示先前话语让他明白他之前对首付比例的认知是不正确的,并后附了他关于该事项的正确理解,即对先前话轮关键信息的重复"三成啊"(第 9 行)。借助"'哦'+修正信息"的话语模式,言者展示了其对相关事项新的理解,并公开表示其接纳对方对自身误解的纠正。在第 11—12 行中,R 甚至因为其对首付比例的错误认识的调整而公开改变了他对首付带来的压力的看法——"我觉得压力还是蛮大"。此时 L 则提出了更多的论据支撑先前双方已达成一致的"其实两个人的压力其实没有那么大的"观点——"家里补贴"和"前两年付工资"(第 13—14 行),但她并未能说服 R 放弃现在的观点而坚持原先的观点(第 15—16 行)。直到她在第 18—19 行的话轮中提出使用住房公积金购房这一点,R 才逐渐转变观点,最终接收对方的观点,与此同时重拾他自己最先的想法,如第 30 行"我觉得可以……就没有那么累"和第 35 行"对"所示。可见,不论是主动纠正潜藏在对方话轮中的错误细节,还是为其自身所坚持的观点提供更多的信息支撑,并最终成功劝说 R 放弃其因细节被纠正而导致的观点变化,L 在会话互动中始终是占认识上位的一方(epistemically superior position)。相应地,R 从其话语被纠正开始就处于对所述事项知晓不足的状态,尤其当其发出反馈标记"哦"承认其对首付比例的认识因对方正确信息的提供而产生变化时,就奠定了其在认识上居于从属于对方(epistemically subordinate)的下位状态的基调。

有时"哦"产出者对某一事项所持有的误解或错误假设并未公开地通过语言形式表征在其话轮中,或潜藏在其公开发布的断言所依据的前提中,但研究者仍然可以根据上下文推理得知。如:

第三章 认识状态变化标记"哦" 57

(11) 假期补课

1 B： 我们以前暑假补课的时候
2　　　真是要死（.）热得要命好吧
3 F： ((laughter))哦
4　　　嗯[那是
5 B：　　[而且很多（.）很多人[挤在一个教室里面
6 E：　　　　　　　　　　　　[哎对了（.）不是说初二的时候补课嘛（.）对吧
7 F： 嗯
8 E： <<laughing>为什么我们初二就没有了>
9　　　我初二寒假也没补（1.0）
10 F： 初二寒假
11 E： 是不是暑假要补啊
12 F： 暑假（.）老师会下任务的
13　　　然后（-）再：到时候自己在外面补啊
14 E：→哦（.）我还以为=
15 F： =还要把那个（.）暑假就要学到（.）学九年级的哪些
16　　　课文（.）学到哪里
17 E： (XXX[X)
18 B：→　　 [哦（.）它是这样的
19　　　它是让你=
20 F： =下任务
21 B： 下任务（.）然后你自己出去报班

　　在本序列前，E、F 和 B 三位对话者在谈论他们中学暑假补课时，教室里因没有安装空调而很炎热的情景（第1—5行）。此时，E 借助话语标记"对了"切换话题，将谈论对象转移到寒暑假补课的事情上（刘焱，2007）（第6行）。此处值得说明的是，三位对话者中，F 是三人中唯一的中学教师，因此关于中学生学习和生活的话题，她在三人中处于认识权威地位（position of epistemic authority）。E 在其"对了"引导的话轮中首先提出其问题的前提——"初二的时候补课"，请求 F 确认，并在下一话轮得到了 F 的肯定回应（第7行）。随后，他陈述其初二寒假没有补课,并结合上一话轮所述前提作出推断"是不是暑假要补啊",请求对方确认(第8—9、11行)。作为有权获知相关事项详情的一方,F接过话轮,先重复对方话轮中的关键信息"暑假",随后告知对方在现今的中学里,一般都是老师给学生安排学习任务,然后学生在校外补课(第12—13行)。在其回应话轮中,虽然F并未对E的是非疑问形式予以"类型相符"(type-conforming)的"是"或"不是"的回应(Raymond,2003:946),但其关于当下中学暑假补课程序的大致描述间接肯定了对方在其疑问句中提出的关于暑假需要补课的想法。尽管如此,从后文回溯推理我们发现,F关于补课程序的描述——"老师会下任务……到时候自己在外面补"是与E之前的假设甚至是E及在场的所有对话参与者读中学时暑假补课的程序不同的,即中学补课是由学校的任课老师来做的。如第14行所示,E在反馈话轮产出"哦"表达对反预期告知即纠正的接收后,又借助导入先前错误认识的话轮成分"我还以为"具体说明"哦"所标识的状态变化,公开承认他先前对补课问题的看法与当下中学的事实不符(Koivisto,2015a;吕叔湘,1999:619)。尽管该话轮被F关于老师如何安排学习任务的详细阐述所截断,但其中出现的动词"以为"已声明言者先前处于错误的认知状态,而非简单的不了解情况。此外,在第18行还出现了另一个由B发出的标识[+识解]状态的"哦",它与E的话轮相重叠,实际上也是对F话语的回应。"哦"标记所后附的概括F所告知内容要点的成分也明确表示,由于F的告知,她也经历了从错误理解到正确理解当今中学补课真实情况的状态变化过程(第18—19、21行)。与E一样,B的错误认知也并未通过她在会话中已产出的话语内容予以表征,而是反映在B发出的"哦"标记及其后附的话语内容中。总的来说,E和B对当下中学暑假补课情况的错误认识与该事项不属于其认识领域内而独属于F认识领域内,并且与他们中学时的经验存在差异有关,而这些都属于互动者之间共享的交际语境的一部分,无须明确的话语形式予以表征。

此外,从上例可见,"哦"标记后附的反映[+识解]状态的话轮成分,从性质来看主要有两大类,一是表征说话人先前错误认识的话语内容,如本例第14行所示;二是反映说话人现今正确认识的话语成分,如本例第18—19、21行和上例第9行所示。

图 3-3 可以说明此类认识状态变化标记"哦"所处序列语境的基本模式:

| A: 涉及某种错误假设的问题/断言 |
| B: 实施纠正的回答/其他类型的回应 |
| A: [+识解] 标记"哦"(+修正信息等其他话轮成分) |

图 3-3　[+识解] 状态标记"哦"序列语境图示

如图 3-3 所示,处于第三位置的"哦"是对第二位置的纠正行为的回应。说话人在反馈话轮借助该标记表示他/她在第一位置以问题或断言方式表达的某种错误理解被明确纠正后,他/她明白并接受了该事项的真实状况。

三　[+忆起] 状态标记"哦"

在会话互动中,"哦"还被反复调用为对告知行为进行回应的[+忆起] 状态标记(58 例)。在这些会话实例中,言者借助"哦"的产出,明示他/她从先前忘记到现在忆起某一事项的认识状态的变化,而且这种变化是由对方提供的某条信息引起的。这种用法的"哦"类似于德语标记语 achJA,在德语会话中,该标记用来表示对方告知的内容对言者而言并非新信息,而属于言者方才忆起的旧信息(Betz & Golato, 2008)。因此,与我们上文所讨论的两种言者原本均处于相对 [K-] 地位的 [K+] 状态标记明显不同,此处 [+忆起] 状态标记的产出者本就独立知晓会话所述信息,只是他/她暂时忘记了相关信息,直到对方发言后才突然忆起。"哦"所标识的言者的独立认识状态及其与上文两种标记的不同从"哦"后所附成分中也有明显体现:"对""我想起来了"和"你说过"等经常后附于 [+忆起] 状态标记"哦",分别表示基于独立认知的评价、外显的记忆过程或被忆起信息的来源等。"哦,对"这样的格式为"词汇化的预制语"(lexicalized prefab)(Thompson et al., 2015:80),与英语中表突然忆起的短语 oh, that's right 相当（Heritage, 1984a）。值得注意的是，标识［＋忆起］状态的"哦"通常不会单独构成话轮，后多附展示记忆真实过程的额外话语成分（Betz & Golato, 2008），如表 3 - 1 所示，它们无一例外与其他后置成分共同构成话轮。以下实例便可反映这种情况：

(12) 星期四的文学课
1 C： 然后八点五十
2 　　 要搞到九点五十
3 L： 对
4 C： 我们还跑到八（.）三号楼（.）八号楼
5 L： 为啥要去八号楼
6 C： 今天（.）你不上课吗
7 L： 我上啥课呢
8 C： 星期四早上啊
9 　　 就那个［：（.）文学的那个
10 L：→ 　　　［哦：：对对对对对
11 　　 呀
12 　　 我都忘记了
13 C： （(laughter)）我觉得这节课还是要去的
14 　　 因为（.）今天是最后一组［讲完嘛
15 L： 　　　　　　　　　　　　　　［对对对对对
16 C： 讲完课他肯定是要布置任务的
17 L： 对对对对对对
18 　　 哎呀
19 　　 你不提醒我都忘记了
20 C： （(叹气)）
21 L： 对（.）我还想着（.）总觉得有个事
22 　　 我现在事一多就记不住了
23 C： 我觉得这个时间点刚刚好（.）早点搞完就可以去上课

上例源于两个研究生同学 L 和 C 的对话，在该序列前，C 询问对方视频录制活动结束的具体时间。在本序列伊始，双方就结束时间达成明确一致——"九点五十"（第 1—3 行）。随后，C 产出话语"我们还跑到……八号楼"，注意此处的行为主体"我们"将受话者 L 包含在内，因此 L 询问对方为何他们需要赶去教学楼（第 4—5 行）。此时 C 反过来针对 L 发起一个否定疑问句，以提醒对方她上午在该教学楼有课（诸允孟、洪波，2018）（第 6 行）。在下一话轮中 L 并未以"是"或"不是"这种最简告知形式予以作答（Raymond，2003），而是发出了一个特指性特殊疑问句（specifying question-word interrogative），请求 C 提供一条关于具体课程的特定信息（a specific piece of information）（Fox & Thompson，2010）（第 7 行）。这表明 L 在被提醒的时候并不记得她当天在八号楼有课。随后，C 在第 8—9 行告知对方该课程的具体时间和课程名称等细节。在 C 产出完第一条关于时间的信息，正产出第二条关于课程名称信息的过程中，L 发出造成话语重叠的"哦"标记及其后附的评价"对对对对对"（第 10 行）。后者为强化说话人反应的语义强度和情感强度的"对"的叠连形式（李先银，2016），与带拖长音的"哦"共同表达说话人对所告知内容的接收和强烈肯定。而且就是在 C 为提供第二条信息进行索词时，L 利用"哦"所承载的状态变化功能，明示她是在此时实现了［+忆起］状态，对方所说的周四早上的课程突然出现在她的脑海中。借助此种应答话轮设计，L 在将课程时间这样的细节当作"方才忆起的"（just-now-recollected-as-relevant）、其本已独立获知的信息的基础上，接受了上一话轮告知（Heritage，1984a：338）。双方所讨论的课程是关涉 L 个人学习生活并属于其认识领域的事项这一事实也证明，关于该课程 L 本就处于相对［K+］状态，只是直到对方提供细节加以提醒后其记忆才得以激活。此外，在"哦::对对对对对"后，L 在同一话轮中还发出后置的叹词"呀"和小句"我都忘记了"（第 11—12 行）。这些额外的话语成分协助说话人进一步公开承认她先前全然忘记相关事项的状态。表征言者忘记又突然忆起过程的整个话轮还传达了这样的含义：说话人暂时遗失的记忆是由对方告知话轮中提供的课程时间信息突然触发的，其中"哦"标识着说话人从忘记到方才记起的认知改变，并且充当着半固化的词汇化预制语（semi-fixed lexicalized prefab）"哦，对对对对对"的起序词。此外，该话轮也是 L 对之前未能及时回答对方第 6 行否定疑问句的一种解释，即 L 当时想不起来她周四上午有文学课。随后，C 又补充了更多细节，进一步向受话者解释他们当天去上课的必要性（第 13—14、16 行）。而 L 在其回应话轮中又反复产出"对"的叠连形式，进行肯定回应与评价，与此同时强烈暗示她现在所作的评价并不是在上一话轮产出后当即形成的，实际上是基于其自身独立依据（independent grounds），较早就已形成（第 15、17 行）。而且在这些回应话轮中，L 还再次强调自己是因对方提醒才想起之后的课程，并解释其遗忘该课程的原因（第 18—19、21—22 行）。最后，C 通过对视频录制活动的时间安排进行肯定评价结束了关于 L 忘记课程的序列，并开启了新的关于（给中小学生）上课的话题（第 23 行）。再看一例：

(13) 周五的选修课
1 C： 他那个(.)把那个课(.)给我们调到：(.)周：五：(.)
2 P： 中午
3 C： 周五三四节
4 P： 哦：(.)哦
5　　　[冲突了是吧
6 C： [然后我们有：(.)有课
7 P： 那你怎么去到的上课
8 C： 我们原本那个：(.)放在周三的
9　　　他自己自行调的 (1.0)
10 P： 周五(.)那你不是应该一节课都去不了吗
11　　 (2.0)
12 C： 周五那一二节课
13　　 他(.)还有一节课
14　　 其实我上的课根本不是他那个(.)语法调查
15　　 我上的是他的嗯：(.)什么：(.)方言：什么东西
16 P： →哦(.)你上次跟我说了是吧
17 C： 对

18 P：　唉：烦呐
19 C：　[((laughter))
20 P：　[写个论文都压着
21 　　　脱不开身

　　该对话中，两个研究生同学 C 和 P 在讨论 C 所选修的一门课程。在序列开始处，C 告诉对方该选修课的任课老师已将该课程的上课时间调到了周五，而 P 在下一话轮因未听清对方话语而借助带疑问语调的重复"中午"（发音类似于上一话轮的"周五"）发起修复（Wu，2006、2009），请求对方予以澄清（第1—2行）。如第3行所示，C 通过在"周五"（而非"中午"）的基础上添加课程具体时间段的细节对修复源（trouble source）进行升级，发出调整重复（modified repetition）形式"周五三四节"实施修复。随后，P 产出"哦"的叠连形式"哦：(.) 哦"，该反馈形式不仅标识着说话人对新传达的上课时间细节新实现的知晓状态，而且还额外表达了说话人因上一话轮中实施的自我修复所引发的从误解到理解的状态变化①（第4行）。随后，P 还针对对方话语产出其展示性理解，但被 C 关于调整时间造成课程时间冲突的进一步说明所重叠（第5—6行）。在第7行，P 发出了一个讲述性特殊疑问句（telling question），请求对方在其回应话轮中详细报告最后问题是如何解决的（Thompson et al.，2015）。正如第8—9行所示，C 在该疑问句的引发下提供了更多关于任课老师调整该课程时间的背景信息，但在未对成问题的事态进行解释，即她是否以及如何设法去上这位老师课程的情况下结束了话轮。在随即发生的一秒钟沉默后，P 以否定疑问句的形式表达了她基于先前数个话轮所作的推断：C 无法上他们正讨论的该任课老师周五的课程。此处，C 被置于信息告知者的地位来肯定或否定该推断（第10行）。在长达两秒的沉默后，C 接过话轮，否定了 P 的推断：她详细解释了周五她所上课程的时间是在上午一二节课，是同一位老师另一门关于

---

　　① "哦"标记的这一用例反映了它在会话互动中充当回应或反馈标记，针对上一话轮内容表达说话人的状态变化时，有时还具备功能上的二重性，这一点我们在下文还将通过另一个与本节内容更加相关的"哦"标记具体说明。

方言的课，实际上并非他们所谈论的那门时间为三四节的课（第 12—15 行）。如此便明确地解释了在课程时间相冲突的情况下，她是如何设法上该老师课的。在收到 C 信息详备的话轮后，P 通过"哦"和所重拾信息的来源——"你上次跟我说了是吧"表达其突然忆起的认识状态，并且将 C 所作的关于其设法找到解决方案的说明视为对其而言已知的信息（第 16 行）。此种以"哦"为话轮开端的回应被用来表示说话人虽然事先知晓相关事项，但直到从对方那听闻相关信息才又将暂时忘记的事项忆起，即，对方的告知性话轮引发了说话人从［－忆起］到［＋忆起］的认识状态的改变。C 在第 17 行发出的最小确认形式（minimal confirmation）"对"证实了这样一个事实：一方面，她以前确实告诉过 P 周五这门选修课的事情；另一方面，她将"哦"所承载的状态变化表达视为对方已记起并无须更多说明的一种声明，因此与对方协作结束当前序列（Couper-Kuhlen & Selting，2018）。如第 18—21 行所示，P 在下一话轮发出感叹"唉：烦呐"，开始谈论课程论文给她带来的持续压力。如果我们回看第 10—12 行——P 开启引发话轮后发生了一个长达两秒的沉默，随后 C 才接过话轮实施回应，会发现此处的沉默并非简单的 C 故意不说话，而显然是具备双重互动意义的延迟——一方面，它预示着即将产出不合意的（dispreferred）相邻对后件（second pair part），即对对方话语的否认（disconfirmation）（Stivers et al.，2009）；另一方面，延迟回答也暗示 P 引发话轮中所包含的想法与 C 预料的情况相反，即 P 应该记得她曾被告知的关于所述事项的内容，而非对这一事项存有错误的认识。这样的预想在序列更早的话轮中也有所体现，当 C 在第 8—9 行实施告知行为时，她故意没有陈述事情最终是如何解决的，因为她当时断定对方知道，并认为没有必要在该话轮再次说明。通过这段对话，我们看到"哦"标记的产出者如何遭遇记忆提取失败的问题，直到在与对方协商瞬时的知识不对称（knowledge asymmetry）的动态互动过程中，共同参与者补充相关信息后，该问题才能得到解决。而且问题的解决不是通过简单地接受先前告知话轮所补充的信息实现的，而更多地依赖于对"哦"产出者自身关于所述事项的独立知识的激活和提取。

值得一提的是，例（13）的"哦"不仅是［＋忆起］状态标记，还标识着言者从错误理解到正确理解的变化过程，即充当［＋识解］状态标记。如上所述，P 在局部序列第一位置发出的是对 C 周五所上课程的错误理解（第 10 行）。在收到对方的告知即纠正后，P 用起序词"哦"表达其对相关事项的［＋识解］状态。随后，她还产出额外的话语成分强调事情的真实状态本是在其认识域内，只是她在实施提问行为时遭遇了暂时的记忆丢失问题。因此，此处"哦"既是［＋忆起］状态标记，也是［＋识解］状态标记。虽然此种现象在语料中并不多见（4 例），但其存在足以证明，"哦"标记在会话互动中具备功能上的双重性，而且功能的解读本质上是由"哦"的序列位置和该标记的产出者对相关事项的相对认识状态这两个因素综合决定的。如：

(14) 考试
1 B：　一提论文就很惆怅
2 A：　是吧
3 　　　我六月份简直了
4 　　　六月份
5 　　　然后还要看看（.）大概还要看好多篇论文儿
6 　　　然后我们老师不是要（写）要出一本书嘛
7 　　　然后我们要帮忙看论文
8 　　　然后（.）然后还有老师这个
9 　　　(z) 然后还有这个会议
10 　　　会议完了之后（-）还有什么事
11 　　　还有哦对
12 　　　在会议之前我们还有那个报告
13 　　　就是：廖老师的那个对外汉语英汉对比的那个报告
14 　　　[报告了之后
15 B：　[他的那个（.）对我想下节课就搞了
16 A：　对还有马小岩老师的课要考试
17 B：　考试
18 A：→哦对（.）你上次没去
19 B：　他说的啥呀
20 A：　也不是考试

21　　　就是他是肯定是开卷考
22　　　但是（.）我好怕呀
23 B：　万一他那个时间（-）
24　　　呃::
25　　　我只希望不要从六月十号到六月二十号
26 A：　你要［考
27 B：　　　［我要改卷=
28 A：　=改卷是吧=
29 B：　对
30 A：　关键是他［下周不上课
31 B：　　　　　［他有没有说（.）具体的时间说了没考试的
　　　　时间=

（省略14行：A提供更多的信息与对方共同推测具体的考试时间）

46 B：　他要考：［试啊
47 A：　　　　［我怕考
48　　　因为老师他是讲语法的
49　　　然后我我［我又我这三年都没有
50 B：　　　　　［对啊哪里知道啊
51 A：　我这两年都没有看（-）古［语法的书
52 B：　　　　　　　　　　　　　［他是口语（.）口语语法
　　　　方面的
53　　　对吧

　　　在该序列中，两位会话参与者谈论他们所面临的由论文、课程报告、会议和考试所带来的种种压力。序列开始处，B叙述论文给她带来的心理压力，A在下一话轮发出"是吧"表达其独立认同（affiliation on an independent position）（Liu & Yao, 2021）。与此同时，为了提供更多论据支撑其所表达的对对方观点的认同，A将其话轮扩展为讲述型长话轮，一一列举她六月需要完成的具体任务。当她陈述完双方共同选修的"廖老师的……对外汉语英汉对比"的课程报告时（如"我们"所标识），对方还插入进来讲述其完成的打算（第15行）。但当A维持其话轮，随后说到"马小岩老师的课要考试"时（第16行），B以部分重复（partial repeat）的形式产出带句末升调的"考试"①，发起了一个涉及对"考试"的理解困难（problem of understanding）的修复，请求对方提供更多解释，以帮助她深化理解该问题（Couper-Kuhlen & Selting，2018）（第17行）。如下一话轮所示，A先是发出标识其［+忆起］状态的半固化的词汇化预制语"哦对"，然后陈述其突然忆起的与问题事项相关联的具体事件"你上次没去"。可见，B的修复发起行为引发了A的记忆激活状态，实现了信息的成功提取，即当A在其长话轮中罗列各门课程任务时，暂时忘记了对方并不知晓马小岩老师课程的考核方式，直到对方发起关于该事项的修复，请求自己提供更多的信息帮助其理解时，才突然想起对方因未参加上一堂课而对课程考核方式处于［K-］认识状态。如第19行所示，在收到A的状态变化表达后，B在其话轮中产出特指性特殊疑问句"他说的啥呀"，在间接承认其未上课的同时，以更加公开直接的方式向对方求取与课程考核方式相关的所有信息。随后，A基于自己所回忆起的B的［K-］认识状态以及B所公开表征的［K-］认识立场，为B补给更多的信息，如大概的课程考核方式、考试时间和考试方向等，如转写文字中所展示的后续话轮所示。

与上文我们所讨论的两个会话实例不同，本例中"哦"所标识的说话人的［+忆起］状态虽然与上一话轮有关，但却并非由对方发出的一个告知性话轮所提供的具体信息所激发，而是由对方求取信息的修复发起行为所间接触发。A在陈述双方共同选修课程的任务时，明显将对方看作是处于同等［K+］认识地位的一方。而且如上文分析所示，当A说完第一门课程的任务时，对方确实也以［K+］的认识立场针对同一话题实施了陈述性的回应，但当A说完第二门课程的考核任务时，对方并未予以［K+］认识立场的回应，反而通过疑问形式表达了其［K-］的认识立场（Heritage，2012a、2013a）。此处，B通过疑问形式产出的修复发起行为，在长话轮叙述过程中导入旁岔序列，导致A讲述行为的中止

---

① 观察视频我们还发现，B在听到对方关于考试的信息后和发起修复前，其面部表情呈现的是非常惊讶的状态，这表示该课程需要考试的信息对其而言是出乎意料的。

和序列发展轨迹转向的同时,还因其自身存在的某种与序列轨迹的不相关性(irrevelant to the trajectory of talk),引发了 A 对其先前预设的重新调整与定位,即 B 事实上并不知晓所述课程的考核方式,在认识斜坡上也并非处于与自身同等的地位,而是需要己方提供更多信息调整双方认识的不均等地位,以协助对方实现 [K+] 认识状态。在与其预设相悖的疑问形式的引发下,A 在主动改变其预设的过程中实现了"哦"所标识的 [+忆起] 状态,并在此基础上准确叙述了导致对方 [K-] 认识状态的原因——没去上课,以及时声明其对对方认识状态的独立知晓地位。

此外,在该例中,[+忆起] 状态标记"哦"所后附的话轮成分除了我们上文所提到的表达独立认知的评价"对"外,说话人还在同一话轮中说明了其回忆起的与对方 [K-] 认识状态相关联的关键事件"你上次没去"。该话轮成分作为一条说话人单独产出的与上一话轮话语内容无直接关联的信息,在标识独立认知"对"的基础上进一步表征了说话人的独立认知地位。

图 3-4 可以说明当"哦"标识说话人从忘记到突然忆起的认识状态变化过程时,其所处序列语境的基本模式:

(A:涉及某种记忆丢失的问题/断言)
B:提供某些信息的告知行为/其他触发性话轮
A:起序词"哦"+基于独立认知的评价/外显的记忆过程/被忆起信息的来源等

图 3-4　[+忆起] 状态标记"哦"序列语境图示

如图 3-4 所示,在基本模式所包含的三个基础话轮中,第一个涉及"哦"产出者记忆丢失表达的问题或断言形式的话轮并非序列存在的必需项,因为在像例(14)这样的实例中就不存在此种性质的话轮,说话人的记忆丢失状态是在其最后产出"哦"标记进行状态变化表达时,通过回溯推理才得以体现。而引发说话人状态变化的第二个话轮是序列存在的必需项,虽然它通常由为对方提供具体信息并直接激发其 [+忆起]

状态的告知性话轮构成,但"哦"的引发话轮并非总是如此,有时它也由其他性质的话轮构成,这些话轮并不直接提供信息,但可间接触发对方的[+忆起]状态,如例(14)中第17行实施修复发起行为的话轮。最后,在会话序列中,表达[+忆起]状态的"哦"一般不单独构成话轮,它在话轮中总是充当起序词,后附其他话轮成分,这些成分主要用来表达说话人基于独立认知的评价、外显的记忆过程或被忆起信息的来源等。这一点也是[+忆起]状态标记"哦"在序列结构上明显区别于[+知晓]状态标记"哦"和[+识解]状态标记"哦"的地方。[+忆起]状态标记"哦"之所以必须后附上文所述性质的话轮成分,这与说话人在状态变化发生前所占据的认识地位密切相关。具体而言,在因对方话轮的直接激发或间接触发而突然忆起相关事项前,说话人实际上已对该事项具备独立的认识权限并处于[K+]认识状态,只是由于某种原因,他/她对事项的知晓状态在互动中暂未被激活。这一点与说话人对所述事项本不处于独立知晓状态,后因对方提供具体信息填补其知识空缺或纠正其认识错误后,才实现[+知晓]状态或[+识解]状态的情况不同。正因为说话人先前就处于独立知晓状态,而且这种独立知晓状态并非由对方话轮内容所引发,因此,说话人在借助"哦"标记承认对方话轮激活或触发了说话人对相关事项的忆起状态后,往往还会声明他/她自己对所述事项的独立认识权限(independent access)(Betz & Golato,2008),从而形成"'哦'标记+基于独立认知的评价"等这样前者承认因对方而实现忆起状态、后者声明自身独立认知地位的话轮构造形式。

第四节 总结

本章考察了汉语回应标记"哦"在自然会话中所实施的互动功能及各功能框架下"哦"所在序列和话轮表现等。通过对会话互动语料的分析发现,"哦"是一个多功能的表状态变化的标记语,用来标识说话人状态上的某种变化。概言之,处于回应话轮位置的"哦"在协助说话人展示其已从一种认识状态变化到另一种认识状态时发挥核心作用,即就相关事项从[-知晓]到[+知晓],从[-识解]到[+识解],或从[-忆起]到[+忆起]的认识变化过程。

研究还表明,"哦"不同类型的互动功能与会话序列位置有较强的对应规律,具体表现为:1)当"哦"用于标识[+知晓]状态时,它通常位于告知行为的回应话轮中,表示上一话轮的告知使得信息从知情方成功传递给了不知情方(Heritage,1984a);2)当"哦"充当[+识解]状态标记时,它无一例外都出现在第三位置,而且它所回应的否定性或他纠性纠正话轮中往往包含了反预期信息,从而带来了某种理解上的变化;3)"哦"也存在于言者表达[+忆起]状态的话轮中,即对方的话语促使他/她从忘记状态转变为忆起相关信息的状态,而且"哦"通常作为起序词标识言者忆起的瞬间,而后附的话轮成分则展示言者的独立认知等。可见,序列位置在决定"哦"所发挥的传达认识状态方面的功能时起着核心作用。这表明,"哦"是在特定的话轮和序列位置上完成其特定的社会行为,并表现出较强的"位置敏感"特性(Schegloff,1996:108)。

在言谈互动中彼此相邻的话轮之间存在着"某种组构"(some organization)(Sacks,1987[1973]:54),这意味着下一话轮通常被当作是针对上一话轮谈话而产出的。回应标记就是言者用来表达他们如何理解先前的谈话以及他们对迄今为止产出的话语采取何种立场的词汇资源(Schegloff,1982;Sorjonen,2001;Gardner,2002)。会话中的回应标记"哦"主要用于表达言者历经了某种由先前话语引发的认识状态的改变,这种改变以各种序列特定的方式为共同参与者提供信息,并在实现多种互动任务的过程中得到实施,或协作其实现过程(Heritage,1984a)。

在自然会话中,"哦"是一个表达复杂认知或情感意义的多功能标记语。一方面,正如本章所讨论的,它可用来表达先前谈话引起了某种认识状态变化,另外,它还可标识情感上的状态变化,如惊讶、冷漠等。另一方面,它还可展示突然/延迟领悟、自主注意以及搜词的最终成功等状态变化,这种状态变化处于序列第一位置,而且是由话外突发事件引起的(参见Heritage,1984a;Kasterpalu & Hennoste,2016)。这种类型的功能我们将另文详述。此外,本章虽从功能的角度对"哦"标识认识状态变化作了较为详尽的考察,但是它与英语、德语、芬兰语等语言中的认识状态变化标记在功能上有何类型学共性与差异性,尚不得而知,这也值得进一步研究。

第四章

认识状态变化标记"啊"

第一节 引言

在汉语自然口语对话中,"啊"也是极为常见的一个叹词型回应标记,它表达能力强、使用频率高,非常具有代表性。在传统语法研究中,学者们比较一致的观点是,"啊"既可充当叹词也可充当语气助词,同时还可用作话语标记词,起到接管话轮或填充话轮的作用,而且其具体语义和功能会因声调的不同而变化(李咸菊,2019;吕叔湘,1999;赵元任,1979)。如赵元任(1979)曾区分了"啊"的叹词和助词用法,认为前者在语法上是自由的,在韵律上有其自身固有的声调类型,而后者为轻声,且不能单独成句。但总体而言,学界对"啊"的语气词用法关注相对较多,而对其叹词用法则关注较少,主要认为它可表达惊讶或赞叹、追问、惊异、应诺等多种情感信息(吕叔湘,1980;张斌,2017)。

值得注意的是,熊子瑜和林茂灿(2004)在采用实验语音学的手段对"啊"的韵律特征与其交际功能之间的关系进行探讨,并根据叹词"啊"出现的位置对其进行分类时,提到出现在其他补充说明性言语成分之前的叹词"啊"(如"啊对对对对")和独立构成应答话轮的"啊"都有表示明白过来的意义。而《现代汉语词典》(第七版)也指出,音长较长的叹词"啊"[a^{51}]表示明白过来,如"啊,原来是你,怪不得看着面熟哇"。此外,赵敏(2021)还从"预期"这一语义范畴的角度分析了叹词"啊"的预期性感叹表达及其提示新信息和凸显信息焦点的功能。虽然这些研究并非基于真实自然会话语料的分析,更未结合完整的会话语境和交际环境对叹词"啊"所发挥的语用功能加以探查和说明,但它们对"啊""明白过来""提示新信息"等语义的描写颇具启发性。"表示明白"和"凸显新信息"等都涉及说话人从"不明白"到"明白"的转变过程,其实质是说话人关于特定信息的认识状态的改变,而且这种变化往往与共同对话者的话轮触发紧密相关。"啊"充当因信息触发而产出的回应标记既反映了它作为叹词最根本的表态属性,也是"啊"在会话互动中实施的一个最为重要的互动功能。

认识状态变化表达作为叹词"啊"的常见功能之一,在传统的语法框架中并未受到充分关注,学界对其本质的理解也不够深刻和全面。而且要考察"啊"作为回应标记的具体认识状态表达,须依托于日常对话,并结合前后话语语义和具体语境来判定。我们通过对真实自然会话语料的初步调查发现,"啊"作为认识状态变化标记在互动序列的回应位置上主要可表达从不知晓到知晓的认识状态变化、对新信息的启下型接收、从误知到知晓的认识状态变化,以及标识延迟知晓的状态。下文是具体的语料调查结果。

第二节 用法概览

本研究所采用的语料源于"汉语自然会话语料库"中 21.3 小时的会话材料,全部为课题组录制的 2—4 位会话者参与的面对面谈话的录像。在这些语料中,共搜集到 155 例表认识状态变化的回应标记"啊"。在互动序列的回应位置,"啊"主要可表达以下四种认识状态变化过程:1)从[-知晓]到[+知晓];2)对新信息的启下型接收;3)从[-识解]到[+识解];4)延迟知晓(详见表 4-1)。

表 4-1　语料中回应标记"啊"各互动功能的数量与频率统计

功能	数量	频率
1)从[-知晓]到[+知晓]	69	44.5%
2)对新信息的启下型接收	53	34.2%
3)从[-识解]到[+识解]	22	14.2%
4)延迟知晓	11	7.1%
合计	155	100%

本研究对回应标记"啊"认识状态表达的分析主要采用会话分析（Conversation Analysis）和互动语言学（Interactional Linguistics）的理论方法（CA 详参 Heritage，1984b；IL 详参 Couper-Kuhlen & Selting，2001）。下文将详细描述与分析"啊"的四种主要用法在其典型语境中所呈现的具体细节和特征。

第三节 功能分析

一 从［-知晓］到［+知晓］

（一）问题引发型告知序列的第三位置

首先，与叹词型标记"哦"相似，在会话互动中，"啊"作为回应标记也常被用于表达说话人认识状态从不知晓状态（［K-］）到知晓状态（［K+］）的转变。其中问题引发型告知序列的第三位置是此种类型状态变化标记"啊"最常分布的序列位置。如：

```
（1）暑假是否留校
1 K：    你们都留校吗
2 P：    ［我：
3 S：    ［本来很想留
4 P：    在外面住（.）在外面租房子住
5 K：→啊：
6 P：    反正我要暑假兼职啊
7 S：    那就方便一些
8        因为今年学校[没法住
9 P：               [（是）对我就是说因为学校听他们说很麻烦
```

例（1）是一段三人参与的对话，K、P 和 S 为同学关系。在该序列伊始，K 在第一位置产出是非疑问形式，询问其他对话者暑假是否打算留校。此处，问题涉及的是回答者的个人计划，它不仅属于其信息领域，而且还是 1 类知识（Pomerantz，1980），因此提问者实际上是通过提问的方式将回答者 P 和 S 看作比自身具有更高认识权限，甚至是更高认识权利和认识权威的一方,而且 K 相对于 P 和 S 而言的 [K-] 状态,即双方的知识差距（knowledge differential）是序列产生的基础。如第 2—4 行所示,P 回答称她在外租房住,实际上是告知对方她暑假不会留校,而 S 则回答称她本来很想留,实则是暗示对方,由于某种共知的原因（如后文第 7—9 行所示,留校涉及的手续很麻烦）,他们都没法留校。在 K 取得第二位置的这些话语信息后,对话者之间的认识状态实现了均衡。因此,K 在序列第三位置发出了带拖长音的"啊"（第 5 行）,表示其先前声明的信息缺口得以填补,与之相应的认识状态也实现了从 [K-] 到 [K+] 的转变。随后,回答者 P 和 S 又分别对其先前所述留校计划的原因进行了说明（第 6—9 行）。

"啊"在会话互动中还经常以叠连形式产出,这种叠连形式在通过音节重叠的方式形象地将说话人认识状态转变过程加以外化表征的同时,也强化了说话人此时的 [K+] 认识立场的表达强度（李先银,2016）。如:

(2) 餐厅厨房的卫生问题
1 A： 不是他是在什么时候
2 　　 他在洗准备的过程中就已经有了（.）在做之前对
3 D： 准备的时候（X）
4 C： [也有可能也有可能
5 A： [就已经有了（-）真的是那很好难避免的其实
6 　　 [特别
7 D： [什么叫准备（时候）
8 　　 如果厨师 [做好啊
9 C： 　　　　　[洗菜
10 A： 洗菜比如说粉什么的
11 　　 [他要准备嘛洗就那个时候就已经有了
12 D：→[啊啊啊啊啊啊啊啊嗯
13 A： 其实我以前因为我以前（--）就=
14 C： =啊那那之前不是有个段子就是说

在该序列中，三位对话者 A、D 和 C 讨论在餐厅就餐时，餐厅厨房准备的饭菜里难免有不干净东西的问题。A 在序列首提出造成这一问题可能的原因是，在厨师准备食材的过程中，这些东西就已掉落进食材中。针对该话轮内容，D 在第 3 行通过部分重复对方话语的形式发起修复，但两位受话者均未予以回应，随后她在第 7 行又通过特指疑问句形式明确指出修复源，表达自己对对方"准备的过程"这一说法的具体所指存在理解上的问题，期待对方予以修复（Schegloff et al., 1977）。此处，疑问行为求取的目标信息同时隶属于 A 和 C 的信息领域，因为回溯序列我们可以看到：A 在其第 1—2 行的话轮中首次提及了"准备的过程"，而 C 则在第 4 行通过话语叠连的形式表达了强烈附和，可见双方都对疑问句所提问的信息点——"准备的时候"处于 [K+] 认识状态。而且如第 9—11 行所示，C 和 A 分别针对 D 的疑问点进行了说明，A 甚至还在其话轮中提供了具体的细节描写。而 D 则在接收到 A "洗菜比如说粉什么的"的举例之后，在与 A 话轮后半部分形成交叠的情况下产出了以"嗯"煞尾的叠连形式"啊啊啊啊啊啊啊啊嗯"（第 12 行），该叠连形式在具象化发话者认识状态变化过程的同时，强化了其在对方话轮内容作用下形成的当前已知认识立场的表达，而且还明示受话者遵循其被修复序列中断的原本的谈话轨迹，继续向前推进序列。正如下一话轮所示，A 在取回话语权后立刻就返回了他先前所谈论的厨师在准备食材过程中产生卫生问题的话题，与此同时结束了第 7 行始 D 所开启的修复性旁岔序列。值得注意的是，"啊"的叠连形式后接的标识话段结束的话语标记"嗯"（许家金，2009）还与"啊"的叠用形式相互配合，联合标示了发话者先前所声明的信息缺口的成功填补，以及她与受话者之间相对认识状态从不平衡到平衡调整过程的完讫，并暗示了序列（此处为旁岔序列）的可完结性。

（二）自发型告知序列的第二位置

从序列环境看，标识说话人认识状态从未知到已知转变的"啊"除位于问题引发型告知序列的第三位置外，还可分布于主动型告知序列的第二位置，即对主动告知行为进行回应的话轮中。如在下例中，说话人产出"啊"，针对一个原因告知性的话轮进行回应：

(3) 食堂拥堵情况
1 H: ＜＜laughing＞我们要＜＜aspirated＞排队呀＞
2   ＜＜laughing＞我们买饭要排队＞=
3 Z: =［＜＜p＞就就＞
4 W: ［他们买饭也要排队吧::=
5 H: =他们那边一般（-）［＜＜laughing＞不怎么需要排＞
6 Z: ［（XX）那边也排队啊（--）
7 W: （XX）那边也＜＜laughing＞排队吗＞
8   ［为什么要排队啊
9 H: ［我记得我去（.）我去［两次好像（-）
10 W: ［但是我（？）
11 H: 嗯:见窗口人不是很［多
12 W: ［那边好像是因为我们去的时候都
    不是那种高峰期［嘛:
13 H:→   ［啊（.）
14 有可［能
15 Z: ［你想一下
16 大家都在外面上课
17 再赶回南湖（-）［去吃饭
18 W: ［嗯

　　该例中，三位会话参与者 H、Z 和 W 在讨论他们学校食堂的人流拥堵情况。在序列首，H 提出本校区食堂需要排队时（第1—2行），W 指出另一校区食堂也需要排队（第4行），但话轮末带拖长音、协助说话人降低认识立场的助词"吧"反映她此时对命题内容并未表现得十分确定（Kendrick，2018）。随后，当另一位会话参与者 Z 通过末尾带语气词"啊"的陈述性话轮明确提醒大家该校区食堂确实需要排队时（吕叔湘，1980）（第6行），W 遂以需要排队为预设（此处为是非疑问句形式），询问对方该食堂排队的原因（第7—8行）。然而，Z 并未及时作答，反而是 H 以话语交叠的方式率先作出回答，称她去过该食堂两次，而且人都不多（第9、11行）。在 H 回应话轮的产出过程中，W 试图阻断对方话语,如第9—10行中的部分话语交叠所示。尽管W后又主动放弃了话语权的争夺,但其话轮首产出的转折连词"但是"已投射她对拥挤情况有不同认识。如第12行所证实,W再次取得话语权后,指出了他们去该食堂时人之所以不多,是因为当时正处于非下课高峰期,其言外之意就是,该校区食堂实际上也很拥挤并需要排队。可见,W实际上不仅对该校区食堂是否拥堵有所了解,甚至还对其何时发生拥堵状况处于[K+]认识状态,因此我们还可回溯推知,她先前向Z询问排队原因的做法实则是一种寻求确认的行为。在W释因性告知话轮的可能结束处(possible completion point)后,H发出感叹性回应标记"啊",表示自己之前并不知道该食堂人不多这一状态与其所处的非下课高峰期这一时间段有关,是对方的话轮使她发生了从未知状态到已知状态的改变(第13行)。在一个微停顿后,她还通过后附的话语内容"有可能"明确承认对受话者所述原因的接受(第14行)。在W主动告知,而受话者H通过明确的认识状态变化标记"啊"表达对所告知新信息予以接受后,Z此时也终于参与进来,协助W提供更多细节,说明在他们所造访时间段食堂无须排队的原因(第15—17行),并反过来得到了W的肯定(第18行)。

此外,与位于问题引发型告知序列第三位置的"啊"略有不同,当说话人借助"啊"对主动提供信息的话轮予以回应,并明示其认识状态的变化时,涉及的并不是他/她先前公开声明的某个信息缺口的成功填补,而是他/她对对方所传达关键信息实现了成功识取与接收,即在对方话轮内容的作用下,他/她对某条额外信息实现了从不知晓到知晓的转变。

二 对新信息的启下型接收

(一)"啊"的启下性

在语料调查过程中,我们发现回应性标记"啊"还常分布在扩展型讲述(extended telling)序列中,协助序列中主要的受话方对新传达信息予以接收。与告知序列中的"啊"存在微妙区别,扩展讲述序列中的"啊"所标示的与其说是产出者从[K-]向[K+]认识状态的调整结果,毋宁说是"啊"产出者从[K-]向[K+]认识状态的动态调整过程,也就是说,他/她对新信息尚处于持续接收状态中。可见,此种类型

"啊"实际上充当的是新信息接收标记（newsmark）。下面的实例很明晰地反映了"啊"所标识的这种情形：

(4) 不要跟亲戚一起做生意
1 P： 就如果你们家的那个（.）东西（.）不新鲜
2 　　 不新鲜
3 　　 其实贵还好一点
4 　　 如果不新鲜
5 C： 我跟你说啊
6 P： 只能来一两次
7 C： 不要跟：
8 P： 撑不久
9 C： 不要跟家里：（.）亲戚一起做生意
10 　　真的
11 P：→[啊
12 C： [她家的：（.）嫂子吧
13 　　好像是她家的进货源
14 　　然后（.）她就（.）
15 　　当时（.）那个（.）橙子很不新鲜嘛
16 　　然后她就说：（.）什么
17 　　在我嫂子家进的
18 　　我没办法
19 　　只能要她家的货啊什么鬼
20 　　那一点都不好
21 P： 连带的呀
22 C： 而且进的价格
23 　　我估计也不便宜
24 　　啊（.）货也不好

该序列中，P谈到学校的一家水果店水果不新鲜的问题。此时C插入进来，打断P的话轮；他发出话语引进标记"我跟你说"，意欲转移话题，开启一个新的告知序列，以郑重告知对方某些重要的信息（董秀芳，2010）（第5行）。尽管如此，P还是维持了其话语权，将原话题内容陈述完毕（第6、8行）。而与此同时，C也坚持其告知序列的构建，产出了"不要跟亲戚一起做生意"的个人主张（第7、9—10行），投射后续还会有更为详细的论点阐述。而P也并未坚持继续讲述其原先的话题，而是在C产出其个人主张后发出了一个回应标记"啊"，它一方面标识着P已对话语权进行了让渡，将自身调整为受话者的角色，另一方面也在多话轮讲述的中间位置展示了自己作为受话者在对方较为强势的信息供给下，认识状态从［K-］向［K+］的动态调整过程（第11行）。正如第12行所示，C通过与P的"啊"回应相交叠的方式，以她所知的水果店的事实为例证，继续对其先前所述论点展开说明，足见其信息输出在对方的"啊"回应前并未完结。与之相对应，P先前也是在通过第9—10行话语内容的投射，预测对方信息未竟的情况下产出的"啊"。此外，正如后续话轮所示，P在第21行简短的回应话轮和C随后就同一话题持续的扩展讲述，都足见二人参与角色（participation role）的分配在P发出"啊"回应调整其个人认识状态时就已确定，即C为序列主导方，而P为被动的信息接收方。

在多话轮扩展讲述序列中，由于"啊"常作为讲述接收方借以接收信息的一种手段，穿插在序列主导方的讲述过程中，因此它在认识状态变化标识功能的基础上，有逐渐演化为用以鼓励序列主导方继续供给信息的启下型回应标记（forward-looking response token）的趋势。这一点可通过"啊"所回应信息的完整性得以体现。如在例（4）中，"啊"的产出是在对话主导方意欲输出的信息未完结（且实施了未完结的投射），但业已传达信息量相对完整的话语片段的位置发生的。但在自然会话语料中，我们还发现"啊"在话语信息不完整位置充当回应话轮，纯粹发挥启下型回应标记的功能。这种类型的"啊"本质上由认识状态变化标记"啊"在互动语境中浮现而来，反映了说话人保持认知开放，积极扮演听话者角色的状态。如：

（5）好吃的零食
1 C：　这个好好吃啊

2 L: 嗯
3 P: 除了甜都蛮好吃的
4   咸咸的
5 C: 上次圣诞节开组会
6 P: →啊
7 C: 不是博士学姐发了我们那个[＜＜laughing＞蚕豆吗＞
8 Z: [嗯嗯
9 C: 我觉得好好吃啊回去自己＜＜laughing＞买了一大堆＞
10 P: hahaha

在该例中，对话者就桌上零食的味道展开讨论。C在第1行对某样零食给了高度评价"好好吃啊"，随后，在L的肯定和P对所有零食补充性的概括评价及针对该零食更为细致的评价后（第2—4行），C又通过"上次"引入了含有具体时间点的话轮，这种话语起始处的时间信息往往作为一个导入语预示一个关于具体事件的讲述序列，而且该事件是属于说话人1类知识的个人经历（第5行）。如第6行所示，当作为[K+]方的C方才产出时间点时，P就发出了"啊"这一回应标记，用以鼓励C继续供给其不知晓且不属于其认识领域的信息。而且由于此处"啊"所回应的话轮不包含完整的信息内容，即不涉及一整条完整信息的传递，因此它并未引发P关于特定信息认识状态从未知到已知的改变，反映的只是P对其自身状态主动进行预先调整的一种态度。可见此处"啊"已脱离了它表达说话人认识状态变化的基本语义，仅发挥信息和话语组织层面的功能，即充当启下型回应标记：与第8行另一位会话参与者借以表达应声回执的"嗯嗯"相似，它表示标记产出者已接收对方话语，并希望对方继续说下去（许家金，2009）。而且正如第7、9行所示，序列主导方C在分别收到应声回执"啊"和"嗯嗯"后，均选择继续完成关于买圣诞节组会所吃蚕豆的具体事例的讲述，以例证的方式说明她对好吃零食执着的心理。

（二）"啊"与其他回应标记同现

首先，"啊"在扩展型讲述序列中充当新信息接收标记，鼓励序列主导方继续讲述当前话题、提供新信息时，还常与另一个表示认识状态变化的标记"哦"共现于同一会话序列中,二者前后配合,协助某一序列参与者表达对长话轮讲述的接收状态。而且"啊"所构成的应答话轮往往出现在"哦"所构成话轮之前。如:

(6) 广州红包习俗
1 D： 是不是你新娘是广州的啊
2 B： 他们都是那个县城的啊（-）新郎新娘
3 D： 好吧
4 B： 但是广州那边感觉
5　　　不知道他们那边结婚是什么
6　　　反正广州那边（--）给红包是真的给的非常少
7　　　就五块十块二十块钱的给
8 C：→ ［啊:::
9 D： ［什么红包（啊）（.）是
10 B： 春节红包
11 C： ［哦
12 D： ［哦（.）是（.）压岁钱的那种吗
13 B： 对（.）压岁钱

上例中,D、B 和 C 这三位对话者在讨论广州的相关习俗,其中 B 在广州的生活经历比较久,因此广州的习俗自然属于她的信息领域,这一点通过序列首 D 和 B 提问者与回答者的参与角色分配也可反映出来。作为处于认识状态高位的一方和话题信息的主要提供者,B 在其长话轮(第 4—7 行)中告知其他两位会话参与者,广州的结婚红包她不太清楚,但按照该地的习俗,平常所给红包的金额一般很少。在收到这一信息后,C 发出了带拖长音的"啊:::",表示广州的红包金额少——一般为五块十块二十块这一信息对她而言属于新信息,并使其关于该信息的认识状态产生了变化(第 8 行)。随后,当 B 在 D 的引发下进一步告知大家他先前所指的红包具体为"春节红包"时(第 9—10 行),C 再次发出标识其从未知到已知认识状态变化的标记"哦",确认对 B 所提供的补充信息的接收,此时其关于红包这一新信息的认识状态变化也比之前更为彻底。

而回应标记"啊"与"哦"序列位置分布的先后顺序也表明,位于序列靠前位置的"啊"较之后者发挥着更多的启下功能,是信息接收方在预测序列主导方话轮未竟的情况下采取的一种状态调整策略,以将自身调适为受话者状态,引导对方提供更多的信息。相反,"哦"在序列靠后位置回应的往往是更为完整的信息内容,并不具备延续性的启下关联作用。信息接收方认识状态的这种动态调整过程,有时还可涉及多个回应话轮和更为复杂的回应过程。如下例所示:

(7) 毕业论文撞题
1 H：　我们俩统计同一本书呢
2 Z：　什么
3 H：　统（.）统计同一本[书呢
4 Z：　　　　　　　　　[怎么可能啊
5 W：　你去统计什么呢
6 　　　就是它（这）（-）频率吗
7 H：　就是我们俩现在问题就是
8 　　　我写一本教材
9 　　　然后跟另外一本教材对 < <creaky> 比 >
10 　　　然后我们俩写的这本教材是一样的
11 Z：→[< <laughing> 啊 >
12 H：　[就对比不一样
13 　　　就是（-）< <p>我在网上 >（-）网上看到一篇
14 W：　嗯（--）
15 Z：→哦：
16 　　　（1.0）
17 H：　（看就）
18 Z：→< <laughing> 哦:: >
19 H：　然后我就很那啥的把对比教材给改了
20 　　　到时候再可能（--）偏一下侧重点吧
21 W：　嗯 =
22 Z：　=你可以换一个同类型的然后其他的书目吗

该序列中，作为其个人正在做的事情这一 1 类知识的行为主体人，H 在告知其他对话者其毕业论文的情况。当她表示自己的论文存在所调查的教材与另一位同学的雷同这一问题时，Z 先是通过疑问形式"什么"发起关于对先前整个话轮存在理解问题的修复（Schegloff, 1997）（第 2 行），当对方通过重复其上一话轮内容的方式予以修复后（第 3 行），Z 又产出反问形式"怎么可能啊"（第 4 行），再次表示自己对已公开确认的新信息"统计同一本书"无法接受。直到另一位对话者 W 针对 H 所述事实的细节发出特指疑问形式并提出自己的理解（第 5—6 行），而 H 在回应话轮中进一步解释其所面临的具体问题并提供更多的细节后（第 7—10 行），Z 才发出带笑声的"啊"（第 11 行），承认她在获取具体细节并接受事实的基础上，最终实现了延迟的从 [K-] 到 [K+] 的认识立场的转变。结合先前序列中他在回应位置两次产出外显的疑问形式来看，Z 并非在接收新信息的那一刻（如序列的第二个话轮）就实现了认识状态的变化，而是经历了一个从持疑到慢慢接受的态度转变过程，直到以"啊"的产出为标志，Z 最终承认自己此刻实现了 [K+] 认识状态。随后，H 还补充说明了她选择该论文题目的缘由，并获得了 Z 两次因信息补充而实现的 [K-] 到 [K+] 状态变化的"哦"回应（第 15、18 行）。与位于第 11 行的"啊"相比，这两处带拖长音的"哦"标记在标示说话人认识状态调整过程最终完成的同时，还暗示了该信息传达序列的可终结性，如第 22 行所示，Z 在其下一话轮中对 H 发出提问，主动将话题从论文撞题的问题转移到针对该问题的解决办法上。总之，此序列中，从最开始的回应"什么"和"怎么可能"，到序列中间位置的"啊"回应，直至位于序列尾位置的"哦"回应，Z 作为信息接收者表达了他从一开始的质疑，到接受并鼓励对方继续提供信息，直至实现认识状态的完全改变、明示序列的可终结性的整个过程，体现了他对讲述性长话轮中所提供信息的了解逐步深入，以及他个人认识状态由浅入深的变化过程。

由此可见，在多话轮讲述序列中，"哦"与"啊"在彼此配合充当回应话轮时形成了互补的关系：位于序列尾声处的回应标记"哦"标示的是发话者认识状态从 [K-] 到 [K+] 的调整完结状态，而处于序列中间位置的"啊"则反映其对自身认识状态的主动调整过程，附带有序列启下性关联作用。

此外，在这种一方主导型对话中，有时信息接收方在借助"啊"表达启下性关联回应，并在随后接收到完整信息后，还会发出不限于"哦"的其他回应形式。对比发现，这些回应形式在标识主体状态变化时，与"啊"存在明显区别。如：

(8) 语音红包
1 C：　　上次（.）上次很<u>尴尬</u>
2 P：→啊
3 C：　　我（rang）（.）要了二十块钱经费
4 　　　　结果（.）我发了个＜＜laughing＞语音红包＞
5 　　　　就语音红包很少有人会点开拿
6 　　　　因为是要（.）讲一（.）句话发到群里（.）然后＝
7 P：　　＝对呀
8 C：　　我：搞<u>错了</u>

该对话中，C 在序列起始位置发出以"上次"为导入语的关于某次经历的评价，其中评价词"尴尬"还附带了音节重音。接收到这一显著的序列宣告行为后，P 产出启下关联的回应标记"啊"，鼓励对方继续讲述其所谓的尴尬经历（第 2 行）。在 P 的回应下，C 产出了一个多单位话轮（multi-unit turn）（Sacks et al., 1974），对该经历的过程进行了详细描述（第 3—6 行）。对于 P 而言，C 在第 3—6 行输出的信息已经足够完备，也足以让其体会对方在第 1 行关于该经历的评价"尴尬"，因此，她在第 7 行以即时延续的方式产出了回应话轮"对呀"。此处，"对呀"一方面表达了 P 对上一话轮话语内容的肯定回应，另一方面也暗示了 P 作为 [K-] 受话者，在上一话轮的作用下实现了成为 [K+] 受话者的转变。而且正是这种认识状态从 [K-] 到 [K+] 的转变，构成了 P 表达其认同性回应态度的前提和基础。总之，P 在第 2 行发出的"啊"与在第 7 行产出的"对呀"互相对照，反映了其关于会话所述信息领域认识状态的不同阶段，前者不涉及主体认识状态的最终转变，P 对"尴尬"一词所评价的具体事件仍处于相对 [K-] 状态，需要对方提供更多信息方能实现［K+］认识状态，而后者则相反。此外，尽管"对呀"在会话互动中的基本功能是标识说话人的独立认识依据，但此处"对呀"的这一功能是在对讲述性长话轮中新信息的成功接收的基础上实现的，因此，我们可将其看作是与"啊"相对的反映说话人因信息接收而实现了认识状态变化的回应标记。

在一方主导的会话互动中，"啊""嗯""是吗""哦"等多个回应标记还可能一同共现，在多话轮讲述的不同回应位置被听者调用以明示自身倾听状态。如：

(9) 为什么去郑州科技馆
1 L: 我觉得太 low 了你知道吗
2 　　我之前去的那个 (.)
3 　　郑州的科技馆
4 　　嗯:
5 M: 哦 (.) 你去 (?) 你去过郑州 [的
6 L: 　　　　　　　　　　　　　[对对
7 　　是为什么我会去吧
8 　　是因为我:
9 H: 嗯=
10 L: =考研开学之前
11 　　我不是在我们县城里面一个辅导班
12 　　当: (.) 兼职老师嘛
13 M: →啊啊:
14 L: 呃:就反正就是在那儿干一个暑假嘛
15 　　然后 [我们有一个活动就是 [(?)
16 H: 　　　　　　　　　　　　　[嗯
17 L: 就是快要结束的时候有一个活动
18 　　就是带领那些孩子们
19 　　去参观科技馆
20 M: [哦::
21 L: [因为那个科技馆是很老的老馆你知道吗

22   新馆还没有建好当[时
23 M：   [那里面有啥啊

在序列首，L 跟其他两位会话参与者提到她去郑州科技馆的事情，在 M 通过"哦"引导的话轮表达其展示性理解（displayed understanding）后（Heritage，1984a）（第 5 行），L 开始陈述她是在什么契机下去的科技馆。在其陈述过程中，她先是在第 9 行收到 H 的继续反馈（continuation response）"嗯"（许家金，2009：61），在第 13 行收到 M 的回应话轮"啊啊:"，后又在第 16 行收到 H 的另一个继续反馈语"嗯"。最后，当 L 将关于去科技馆的契机的完整信息陈述完毕时，她在第 20 行收到 M 带拖长音的回应标记"哦"。位于序列靠前位置的回应形式"嗯"和"啊"与处于序列尾的"哦"形成对照，前者表达对非完整信息的回应，鼓励对方继续讲述当前话题，而后者标识认识状态变化的完成，同时预示着本序列的可终结性，正如 M 在产出"哦"回应的下一话轮中，直接通过特指疑问句形式引导对方作答，以此开启新的关于科技馆本身的话题（第 23 行）。

三 从［-识解］到［+识解］

会话互动中，"啊"所涉及的认识状态变化还可以是从误解到理解某一目标信息的改变。所谓误解，是指说话人对目标信息的知晓状态不全面或不准确，或对目标信息存有某种错误的假设或预设等。随后，在目标信息属于其认识领域的对话者的纠正下，说话人通过产出"啊"表达其理解状态的实现。与之相应的，此种类型认识状态变化标记"啊"经常出现于引发—纠正—反馈序列的第三位置，说话人通过序列第三位置的"啊"承认对既有错误认识的成功修正。如：

(10) 作业
1 P：   不是吧
2   你那个搞好了
3 C：   没
4   没搞

```
5 P:      你模式都出来了不就填内容就好了
6 C:      我没（.）我没开始搞啊
7 P: →   啊::
8 C:      我（sh）这星期把张老师作业搞了
9 P:      我觉得你那个（.）还
10        天呐
11        羡慕
12        早知道＜＜laughing＞我也搞这个得了＞
```

该序列首，P 表示她本以为 C 已开始写作甚至已完成双方所谈论课程的论文（第 1—2 行），但 C 在下一话轮直接提供了两个简短的否定回应（第 3—4 行），基于此，P 又通过否定反问句形式提出自己认为该论文写作难度不高的看法（第 5 行）。但 C 下一话轮所提供的信息，即她事实上还未开始着手写作论文，在回应 P 疑问行为的同时，更否定了 P 在先前话轮中所表达的预设，即 C 已完成该课程论文。因此，P 在第 7 行发出带拖长音的"啊"，针对违背其预设的话轮内容予以反馈。此处，"啊"协助说话人明示其对属于对方个人信息域的论文写作情况，在经由对方纠正后从误解状态到理解状态的转变过程。随后，在 C 进一步解释其所完成的是另一位老师的作业时，P 还基于其修正后的认识状态，对对方先完成这门作业的事实给予了肯定评价（第 9—12 行）。

在互动序列中，"啊"在标识说话人从误解到理解状态转变过程时，还可位于回应第二位置，此时，"啊"的后面常附有明示说话人先前误解状态的话语成分。如：

```
(11) 日企加班
1 Z:     但是日企它那个（.）环境（0.5）很（.）严苛（.）就是:
2        [因为他们的
3 K:     [＜＜laughing＞他们很爱加班吗＞
4 Z:     对
5 P: →  啊（.）日本还要加班吗
6 Z:     而且他们就是（.）对上司的那种（.）态度啊什么的就
```

```
7        要求得很(.)嗯：就是(h)要求很多
8 P：    是吗
9 Z：    嗯
```

此例中，Z和K在对话中提到日企加班的事实（第1—4行），P作为受话者在回应话轮中输出"啊"，随后还产出是非疑问句"日本还要加班吗"（第5行）。此处，回应标记"啊"所后附的疑问式实际上并非在请求对方确认，而是说话人以疑问形式复述对方话轮中关键信息"日本人加班"的方式，将其正在经历的内在认识状态修正过程外显化。与此同时，它也暗示说话人先前存在关于日本人加班与否这一问题的错误认识，从而侧面验证了"啊"所表达的关于该问题说话人从误解到理解的变化过程。此外，K与Z在第3行和第4行提问—回答相邻话对形式的修复序列说明，日企需要加班为对话中业已公开确认的事实，因此，这一点也证明"啊"后的疑问形式无须对方回应，仅为说话人在面临信息违背既有认知这一情形时产生的应激反应。如下一话轮所示，Z在收到P以"啊"为始的回应话轮后，并未给予任何反馈，而是选择就其在第1—2行提出并被打断的关于日企环境很严苛的观点继续进行深入阐述（第6—7行）。而P在接收到日企在对待上司的态度要求较多这一新信息后，又在其回应话轮中产出了附加疑问式"是吗"，表示对新信息的接收。

"啊"标识的说话人从误知到已知的状态变化并非全由对话者上一话轮的话语内容所引发，它有时还可由现场语境中的某一因素触发。如下例所示：

```
(12) 零食是否吃空
1 H：    你那边(.)你[那边已经吃得差不多了吧
2 Z：                [（吃聊）
3 W：                [还（--）嗯（-）
4        啊
5 H：    说你（?）=
6 W：    =我也不至于说<<laughing>已经吃空了好吗>
7 H：    我看你袋子里面（-）
```

第四章　认识状态变化标记"啊"　　89

```
8  W：　　［没有我这边蛋糕都没吃
9  H：→ ［啊（.）哦（.）下面还有
10 W：　　我不想吃蛋糕
11 　　　 我觉得吃蛋糕好
12 　　　 （1.0）
13 　　　 你刚吃这个不是（.）差点被噎到吗
```

　　该序列中，H在第1行开启新的话题，产出疑问句"你那边已经吃得差不多了吧"，询问W其桌上的食物是否已差不多吃完，其中句末语气词"吧"标志着H基于有限的认识渠道（W在对话过程中一直在吃这一证据），站在"接近确定但尚不饱和的认识立场上，尝试提出自己的断言"（周士宏，2022），可见该话轮实际上反映了说话人对所述事项存在既定的认识。而且在对方的强烈否定后（如第6行话轮末表示纠正的"好吗"所标识），H在她的下一话轮还意欲继续为此种推断提供证据，即袋子里面是空的（第7行），但在其话轮产出过程中，W伸手展示其桌上袋子下面实际上还有剩余的食物（观察视频可见）。此时，H在对方的展示下了解到真实情况，发出标识从误知到已知状态变化的标记"啊"，表示W桌上剩余不少食物这一现实状况，作为一个超会话（extra-conversational）因素触发了她认识状态从一开始的误知——认为W的食物已差不多吃完，到此刻已知状态的转变（第9行）。而且在一个微停顿后，H还产出了另一个认识状态变化标记"哦"，以及与其间隔一个微停顿的话语"下面还有"。整个话轮既明示了H在现场语境中W展示其桌上所剩食物这一因素的触发下发生的认识状态变化过程，又承认了其状态变化的结果——对客观事态的正确认知"下面还有"。而且与上文两例不同，本例中"啊"所标识的状态变化并非由共同对话者的话语内容直接引发，而与其身体视觉动作所触发的说话人对现场客观因素的注意密切相关。

　　标识主体认识状态从误知到已知转变的"啊"还经常与"好吧""行吧"等妥协义表达式同现，共同构成一个回应性话轮，一方面表达说话人在错误认知被修正的情况下实现了知晓的认识状态，另一方面明示说话人对违背预期的新信息的接受。这种话轮构造本质上反映了说话人将自身置于相对于对方的认识从属（epistemic subordination）地位，针对上一话轮中某种违预期的否定性或纠正性回应公开表达妥协反馈。因此，从序列分布上看，"啊"＋"好吧"／"行吧"常分布于序列结束第三位置。如下例所示：

(13) 她是怎么进来的
1 P： 才进的
2 　　　叶静推荐进来的
3 C： ((吸气))
4 　　　哎（.）那个申小玲是不是也是她推进来的
5 P： 申小玲：
6 　　　不是以前就在吗
7 　　　只是她不（.）经常：（.）发言而已
8 C：→ 啊
9 　　　［好吧
10 P： ［嗯（.）她以前就
11 C： 她是我党课：（.）一起的同学

该对话进行时，P 和 C 正在一同开展一门课程的实践活动。在序列之前，双方提到同小组另一位负责写该活动文案的同学，P 告诉 C 他是"叶静推荐进来的"。在该话轮的引发下，C 突然想起另一个他们共同认识的人"申小玲"（由后附微停顿的"哎"和指示词"那个"所标识），并通过是非问句的形式请求对方确认其是否也是叶静推荐进来的（第 4 行）。此时，P 在其回应话轮中发出反问句形式"申小玲不是以前就在吗"，直接否定了对方话语中所蕴含的有关申的认识，此种形式甚至还暗示"申小玲并非叶静推荐进来"是一个显而易见的事实（第 5—7 行）。在接收到 P 话轮中违背预期的信息后，C 产出状态变化标记"啊"，明示其关于申小玲是通过何种途径参加该课程的这一目标信息从误知到知晓的转变，此处"啊"还后接了另一个 TCU "好吧"，该表达式在协助 C 就上一话轮的违预期否定回应作出接受性反馈的同时，反映了她在原先的理解遭遇挑战时，主动将自身置于关于目标知识或经验较低的从属性认识地位。"啊"是说话人认识状态变化的客观表征，而"好吧"则体现了其在状态调整过程中所作的主观努力，二者相互配合，暗示本序列的可终结性，驱动序列向前推进。如后续话轮所示，在 P 将先前话语内容再次予以确认时（注意第 9 行和第 10 行的话轮是交叠的），C 就主动将话题转移至谈论她自己是如何认识申小玲的（第 11 行）。再如：

(14) 每天都很烦躁

```
1  C：   对呀
2        只要把：(.) 框架定下来了
3        用什么理论
4        解决什么问题
5        那好好搞啊
6        我现在：(.) [啊 (.) 棘手
7  P：              [<<p>烦啊>（--）
8        感觉每个人都是
9        特别是我 (.) 就觉得我们两个课又多
10 C：   嗯=
11 P：   =每天觉得烦得呢 ((laughter))
12 C：   嗯
13 P：   ((laughter)) 每天都 (.) 每天都躁啊躁
14       心里面特别躁 (.) 烦躁烦躁烦躁
15 C：   但我还行
16       我还好
17 P：→  啊：(.) 行吧
18       就是 (.) ((lip smacking))
19 C：   就是睡不好
20 P：   (e) 就 (.) 我总觉得有什么事 [情没干完那种感觉
21 C：                              [你知道吗
22       我好 (.) 我好夸张啊
```

此序列中，双方作为同学在讨论其共同面临的论文压力，针对这种压力，C 与 P 几乎是同时对自身感受分别作出"棘手"和"烦"的评价

（如第6—7行展示的话语交叠所示）。半秒的沉默后，P继续发出"课又多"和"每天觉得烦"的陈述，此处值得注意的是，该陈述涉及的主体屡经调适，从"每个人"到"我"最后到"我们两个"。在其陈述过程中，C两次产出继续反馈"嗯"（许家金，2009：61）（第10、12行），示意自身的持续接收状态。然而，当P随后发出极致表达"每天都躁啊躁"对其持续的烦躁状态进行强调（Pomerantz，1986），并数次产出"烦躁"，代表陈述句主体"我们两个"对论文压力带来的感受进行夸大陈述时（第13—14行），C以转折词"但"为话轮起始语提出"我还行"和"我还好"，言外之意是，自己并未处于对方以极致表达加以强调并多次重复的那种每天都特别烦躁的状态中（第15—16行）。具体而言，C以"我"为陈述主体，将自身从P所描述的那种状态中剥离出来，从而纠正P的错误认识，即认为C处于与其自身一样的因论文压力造成的日常烦躁状态。如下一话轮所示，在收到违背其预期的纠正性告知后，P先是产出带拖长音和微停顿的回应标记"啊"，表达自己对C日常状态从误知到已知的转变，而后她还发出了回应形式"行吧"，明示她在接收对方话轮信息的基础上对违预期信息，即C并非像她一样处于日常烦躁状态的接受（第17行）。紧随其后的两个话轮也证明C和P对论文压力的总体感受是彼此相异的（第19—20行），而且在这两个明显的总结性话轮之后，C马上主动将序列转移到了告知对方自己身上最近发生的事情上（第21—22行）。

四 延迟知晓

在会话互动中，还存在另一种类型的"啊"，其产出即说话人认识状态的改变并非由共同对话者先前话轮内容直接引发，而是在会话序列的互动过程中，说话人突然意识到或想起某一个事实而导致其状态的变化。因此，从序列结构角度来看，表达独立想起或意识到的"啊"不会出现在对提供信息的告知性话轮、纠正性话轮或讲述型话轮等进行回应或反馈的序列位置。但是，它也并非由超会话的因素所触发，即脱离当前会话序列而存在的，而是说话人在与对话者交流的过程中受到间接刺激而产生的独立联想，通过独立的认知调整而突然想起或意识到某一目标信息，因此"啊"的产出与当前会话序列仍存在密不可分的联系。此外，说话人这种延迟知晓的状态不仅通过"啊"进行在线表征,还体现在后附于"啊",表达认知搜索结果(outcome of a search)的话轮成分中,甚至还体现在"啊"产出之前说话人通过外显语言形式呈现的当下不知晓(currently unaware)状态的对照之下。如在下面的实例中,就存在两例这样的"啊"标记:

(15) 师门微信群
1 P: 我在想我微信没有加导师吧
2 S: 没有[是当时好像是干嘛:
3 K: [没有吧
4 P: →啊哦(.) 是那个学长=
5 S: =好像是那个(.) 让那个学长给我们[传什么资料还
        是什么传到这里建了一个
6 P: [欸:
7   好发送(XXXX)
8 K: →啊(.) 对(.) 姚氏同门
9 P: (XXX) 利宏杨我加了你没
10 L: 加了加了

该序列中,四位对话者均为同一位导师的学生。在该序列之前,他们在讨论先前建立的一个师门微信群。此时,P 表达了她对自己是否加过导师微信的不确定性(第 1 行),并分别收到了另外两位对话者 S 和 K 的肯定回应(第 2—3 行),其中 S 在其话轮中提到的模糊信息"当时好像是干嘛"在证实 P 未加导师微信这一事实的同时,还在一定程度上提示了 P,当时是因为某个特殊的目的而建立的师门微信群,这一点也通过"干嘛"的音节重音得以凸显。因此这一线索使 P 得以遵循正确方向在记忆中展开信息搜寻。如第 4 行所示,P 随后产出由状态变化标记"啊""哦"和具体话语信息"是那个学长"构成的话轮,其中"啊"标识了 P 索词困难的最终成功解决,而指示词"那个"附加了音节重音,强调是该学长而非导师建立的群,借此 P 独立证实了她未加导师微信的事实。整个话轮表示 P 在 S 的间接刺激下突然想起与当时情形有关的关键信息,其中"啊"和"哦"均为她延迟知晓的认识变化过程的外化，而后附的话语内容则是她认知中所激活信息的最终结果。紧随其后，S以即时延续的形式（如"="所标识）补充描述了P所提及的人物及与之相关的事件的具体情况（第5行），并得到了P造成双方话语交叠的肯定反馈"欸"以及信息补充（第6—7行）。总之，第4行中"啊"所后附的说话人突然意识到的目标信息并非由上一话轮所直接提供，以及第1行中同一说话人明示其当下处于部分[K-]状态这两点都说明，"啊"标识的是说话人认知暂未被激活到延迟和独立知晓的状态变化的过程。此外，说话人在第6—7行对上一话轮表达独立认同，并在其话语信息的基础上独立进行扩充，也证实说话人从第4行认知得到激活、突然想起相关信息开始，就一直具备认识独立性（epistemic independence）。在S和P协同合作，共同回忆与建立师门微信群事件相关的具体细节的互动过程中，K也产出了标识延迟知晓状态的"啊"，并后附肯定标记"对"以及她突然想起的微信群名字（第8行），为话题补充细节的同时，明示她的认知也在当下语境中得到了在线激活。具体而言，"啊"标识K索词过程的结束，而"对"也显示K所成功搜索到的信息在其认知中一直处于准备状态，只是先前暂未得到激活。值得注意的是，不论是对P还是对K而言，对话所述的师门微信群这一话题都属于其认识领域之内的信息，正如我们上文所述，本例所有对话者均为同一位导师的学生，所以他们自然都对该导师的师门微信群享有同等地位的独立认识权限。因此，不论是第4行的"啊"，还是第8行的"啊"，其产出都是基于说话人对目标信息所具备的独立认识权限，并非建立在共同对话者所提供信息的基础之上，而且表征独立认知过程的"啊"及其后附的属于独立认知结果的话语信息，也反映了说话人对其独立认识地位的公开声明。在其疑问得以彻底解决后，P随后将序列转移到其他的话题上（第9—10行）。

在会话互动中，有时说话人在发出"啊"公开表达信息最终被成功激活之前，还会经历激活错误信息，而后在共同对话者的帮助下加以矫正的过程。如：

(16) 小方块的糖
1 P: 哦就那个紫色的就（？）以前老吃那种（.）椰子糖

2 Z:　（yi）好像不是紫色的［吧就（.）大概这么小一个方块的那种
3 P:　　　　　　　　　　　　［嗯
4 S:　纸包起来的［那种
5 P: →　　　　　［啊:
6 　　　　　　　［是不是以前老吃的那种啊
7 L:　　　　　　［就像我们童年:（.）童（.）［小时候
8 S:　　　　　　　　　　　　　　　　　　　［小时候吃［的那种
9 P:　　　　　　　　　　　　　　　　　　　　　　　　［哦（.）［（XXXX）
　　　　　　　　　　　　　　　　　　　　　　　　　　　（.）就是那种.

在该序列之前，Z 谈到在某次组会上，一位学姐发了一种她很爱吃的方块的椰子糖。此时，P 提出自己的猜想，向 Z 确认是否就是某种紫色的椰子糖（第 1 行），但遭到了对方的否定，而且 Z 还借助身体视觉动作及语言"这么小一个方块"描述了该糖果的形状（第 2 行），而 S 也在随后的话轮中补充了关键信息"纸包起来的"（第 4 行）。可见，P 一开始在其认知中独立激活的信息"紫色的"为错误信息。如第 5 行所示，在 Z 和 S 两条描述性信息的触发下，P 发出带拖长音的"啊"，表示她此时终于成功激活正确信息，并意识到对方所指为何。而且在后续话轮中，P 和 L、S 分别在第 6、7 和 8 行输出的互相交叠的话语内容显示，他们所说的糖果为同一种——他们在童年时期最常吃的那一种。这一点也在 P 的序列结束性反馈话轮中得以证实：P 首先发出后附微停顿的"哦"对 L 和 S 的话语表达肯定性回应，最后又产出总结性话语"就是那种"，明示其认知中激活的那种糖果与对方话语所指一致的同时，暗示关于该话题的序列可以告一段落（第 9 行）。

在语料调查中，我们还发现许多"啊"与表示肯定的"对"相邻搭配出现的会话实例，后者明示了说话人对"啊"所标识的索词困难成功解决的肯定。正如例（15）中 K 产出的话轮所示，"啊"与位于其后的"对"共同标识说话人延迟知晓，目标信息搜寻成功的状态。此外，二者共现的主要序列位置为讲述型长话轮的中间位置。在"啊"和"对"所处话轮的靠前部分，往往还存在"那个（什么）""呃""就是"等词汇化占位填充语和语音停顿、延长等韵律填充手段协助说话人实施延迟表达。分布于话轮前部的语言或韵律占位手段是说话人思维或语言阻滞过程的外化，而"啊""对"则公开标识了说话人认知搜索过程的结束和目标信息的成功激活。如：

(17) 海洋生物
1 H： 应该不叫科技馆哈
2 L： 嗯嗯
3 M： 科普馆[((laughter))
4 H：　　　　[对 (.) [科普馆
5 L：　　　　　　　　[对 (.) 我觉得就应该叫科普馆
6 H： [准确来说就叫科普馆
7 L： [因为 (.) 还 (.) 还 (.) 还比较那个
8 H： [还好一些
9 L： [然后
10　　还 (.) 还 (.) 有那个 (.) 什么：
11 →啊 (.) 对 (.) 它还有那个嗯:: 生物之类的
12　　就是 (.) 那个：
13 M： 海洋生物
14 L： 对 (.) 有一个 (.) 很大的那个 (.) 海洋生物那个骨骼

此例中，L作为会话主导者，讲述她在一个辅导机构担任辅导老师时，带小学生参观一个科技馆的经历。另外两位对话者H和M，在L先前数个话轮的讲述后提出，这种地方与其称之为科技馆，不如说它是科普馆更为合适和准确（第1行和第3—4行），并得到了L的公开认同（第5行）。在数个回合的话语交叠后，L在第9行以"然后"为话轮起始语占据话语权，明示她将继续遵循先前谈话的主线讲述她科技馆之行的所见所闻。此时，她遭遇了索词困难，并借助带拖长音的"那个什么"进行占位填充（刘红原、姚双云，2022）（第10行），随后，她又发出分别后附微停顿的"啊"和"对"，明示其认知上的突然激活状态，而话轮末的信息"生物之类的"则是她成功搜索到的目标信息（第11行）。值得注意的是，此例说话人在产出"啊"及目标信息后，在同一话轮中又再次发出表征思维受阻的填充语"就是"和"那个"及其所附的韵律停延手段（第12行），但这并不与说话人先前借助"啊"表达的认知激活状态相悖，它只是反映了说话人在产出目标信息"生物之类的"后，又意欲将该信息用更为准确的语言形式表达出来，以便于受话者理解。正如第13—14行所示，在M的协助下，L这次搜索并产出的话语为"海洋生物骨骼"。可见，在会话互动中，参与者的认知和言语表达是动态在线和实时变化的过程，而"啊"所标识的突然激活状态也是一种此时此地（here and now）的状态，反映的只是说话人产出该标记时正当下的状态。

第四节　总结

本章我们在认识理论的框架下考察了汉语自然对话中的叹词型回应标记"啊"，发现"啊"是一个多功能表状态变化的标记语，用来标识说话人认识状态上的某种变化。如表4-1中统计结果所示，在总时长为21.3小时的汉语多模态自然会话语料库中，共计出现表认识状态变化的回应标记"啊"155例，它们在协助说话人展示其已从一种认识状态转变为另一种认识状态时发挥着核心作用，即就相关事项从［-知晓］到［+知晓］、对新信息的启下型接收、就相关事项从［-识解］到［+识解］或延迟知晓等状态变化过程。

经过对上述四种主要互动功能及各功能框架下"啊"的话轮表现及其所处序列环境等的考察，我们发现"啊"不同类型的互动功能与特定会话序列位置之间存在较强的对应规律，具体表现为：1）当"啊"用于标识［+知晓］状态时，它通常位于告知行为（既包括问题引发的告知，也包括自发的告知）的回应第二位置或第三位置，表示上一话轮的告知将信息从知情的一方成功传递给了不知情的一方（Heritage，1984a）；2）当"啊"充当启下型新信息接收标记时，它常分布在扩展型讲述序列中的回应位置，产出者借"啊"将自身调整为对新信息的持续接收状态，因此在"啊"回应之后，序列将继续加以扩展；3）当"啊"用于标识［+识解］状态时，它一般出现于引发—纠正—反馈序列的第三位置，表达产出者被纠正后从误解状态到识解状态的变化，但有时为了顺应互动中的偶发因素和迫切需求（Couper-Kuhlen & Selting, 2018），产出者会直接表达其［+识解］状态，而表征［-识解］状态的引发话轮和随后的纠正话轮则呈缺省状态；4）与以上三种状态变化不同，延迟知晓状态并非由共同对话者先前话语内容的提供直接引发，因此它并不分布于告知性或纠正性话轮的回应位置。除序列位置外，"啊"的这些功能变体在序列共现成分上也呈现出规律性的特征：如启下型新信息接收标记"啊"常与"嗯""是吗""哦"等回应标记共现于一方主导的讲述序列中，以鼓励主导方继续提供信息；标识主体认识状态从误知到已知转变的"啊"则经常与"好吧""行吧"等妥协义表达式同现，明示主体对违预期新信息的接受；而表延迟知晓的"啊"所处话轮的靠前部分，往往存在"那个（什么）""呃""就是"等词汇化占位填充语和语音停顿、延长等韵律填充手段协助说话人实施延迟表达。可见，"啊"所实施的社会行为是与特定的序列位置和序列环境密切相关的，这反映了它较强的"位置敏感"性（Schegloff, 1996：108）。

值得注意的是，虽然叹词的表情达意与其在会话互动中实际表现出的调值有着密切的关系，但表认识状态变化的回应标记"啊"均源于"明白过来"这一基本语义分支，而且我们在语料调查和初步的语音分析过程中也发现，"啊"的四个功能变体在实际发音时并未表现出自身的显著特点，它们普遍都呈现为与"明白过来"密切相关的降调，但各变体更为细微的语音—韵律形式特征尚待考察。

总之，在自然会话中，尽管叹词型回应标记"啊"作为一个信息实体独立于其他话轮成分之外甚至单独构成话轮，但其具体互动功能的判定仍受到序列环境的制约，脱离语境它的意义就变得模糊、不确定。另外，"啊"作为一个表达复杂认知或情感意义的多功能标记语，是人的认知或情感直观化、主体化的外在表征。一方面，正如上文所讨论的，"啊"可用来表达说话人内在的某种认识状态的变化，这既包括由先前谈话所直接引发的情况，也包括由序列环境中某些因素所间接触发的情况。另一方面，"啊"还可用于标识说话人对现场语境中某一客观事态的独立察觉（independent noticing），它与说话人在会话定位上的状态改变（change-of state in orientation）相关联（Heritage, 1998），此种类型的"啊"在序列位置分布上与本章所讨论的几种功能变体有较大区别，因为它的产出往往与共同对话者的话轮内容无关,而是出现在序列起始位置,由话外突发事件引起(参见 Heritage,1984a;Kasterpalu & Hennoste,2016)。此外,即使是面对同样的信息告知型话轮,说话人产出"啊"也不一定就是在表达因信息的未知性而产生的认识状态变化,有可能是针对信息的违预期性或不可接受性表达其情感上的惊讶等,而且此种类型的"啊"在韵律形式上也有其显著特点,即呈上升的音高曲拱。这些类型的"啊"标记及其序列和韵律表现等都是我们未来可研究的方向。

本章我们在论述过程中还对认识状态变化标记"哦"和"啊"之间的异同进行了比较,如在多话轮讲述序列中,"哦"与"啊"在彼此配合充当回应话轮时形成互补的关系,"哦"位于序列尾声处,标示发话者认识状态从[K-]到[K+]的调整完结状态,而"啊"则处于序列中间位置,反映发话者对自身认识状态的主动调整过程,附带有序列启下性关联作用。但这尚属管中窥豹,鉴于"啊"和"哦"都属于多功能标记,且所能实施的社会行为涉及会话的多个层面,而认识状态表达只是其众多互动功能中一个侧面,要全面了解这两个标记的异同还需大量的研究工作。

第五章

"是吧"的互动功能研究

第一节　引言

有关意大利语、英语等许多语言的研究（如 Kreuz et al., 1999; Kimps, 2007; Kimps et al., 2014; Tomaselli & Gatt, 2015 等）表明，在自然会话中，附加问（tag question）可以实施十分丰富的语用和话语功能。在汉语中，"是吧"作为一个典型的附加问表达式，广泛出现于自然会话中，并发挥着多种功能。"是吧"最初由表肯定的判断动词"是"和句末语气词"吧"组合而成（Chao, 1968; 吕叔湘, 1980），在现代汉语中一般充当附加疑问结构（邵敬敏, 1996; 张伯江, 1997）。学界对于附加问句所传达的疑问性较低这一点已达成共识（Givón, 1984; 邵敬敏, 1996; 徐盛桓, 1999）。换言之，"是吧"最初的疑问功能并非典型的"有疑而问"，而只能被视为"半疑"，因为说话人对该"疑"具备一定程度的把握和预设（徐阳春, 2003：4）。张伯江（1997：105）也指出，附加问句是低级语法化形式，传达轻微的征询语气，说话人倾向于相信命题的真实性，因此缺少强烈的质疑色彩。

弱疑问性的实义结构"是吧"在互动言谈的频繁使用中逐渐虚化成话语标记。关于话语标记"是吧"的功能，一些学者曾作过研究，如程朝阳（2006）、梁丹丹（2006）和李咸菊（2009）等分别从不同的角度对此进行过详细分析，但由于研究视角、分析方法和语料来源等方面的不同，这些学者在对"是吧"的功能进行分类和界定时存在分歧。李咸菊（2009）认为，"是吧"既可充当附加问表达式，又可充当话语标记，即在扩展性讲述中充当礼貌策略，肯定先前的旧信息，突出后面的新信息和充当停顿填充语。然而，李的分析是基于独白式的口语，在此种语料中"是吧"的主要作用在于实现语篇连贯，而非完成互动任务，而且"是吧"对语篇连贯的作用在上面所列功能中得到了充分体现。可见，李的观察并未揭示"是吧"在互动言谈环境下所实施的互动和序列层面的功能。程朝阳（2006）和梁丹丹（2006）均对"是吧"进行了位置敏感（positionally sensitive）的分析。前者考察了分布于法庭调解话语中的"是吧"，并提出法官经常将"是吧"调用为一种调解或劝说的手段。因此，正如程朝阳（2006）在其研究中所总结的那样，"是吧"的这一功能仅适用于机构性的言谈互动，并不适用于普通日常会话。梁丹丹（2006）基于广播节目中的电话录音提出，在对话中"是吧"可充当话轮转换标记、反馈语、寻求应答的标记语、停顿填充语以及附加问表达式。作为一个关于会话互动的个案研究，尽管梁丹丹（2006）总结了"是吧"在会话中的多种用法，对我们颇具启发，但该研究中的分析是基于零散的、脱离语境的文本，因而并未对"是吧"在特定社会语境中所实施的具体会话行为进行精细的描写。而且它所提出的功能项目之间有时有些模棱两可，例如，我们很难区分话轮转换标记和反馈语，因为它们出现的语境和大的序列环境在转写文本中并没有得到充分呈现，因此作为读者我们很难把握"是吧"的准确位置分布。

如上所述，尽管学界已存在不少关于"是吧"并颇具启发意义的专题研究，但我们尚未见到对"是吧"的共存功能进行详细准确描述，或是从互动的角度对其互动功能进行分析的研究。语言与社会生活和人类行为的广阔系统密不可分，因此，对语言的研究应该把重点放在会话行为上，突出语言结构及其反复使用的惯例如何与互动言谈相互作用，以及这些结构和惯例如何在真实的、有语境的日常交际中促进互动（Ford, 1993；Ochs et al., 1996；Selting & Couper-Kuhlen, 2001；Couper-Kuhlen & Selting, 2018）。我们认为，只有从互动的视角对自然发生的社会互动语料进行分析和描写，才能更深入详细地说明"是吧"所实施的互动功能。这些功能既包括"是吧"在第一位置话轮中充当附加问表达式的基本功能，也包括它在使用中浮现的在回应位置话轮中所实施的扩展功能。

在已有研究的基础上，本章将重点探讨"是吧"在自然会话中主要实行哪些互动功能，这些功能是如何在互动言谈中形成的，以及这些功能是如何在社会互动中实施会话行为并协助参与者实现其交际目的的。本章将对"是吧"的各种常见互动功能进行阐述,旨在探索附加问格式的本质,并为互动视角的汉语口语研究提供理论和方法上的补充。

第二节 用法概览

本章研究所采用的语料源于"汉语自然会话语料库"中近60个小时的录音,这些录音均为日常私人语境中自然发生的面对面交谈或电话交谈,交谈一般涉及2—3名参与者。在这些语料中我们共获取"是吧"623例,它们实施的互动功能及分布频次依次如下:作为附加问表达式向具备较多知识的受话者请求确认(N=462,74%),作为附加问表达式向具备较少知识的受话者寻求认同(N=108,17%),作为信息接收标记表达对新信息的接收(N=13,2%),以及作为话轮起始语从独立认识地位表达对一次评价的认同(N=40,7%)。会话分析(Conversation Analysis)和互动语言学(Interactional Linguistics)是我们分析"是吧"互动功能时所采用的主要研究框架(会话分析参见 Heritage, 1984b;互动语言学参见 Couper-Kuhlen & Selting, 2001)。会话分析十分强调对话者对正在展开的序列的定位,因此在会话实例的考察过程中,我们反复使用"下一话轮证明程序"(next-turn proof procedure)这一会话分析的关键方法,通过受话者对目标话轮的回应来确认"是吧"所实施的互动功能。互动语言学则尤为关注语言结构和互动如何相互塑造的问题(Selting & Couper-Kuhlen, 2001),因此,它被频繁地应用于"是吧"的话轮设计、序列位置和行为构建,以及这些因素如何与互动相互作用的分析过程中。

第三节 功能分析

一 基本功能:引发话轮中的"请求确认"和"寻求认同"

在会话互动中,"是吧"常被用来对说话人所陈述的客观命题发起提问,以邀请受话者确认该命题的真实性,这也是"是吧"作为附加问表达式的典型用法(邵敬敏,1996:123)。我们将"是吧"在此种情况下所实施的会话行为称为请求确认。附加问"是吧"通常作为一个追补成分被附于句法、韵律和语用上可能完结的陈述性话轮后。因此，陈述性话轮的末尾对"是吧"而言是"后－可能结束处"（post-possible completion）（Schegloff, 1996: 91），在该位置"是吧"充当"话轮退出"（turn-exit）和"当前说话人选择下一发话者"（current speaker selects next）的手段（Sacks et al., 1974），被当前说话人用作退出当前话轮并选择其他参与者承接话语权的一种手段。此外，"是吧"在会话互动中通常以上升语调产出，以调动或寻求受话者的回应（Stivers & Rossano, 2010），并将话语权转交给受话者，以供其实施确认。

当用于请求确认时，"是吧"一般出现于"陈述句＋'是吧'"的话语模式中。而且通常该陈述句在集中陈述某一事态或状态的同时，还暗示了说话人对该事态或状态的主观偏好或交际目的（李咸菊，2009），但该陈述句所述命题的真实性仍有待证实。而话轮末的附加问表达式"是吧"则加强了说话人对肯定回答的偏好，从而使受话者作出相应的肯定回应。无标记的表确认的单词形式，如"嗯""对"和"是"等，是第二位置上的典型回应形式（谢心阳，2018）。如以下实例所示：

(1) 驾照报名咨询
1 L: 你是:(.)学驾照的吧
2 G: 你是在这里吗
3 L: 对呀
4 G: 哦(.)不是(.)我想问一下
5 L: 哪个学校的呀
6 G: 财大的
7 L:→就财大是吧
8 G: 对
9 L: 你是听同学说过呀(.)还是

该对话有两位参与者：L是驾校报名点的工作人员，而G则是前来报名学车的大学生。在序列起始处，L通过询问对方是否为前来报名学车的顾客开启对话，在得到对方间接的肯定答复后，L开始发出提问引导对方陈述更多个人信息。如第5行所示，L询问对方来自哪个学校，在受话者 G 简短地提供了她所在大学校名的简称"财大"后（第6行），L 向 G 确认他在前一轮中所听到的内容，以确保双方指的是同一所大学：他在话轮中重复"财大"后发出附加问"是吧"（第7行）。此处，被重复项是待最初产出它的前一说话人确认的信息，而"是吧"则通过明示说话人将"是吧"所在的后－可能结束处作为"引导他人进入和自身退出话轮"的资源（Schegloff，1996：82），充当寻求确认和表达话轮转让准备就绪（transition-readiness）的附加问表达式。该话轮中，"就财大是吧"这种非完整小句式的设计表明，提问者的问题是建立在对方上一话轮针对其问题"哪个学校的呀"所作回答"财大"的基础上的。短语式的问题是"紧接上一话轮的末尾开始"的，这样的结构形式显示它是通过参照紧邻在前的话语和行为而构建的，而且它是一种在附属序列引发位置上实施请求确认行为的无标记"基本语法形式"（basic grammatical form）（Schegloff，1996）。此外，话轮中的副词"就"也加强了发话者在产出"财大"前的肯定状态，表示提问者 L 对问题所涉事项已具备一定程度的把握（《现代汉语词典》，2016：701），而且它还"凭借其所添加的比较的性质"将提问（或修正发起）与上一话轮中问题引发的告知行为联系在一起（Schegloff，1996：79）。在第8行中，被选择的发话者 G 接过话轮，并以语法上的最简回应形式——无标记的单词"对"进行作答（谢心阳，2018），从而证实了问句中的命题内容——"就财大"，同时也显示她将前一话轮中"是吧"的发出视为一种寻求确认的请求行为。请求和实施确认行为在会话互动中的完成还促进了局部序列的完结，以推进更大的会话行为过程。如下一话轮所示，L 在收到对方的肯定回应之后，进一步提出了另一个关于 G 是如何获悉他们驾校的问题，将对话的焦点逐步转移到真正的要点上（第9行）。

除了上文所述的话语模式和话轮末的位置分布外，"是吧"所实施的具体会话行为也与双方参与者的相对认识状态密切相关。Heritage（2012a、2012b）指出，就某一信息域，交际双方的相对认识权限会产生分级化，使其在认识斜坡（epistemic gradient）上占据不同的位置，分为掌握知识多的（编码为［K＋］）交际者和掌握知识少的（编码为［K－]）交际者，这就是所谓的认识状态。当"是吧"被调用为请求受话者确认某一事态或状态的手段时，提问者将陈述所涉及的事件视为一个 B - 事件，即受话者具备获知特权的事项（Labov & Fanshel，1977）。正如例（1）中的 G，作为提问这一引发行为的受话者，她对自身个人信息具备获知特权，因此关于提问所涉事项她处于一个相对 [K +] 认识状态。但需要说明的是，这并不意味着提问者是从不知情或完全 [K -] 的认识状态产出他们的话轮的。相反，他们或多或少对问题的答案有清晰的预期，因此这意味着他们是处于部分 [K +] 认识状态的（Couper-Kuhlen & Selting，2018：218）。如例（1）所示，第 7 行中陈述句的内容是对前一话轮"财大"的完整重复，这反映了提问者对问题点处于某种知晓的、部分 [K +] 的认识状态，而"是吧"的调用则协助提问者向处于完全 [K +] 状态的受话者寻求确认，因为她才是对所问事项具备更高认识权限和更多知识的一方。

在提问者对所涉认识领域的了解不充分或不完整，即处于部分 [K +] 认识状态的情况下，他们的主要互动任务就是将其所掌握的内容作为一个假设性命题提出来，请求对该认识领域具备获知特权的完全 [K +] 的一方予以确认/否认等。首先，通过陈述某一事态或状态，提问者声明他们已经具备获知所问询，或更准确地说，是待确认的信息的途径；其次，通过添加附加问表达式"是吧"，先前的陈述被呈现为某种待确认的假设，而且通过这种方式，提问者公开表示自身相对于具备更高认识权限的受话者而言，处于认识从属地位。这种引发行为中的附加问式的话轮设计调整了参与者之间认识的 [K +]/[K -] 不平衡状态，并促进了对话的顺利推进（Heritage，2012a）。下例就展示了"是吧"如何在涉及 B - 事件时施行请求确认的会话行为：

(2) 阅读爱好
1 M：　　我：能说我两种本书（.）都看得很嗨吗
2　　　　[我既能接受红楼梦的细腻
3 L：　　[你都看得很嗨啊
4 M：　　我又能（.）接受水浒传的那种（.）那种（.）
5　　　　[英雄（.）情（.）[英
6 L：　　[那挺好的
7 H：　　[那你那你（.）还是比较综合（.）比较[能包容的

```
 8 L：                                          ［对对对
 9 M：         对对对
10            所以我看什么
11            反正只要小说（.）
12            反正就只要有情节的东西（.）
13            我都能看进去
14 L：→ 你喜欢看（.）小说（.）是吧
15 M：         对
16            所以我喜欢看小说（.）喜欢看电视剧（--）
17            喜欢看电影（-）［然后
18 L：                        ［那咋没学（.）没考文学呢
```

在该对话中，三位参与者 M、L 和 H 是同学，他们正在面对面闲聊，谈论各自的爱好。在序列开始处，M 称她擅长阅读晦涩难懂的书籍，这引起了 L 的好奇。在分别于第 3、6 和 8 行发出与讲述者 M 和另一位互动者 H 话轮重叠的积极回应后，L 最终在第 14 行取得话轮并发起了一个针对 M 的提问行为，从而将话题转移到 M 的阅读偏好上：该引发行为由一个肯定的 B-事件陈述——"你喜欢看小说"和后置的附加问"是吧"构成，"是吧"在话轮末"再次形成了一个可能结束处"，以寻求受话者对位于其前的话语内容的确认（Schegloff, 1996: 91）。值得注意的是，M 对于阅读的喜爱是极易从其先前数个话轮中关于她出色的阅读能力的讲述中推断出来的，L 此时将这一推论移交给 M 进行确认，可见她作为提问者对待确认事项也是部分知晓的，只是该命题的真实性还有待对此事拥有认识权利的受话者 M 的确认。与例（1）的第 8 行一样，在此例的第 15 行中，被选择的下一话轮发话者 M 通过最简确认形式"对"作出了肯定的回应。随后，她作为对无疑属于其认识领域的信息完全知晓的一方，又列举了她的各种爱好，对其话轮进行扩展。在扩展过程中，L 插入进来，在 M 明确表示她喜欢看小说的基础上，又针对她读研究生的专业选择进行提问（第 18 行）。随着 L 打断 M 看似无止境的列举（如"然后"所示），并开启一个新的信息求取所引发的序列，即另一个［K-］认识立场的表达时，关于 M 爱好的序列就此结束，同时它还表明在请求确认的"是吧"的协助下,一个认识"缺口"得以填补,而且发话者与受话者之间的"信息不平衡"(imbalance of information)状态现在"被承认是平衡的"(acknowledged as equalized)(Heritage,2012a)。

当出现在引发行为的话轮末位置时,附加问表达式"是吧"还可用于实施向受话者寻求认同(seek affiliation)的互动行为。Stivers(2008)将认同(affiliation)概括为"听话人表示支持和认可说话人所表达的立场"。此处,说话人所表达的立场是通过位于"是吧"前的陈述性内容体现的,在这些陈述性内容中,说话人通过将特定事件描述为积极的或消极的、好的或坏的来表达自己的立场。后附的附加问表达式"是吧"则是认同关联的(affiliation-implicative),这意味着受话者在回应话轮中会相应地作出同意、支持、理解等回应。认同关联这一点也反映在说话人对其引发话轮的具体设计中。据观察,当"是吧"附着在一个承载立场的陈述后,并被用于寻求认同性回应时,同一话轮中一般还会存在诸如"你说""你看"这样的"你V"类话语标记,它们作为话轮起序语,旨在引起听话人注意,并与说话人达成共识(曹秀玲,2010),与此同时,这些话语标记还投射着后续寻求认同行为的存在,以请求对方作出肯定说话人立场的回应。这种话轮起序语"你V"和话轮末附加问"是吧"在话轮首尾相互呼应的整体话轮格式,专门为寻求认同会话行为的实施而设计,并提高了这一特定行为在会话互动中的可识别性。从"受话者设计"(recipient design)的角度来看,这种话轮设计格式其实质是说话人"通过显示对特定他人的某种定位和觉察"(orientation and sensitivity)的方式来针对受话者设计他们的话语(Sacks et al.,1974:727)。换言之,受话者在"'你V'+陈述句+'是吧'"这种互动话轮的设计下,被置于认同说话人所断言内容的位置。这一点我们可在以下电话交谈中获得例证,而且在该对话中,其中一方M先后产出了两次"是吧",以寻求另一方S的认同:

(3)不想参加婚礼
1 M:→你说夏天她的亲戚肯定也有好多头一天就要去帮忙的什么之类的是吧=
2 S: =对呀

3 M： 然后我们再去了
4   然后（-）
5   估计都没地方住
6   我感觉洗澡都没地方（-）洗
7   没有时间洗
8   也没有地方洗
9 S： 那肯定不方便呀
10   那人来人往的
11   哎呀（.）是的
12 M： 而且还是夏天（.）
13   你看夏天你不洗吧又不行
14 →要是冬天还能将就一下是吧
15 S： 嗯（.）是

在该对话中，M在电话中告诉她的朋友S，她的一位大学室友邀请她参加自己的结婚典礼，但她很犹豫要不要去参加这个婚礼，而且在本序列前，M已经陈述了许多让她犹豫的理由，如地点偏远、交通不便、天气炎热等。在本序列中，先后出现了两例"是吧"，分别如第1行和第14行所示，而且这两例"是吧"都是在M反复谈论她参加婚礼可能会遇到的麻烦的过程中产生的。说话人对参加婚礼可能会遭遇的不便所持的否定态度，在"是吧"之前的陈述性话语中得到了明确传达。在第1行，M设想新娘一定会有很多亲戚前来帮忙准备婚礼，因此，可想而知M和其他室友的到来肯定会给大家带来更多的麻烦。值得注意的是，话轮起序语"你说"投射了说话人即将施行的力求认同的行为，而表达主观确定的语气副词"肯定"在陈述中的出现，则公开表示整个论证是传达说话人立场的断言。此外，话轮中后置的"是吧"与"你说"共同作用，协助说话人调动受话者支持她所表述的主张。在第2行，M收到了S即时延续的认同性回应"对呀"。S毫不迟延地接过话轮，并以简单而直接的表述方式产出回应，这表明她是以自身独立依据为基础表达对M所述断言的认同的。在收到所寻求的认同后，M重拾了原先的话题，描述了她可以预见的许多麻烦之处，在讲述完洗澡的不便之后，她又收到了另一个由三个话轮构建单位（TCU，Sacks et al.，1974）构成的直接而肯定的回应（第9—11行），包括对M在序列开始处使用的情态副词"肯定"的重复，甚至还包括感叹词"哎呀"的产出，这两个成分都体现了S对前一话轮所传达内容的完全、强烈的认同。在第14行M发出了第二例与第1行"是吧"功能相同的认同关联"是吧"。值得一提的是，第13—14行的话语也是由另一个"你V"类话语标记"你看"所引导，它与"是吧"并存于同一个多单位话轮中，作为一种适切的受话者设计表达手段，邀请受话者表达自身独立立场，而且最好是认同性的。不出所料，在第15行中，S立即产出了两个简单的认同性回应标记"嗯"和"是"，这一回应话轮表明S再次将引发话轮中的附加问表达式"是吧"解读为寻求认同的手段。

尽管表寻求认同的"是吧"与表请求确认的"是吧"在会话互动中的话语模式——"陈述句＋'是吧'"和序列位置分布上几乎无异，但位于"是吧"前的陈述句的性质实际上有很大区别。这也正是附加问"是吧"两种互动功能变体的本质区别所在。上述分析表明，当"是吧"用于寻求认同时，位于"是吧"前的陈述内容一般为表达个人评价的断言，而非关于特定事件或状态的事实性陈述；因此，说话人并无关于某一事实的疑问需要受话者加以澄清。相反，说话人陈述个人断言的过程，实际上也是对个人立场明确、公开的表达，因此，受话者对该立场表达支持是具有相关性的回应。高华、张惟（2009）注意到附加问句这两种不同功能的联系，并且指出，言者通过附加问句向听话方核实或确认所传递信息或评价的正确性，当交际双方（通过语言和语境）判断言者对所述事项的认识确信度很高时，请求确认的附件问句就发展出寻求听说双方对所述对象评价的一致性的功能，以确保"会话互动顺利推进"（Couper-Kuhlen，1993：267）。因此，从这个角度看，互动双方相对认识状态的改变是与"是吧"寻求认同功能的浮现密切相关的根本性因素。当说话人处于权威的［K＋］认识地位时，"是吧"可协助说话人调动受话者支持其所表述的主张，这与"是吧"被用于请求对特定陈述进行确认时互动双方的相对认识状态相反，即在这种情况下，受话者而并非说话人才被认为是处于［K＋］认识地位，从而可以核实该陈述真实性的一方。作为对其陈述性断言具备获知特权的一方，说话人在借助附加问表达式

"是吧"施行寻求受话者认同的行为的同时,还可对其自身因进行首次评价带来的认识优先地位(epistemic primacy)实施降级(Heritage & Raymond, 2005),因此,"是吧"标志着说话人从属的认识立场表达,并反映了他/她在会话互动中,为维护以受话者在交际情境中的立场和参与为导向的"交互主观性"(intersubjectivity)所作的努力(Traugott & Dasher, 2002; Traugott, 2012)。

如在下例中,一位处于[K+]认识状态的说话人就实施了寻求认同的会话行为。该对话截取自一个三方参与的面对面交谈,在该序列前,大家一直在谈论为何女生普遍喜欢比她们年纪稍长一些的男士,此时,G率先提出他的看法,即他认为女生之所以喜欢年长的男士,是因为她们需要安全感。在下面的序列中,G开始解释他所说的安全感具体指的是什么:

(4) 安全感
1 G:　　哎(.)就安全感
2　　　　就说你要不找个毛头小子(.)
3　　　　(XXX)(.)办事情(.)乱七八糟的
4　　　　又不(.)稳妥(.)又不牢靠
5　　　　就是让人很(.)就是没有没有那种安全感你知道吗
6　　　　因为她(.)因为一个女生跟着你(.)
7　　　　她必然就是说以你为中心的
8　　　　所以说(.)你必(.)
9　　　　很多时候(.)就是你去打这个(.)打这个头阵(.)打这个先锋
10　　　 你说(.)碰上点事
11　　　 你自己都靠不住
12　→　 那谁有什么安全感是吧
13 Z:　　有道理
14 G:　　毕竟以后你们在一起生活
15　　　 很多东西就是男方来担当的
16　　　 很多责任都是需要男的来担当的

如序列第一个话轮所示，G 在其讲述型长话轮中先是描述了女生在与年纪较小的男生谈恋爱时，因对方不成熟让她们觉得没有安全感的状态（第 1—5 行），随后还说明了男生能够提供安全感对恋爱中女生的重要性（第 6—9 行），最后他以话语标记"你说"为起序语，描述了双方在遭遇困难时男生的表现很不可靠的情况，并认为这就是让女生觉得没有安全感的典型场景。第 12 行中的特殊疑问词"谁"和不定代词"什么"共同传达了说话人对其所描述场景明确的否定立场。作为对所述事项具备获知特权的一方，G 还在其话轮末附加了"是吧"，寻求处于相对［K-］状态的受话者的认同，以此故意对其自身认识上的优势地位实施降级（Heritage & Raymond，2005）。而且在该语境下，调用附加疑问句针对断言实施降级的行为，反映了说话人为实现参与者之间的相互认同和互相理解所作的努力。随后，受话者 Z 在其回应话轮中作出了积极的评价"有道理"，该回应肯定了 G 关于安全感的论述，并传达了 Z 对其在上一话轮传达的立场的完全认同（第 13 行）。在获得对方认同后，G 又延续他先前的讲述，提供了更多的论点来支撑他所提出的观点（第 14—16 行）。

与例（1）和例（2）中"是吧"被用于请求确认的情况形成对比，在此例中，说话人并无需要受话者协助澄清的疑问，相反，他纯粹是在输出其个人观点。他寻求处于相对［K-］状态的一方认同的行为，只是一种言语策略，即通过将话轮设计为附加疑问句，让自身看似并非完全了解所述事项，以展示礼貌和维护交互主观性。这一点在例（3）中也得到了很好的体现，在该例中，处于［K+］认识状态的说话人 M 借助"是吧"将 S——处于从属地位收听告知长话轮的一方当作是寻求认同行为的相关接受者，以示对其评价权利的重视。

此处还有一点值得注意，当说话人实施一个［K+］评价时，互动双方之间认识一致性的实现，一定程度上也是基于说话人——处于相对权威地位的［K+］方假定陈述性成分的内容（此处指的是表达说话人态度的断言）对受话者而言是可及的和可识别的。通过产出认同关联的附加问表达式，受话者被设计为是有能力认同该断言的（最好是类型相符的回应形式，如"是""对"）。当 Sacks 称谈话是为受话者设计的，他强调的是，它是为被识解而构建的（Potter & Edwards，2013），而且是为特定的某一方产出的。可见互动构建的附加问表达式体现了说话人坚信其话语是可被识解的,而且受话者对该领域是具备认识权限的,同时它也明示了说话人对认同性回应的倾向。正如在例(3)中,M 在第 1 行提出的问题反映了说话人试图在其讲述的早期阶段,评估受话者对亲戚在婚礼前一天前来帮忙这一必要背景信息的知晓程度。此外,在这种语境下,附加问表达式的添加显示了说话人坚定的假设,即亲戚帮忙这一习俗常见到足以为受话者所知晓,因此她认为表达认同才是符合预期与合意的回应(Hepburn & Potter, 2010; Heritage & Raymond, 2005)。同样地,第 13—14 行中"是吧"前陈述的关于夏季需要经常洗澡的做法,也是受话者被认为具备获知权限,并倾向于表达认同的常识。在例(4)的目标话轮中,情况同样如此,在产出增补成分"是吧"前,G 描述了一个女生觉得十分没有安全感的典型场景,这是向受话者解释何为安全感,并确保双方达成共识的一种非常明晰的方式。这表明"是吧"功能的实施不仅与互动双方的相对认识状态相关联,也与说话人对该认识状态的确信程度,即他们对受话者的知晓程度的评估相关联。这一点在说话人将对受话者认识状态的预期构建成一个疑问句这样的受话者设计中得到了充分体现:受话人被假定和预期对认识领域具备一定的知识,从而能够在此基础上展示他们对说话人断言的认同。

二 扩展功能:回应话轮中的"信息接收标记"和"表达认同"

尽管在会话互动中,将"是吧"调用为后置的附加问表达式是一种更为普遍的做法,而且结束它所附着的话轮为"是吧"的主要功能之一(Sacks et al., 1974),但该语块也经常出现在回应位置上并独立充当应答标记,或担任话轮起始位置的起序语。

当"是吧"被置于第二位置(second-position)话轮中时,它可用来充当信息接收标记(newsmark)(Heritage, 1984a; Maynard, 2003),表示说话人已从对方那里获取了一条消息,并示意他们继续谈论当前话题,这与"是吧"最初充当附加问表达式的功能已相去甚远。信息接收标记"是吧"有两个特点值得注意,首先,它在强调上一信息告知(news delivery)话轮中的某些方面对说话人而言具有信息价值的同时,完成了对该话轮的顺利接收,这意味着在上一会话行为的作用下,说话人的知识储备经历了从未知到知晓的状态变化（Couper-Kuhlen & Selting, 2018: 502）；其次，它暗示其所指向的谈话尚未完成，因此它向对方征求更多的信息，并保持序列的开放。信息接收标记"是吧"通常单独构成一个话轮，并独立表示对某些新信息的接收和识解，与此同时，说话人通过发出"是吧"这一简单直接的方式让出话语权，以寻求更多信息。下例就说明了这一点：

（5）小米盒子
1 L：　　因为我们那边的有线有问题
2　　　　就是（.）整个地区的有线电视都不太好
3　　　　然后就买了个小米盒子
4 C：　　信号好不好
5 L：　　就是它
6　　　　ni（.）比如说你看电视剧是吧
7　　　　你在最开始的阶段还有点卡
8　　　　因为它跟网速相关
9 C：　　是啊=
10 L：　　=而且（.）还那个（.）就是（.）嗯::
11　　　 反正就是很麻烦用得
12　　　 我妈说用不习惯
13　　　 叫我给退了
14 C：→是吧
15 L：　　那边还要下一个App（.）才能收到卫视的台

在该对话中，L和C在一家餐馆吃晚饭，点完菜后他们开始讨论有线电视的信号问题。L称她家人为解决信号不好的问题买了一台小米盒子，此时C询问对方信号是否得到了改善（第1—4行），于是L开始产出一个叙述型长话轮，与对方分享其用户体验（第5—8、10—13行）。如第14行所示，在L供给信息的过程中，C适时产出了一个由"是吧"独立形成的回应话轮，确认他已经收到了对方在第10—13行的多单位（multi-unit）信息告知话轮。此处，C发出的"是吧"不但被看作是对刚才所提供信息的接收，而且还传达了他对先前话语的理解：通过对表达对方目前为止所输出要点的接收，C 确认了信息的价值或资讯性，并表示他现已处于知晓状态（Heritage，1984a）。此外，说话人借助信息接收标记示意前一说话人 L 继续往下说，即延续进行中的整个行为过程。借助下一话轮证明程序进行验证，在第 15 行我们可以看到，在 C 发出"是吧"接收其用户体验后，L 立即接过了话轮，继续补充有关原先话题的信息。简言之，本例中的信息接收标记"是吧"标识了第 10—13 行提供的是新的信息，并受到说话人的认可，同时示意对方延续当前的行为过程，为说话人提供更多的信息。

此处，信息接收标记"是吧"与英语中的附加疑问句——如一个故事收听者发出的"did she"类似，后者也并非是在真正地寻求核实，而是充当对告知的回应形式（Thompson et al.，2015）。从针对先前所陈述命题发起提问的基本功能，到针对某些命题表达接收的扩展功能，汉语和英语附加疑问句经历了一个相似的语法化过程：当附加疑问句之前的命题被隐去不说时，附加疑问句就单独形成一个话轮（此时它在语义上依赖于前一话轮），并实施对命题，即对前一话轮告知进行接收的行为。

值得一提的是，除了第 14 行的"是吧"，在 L 关于小米盒子的讲述更早的阶段，C 还产出过另一个应答标记"是啊"（第 9 行）。这两个分布于同一序列中的第二位置"是 X"标记的作用，与互动双方关于前一话轮所述事项的相对认识权限的性质密切相关。第 9 行的"是啊"协助说话人宣称其认识的独立性，表示第 5—8 行中对方告知的有线电视信号质量与网速有关的信息他同样知晓。相比之下，第 14 行的"是吧"则标志者说话人将其自身置于从属于对方的认识地位，因为对方在第 10—13 行所告知的她家人对小米盒子的使用感受并不属于说话人的认识领域。

经过以上讨论，我们已对"是吧"充当信息接收标记时会话参与者的认识状态有了大致了解，这与我们在上一节讨论的两种功能所涉及的双方认识状态的情况截然不同。与引发话轮中信息提供者的 [K+] 认识状态相对，第二位置中信息接收者本处于 [K-] 认识状态，而"是吧"的调用则展示了他们对新传达信息认识状态的改变。下例就说明了信息接收标记"是吧"是如何标识信息从一个 [K+] 状态的参与者传递给一个 [K-] 状态的参与者的：

(6) 考博

1 B： 我们学校很多就是四十来岁的老师
2 L： 嗯
3 B： 不分男女（-）然后都都都去那个考博
4 L：→ 是吧
5 B： 就有一个女老师
6 　　 她本来就比较
7 　　 就比较优秀
8 　　 但是是我们本校的研究生毕业
9 　　 就湖北民族学院的
10 　　 然后她后后来考川大的博（-）考（.）考川大
11 　　 因为川大的文科类很：牛逼

例（6）是一段两方参与的面对面谈话，双方谈论的话题为B所在学校有许多老师参加考博的事情，可见该话题属于B的认识领域。在B完成关于考博之风在其学校盛行程度的描述时（第1、3行），L在其回应话轮中发出了一个信息接收标记"是吧"（第4行），它既标志着L对B所在学校流行考博的信息认识状态的改变和对该信息的识解，同时还示意对方继续往下说，以便她对该问题有更多的了解。另外，此处标示[K-]认识立场的标记"是吧"独立形成话轮并实施社会行为。如第5—11行所示，在"是吧"发出后，序列得以扩展，B继续告知受话者一位女老师考博的具体事例，以进一步说明她所在学校老师们考博的情况。值得注意的是，在第2行中还有一个充当"继续型反馈"（continuer）的"嗯"（Schegloff, 1982: 81）协助说话人示意"听到了对方的话，并且希望对方继续说下去"（许家金，2009: 61），因此，B的信息告知也被看作是未完成的。尽管"嗯"和"是吧"都插入在B关于其学校老师考博的叙述过程中，并强调了说话人对对方所谈论话题的收听兴趣，从而引发了对当前话题的详尽阐述，即它们都是为合作实现话轮的扩展而采用的互动惯例（Goodwin, 1986b: 207），但这两个标记之间仍然存在细微的差异。如我们上文所述，"是吧"显示了受话者对信息告知话轮传达的具体内容的识解，而"嗯"表达的则是一种"被动接收"（passive recipiency)（Couper-Kuhlen & Selting，2018：512），并无任何识解性意义，也并不确认前一话轮"使信息从知晓状态的一方传递给了未知状态的一方"（Heritage，1984a：304）。这一点通过"嗯"可以出现在话轮尚未达到其可能的句法和语用结束处的时候得以印证，正如在第1行中，说话人所产出的话语内容并非一个完整的信息块，而只是一个信息块的前半部分（后半部分如第3行所示）。

处于回应话轮中的"是吧"除了用于对新信息进行"中立的"接收外，还可实施对前一话轮所传达立场表达认同的行为。同时，它还突出了说话人在会话互动中的认识独立依据。与信息接收标记"是吧"针对话语的真实性进行接收和识解，而不传达任何认同性意义相反，此时"是吧"不但表达说话人对前一话轮所传递内容的个人认同，而且还标示说话人对所述事项的独立认识权限。也就是说，他们表示认同的行为是基于"事先确立的独立立场"（Couper-Kuhlen & Selting，2018：301）。此外，在话轮中，"是吧"所实施的认同表达行为通常还有其他进行二次评价的TCU作为支撑。

```
（7）网店分享
1 C：    呃差不多诶
2        而且都(.) [<<laughing>很便宜>
3 X：             [对他们家
4        对对对
5        [他们两家是
6 C：    [100多什么几十块的
7 X：    对他们两家是[一样的
8 C：                [咦我喜欢我喜欢这个
9        我要关注它
10 X：→ 是吧
11       [就很潮
12 C：   [我那个蘑菇小象我昨天[关注了
13 A：                        [我我这个衣服就是他们家的
```

例 (7) 是一段三方参与的闲谈，C 和 X 彼此分享服饰网店的信息，随后双方都对 X 竭力推荐给 C 的一家网店进行了高度评价。如第 1—2 行和第 6 行所示，C 对该网店服饰价格的低廉表达了肯定。随后，她还明示了她对该店服饰的喜欢，甚至通过肯定的表达格式"我要……"表示她决定关注这家店铺（第 8—9 行）。在下一话轮中，X 先是发出一个话轮首标记"是吧"对上一话轮评价立即作出回应，表达她对 C 所作评价的完全认同，随后她还产出评价"就很潮"来支持她的立场（第 10—11 行）。如果我们仔细审视此处"是吧"所处的局部序列环境，很快就可认识到"是吧"所在的话轮和它所回应的话轮（第 8—9 行）构成了一个一次评价—二次评价的相邻话对（Schegloff, 2007），表示一方在前件中针对特定评价物进行首发性评价，而另一方在后件中针对同一评价物进行回应性评价。此处，带有话首语"是吧"的后件是一个基于说话人独立认识立场的认同性回应，这一点体现在话轮设计的两个方面：首先，第 11 行位于"是吧"之后的话语"就很潮"是一个升级的评价（upgraded assessment），与一次评价中乍一看就喜欢店铺服饰的笼统主观情感表达相比，它是针对网店服饰风格相对客观的总结性评价，因此充当了标示更高评价权利（superior rights to assess）的手段（Heritage & Raymond, 2005）；其次，评价中的副词"就"还加强了说话人的肯定（《现代汉语词典》2016：701）。二次评价的这种表达形式暗示 X 此时所作的评价实际上是先前基于其独立认识基础形成的，而非由第 8—9 行的一次评价所引发（Couper-Kuhlen & Selting, 2018：301）。这一点通过 X 作为积极向对方推荐店铺的一方，事实上关于该店铺比对方知晓更多，并具备更高的认识权限和评价权利这一事实得以证明。由此可见，X 在第二位置实施的行为并非简单地表达认同，其实还维护了她作出自己独立判断的更高权利，从而从权威地位确认了上一话轮的一次评价（Stivers, 2005）。

在表认同的第二位置话轮中，"是吧"协助说话人表示他们在独立认识的基础上与其对话者达成了统一共识。在参与者对评价物具备相等的权限，或第二位置说话人具备更高的权限时，即谈论事项属于发话人和答话人均处于 [K+] 认识状态的 AB-事件时（Labov & Fanshel, 1977），"是吧"均可被调用以实施此种行为。具体而言，在这些情况下，"是吧"主要用于表达参与者之间的相互认同，传达"我也觉得是这样"

"我也会这么做"这样的含义等。如：

(8) 头发
1 S：　　你头发怎么剪了那么多啊
2 M：　　我一闭眼
3　　　　［我 (.) 我眯了个眼睛
4 Y：→　　［是吧
5　　　　我也这么觉得
6 M：　　小：睡了一会儿
7　　　　一睁眼就这样了
8 S：　　你跟他说什么了呀
9　　　　他给你剪这么多

该对话中，S、M 和 Y 三人正在宿舍闲聊，此时，S 和 Y 发现 M 换了新发型，而且该发型比较短。在第 1 行，S 针对 M 发出了一个引发性话轮"你头发怎么剪了那么多啊"，该话轮是一个以讲述型特殊疑问句（telling question）的形式表达的评价（Fox & Thompson，2010），明示 M 她现在的头发剪得过短了，说话人希望她针对这个问题作出详细解释。为了回应 S 所提出的话题，M 开始详细说明在理发店所发生的事情，但当她刚完成第 2 行的第一个 TCU 时，发生了一处话语重叠（第 3 行与第 4 行），因为此时 Y 插入进来产出"是吧"，针对 S 在第一位置话轮发出的提问表达认可。随后她还发出评价"我也这么觉得"，表示她也认为 M 的头发剪得太短了（第 5 行）。此处"是吧"协助说话人 Y 声明了她的认识第一位性，尽管她是从第二位置，即序列上的从属位置实施评价的（Couper-Kuhlen & Selting，2018：525）。通过在她的第二位置评价"我也这么觉得"前发出前置的"是吧"，Y 明示她是自主地对 M 的发型作出评价，而不是基于上一说话人所提供的条件，也就是说，双方对所述事项具备同等的认识权限。由此可见，此序列中的"是吧"标志着同处于［K+］认识状态的参与者在对某评价物进行评价时达成了一致和相互认同。之后，如第 6—7 行所示，M 重拾她先前描述理发店状况的话题。而 S 随后也针对理发师的动机这一具体细节进行了积极提问，如第 8—9 行所示。

　　正如上文所示,"是吧"所引导的认同性二次评价还协助说话人声明该评价是在早些时候业已形成的。也就是说,作为第二位说话人,他们声称其评价是基于自身独立依据而作出的(Heritage, 2002a: 199)。值得说明的是,"是吧"之所以能够充当此种评价的前置语,是因为它具备状态变化的基本语义,这一点我们在本节前几个段落已进行过深入考察。针对一次评价进行回应的"是吧"表示正是前一话轮的产出引发了说话人对自己先前经历的回想,而且这些经历是他/她此时所作评价的依据(Heritage, 2002a: 201),正如在例(7)中,X 对店铺服饰风格的鉴赏先前就已形成,此时在 C 产出关于其对店铺喜爱之情的话轮后得以激活,而在例(8)中,Y 对 M 发型的个人认识在其见到 M 第一眼时就已形成,然后在 S 所发出评价的激发后予以明确表达,可见在这两个实例中,"是吧"都额外表示了状态的变化。

第四节　讨论和总结

　　本章研究采用互动语言学和会话分析的研究框架,考察了汉语自然会话中的多功能语块"是吧"。通过会话实例证明,"是吧"在会话互动中主要履行四种互动功能,即作为附加问表达式请求确认,作为附加问表达式寻求认同,作为信息接收标记确认新信息的传达和基于独立立场表达对一次评价的认同。其中充当附加问表达式为"是吧"的基本用法,如上文第二节所示,在我们的语料库中此类"是吧"在数量上占有绝对优势。"是吧"的后两项扩展功能则是在传统功能的基础上,随着句法和序列位置的变化而前移的结果。当新的用法逐渐为语言社群中的一些或所有成员所接受时,规约化(conversationalization)的过程就得以完成(参见 Traugott & Dasher, 2002; Brinton & Traugott, 2005)。在会话互动中,"是吧"在回应位置充当标记语现已被广泛接受,而且当在特定会话序列语境中进行回应时,"是吧"是一个常规的首选形式,即作为信息接收标记对信息传递进行回应,或基于独立立场表达对一次评价的认同。人们使用附加问句主要是为了组织知识和信息的分配,尤其是当他们坚信所询问的内容本身是真实的,而询问只是为了寻求确认时(Heritage &

Raymond，2012）。然而，知识管理并不是在问答序列中处理的唯一问题，正如我们在上文第三节通过会话实例所观察到的：附加问也被用作强有力的互动控制工具，即在评价序列和信息告知序列中，充当协商认识优先地位/从属地位的资源。

作为社会互动中的一种交际工具，语言实施的社会行为是植根于交谈的话轮和序列中的。也就是说，语言形式是与社会行为在特定话轮和序列中的位置相适应的，即 Schegloff（1996）所说的"位置敏感"（positionally sensitive）。"是吧"所实施的行为与其所处的具体位置是密切相关的，也就是说，"是吧"在特定位置可被用于实施特定行为。如上文第三节中的会话实例所示，当"是吧"作为后置的附加问表达式出现在第一位置话轮中时，它可履行请求确认或寻求认同的功能，而当其处于第二位置话轮中时，"是吧"则是作为信息接收标记对信息传递进行回应，或充当针对一次评价的认同性表达的前置语。

对交际者相对认识状态的考量也是识解"是吧"在会话互动中所履行功能的关键。"相对认识状态在包含形态句法和语调等多种因素中占主导作用，决定话语是被理解为求取信息还是传递信息"（Heritage，2012a：24）。正如上一节所示，处于相对［K-］认识状态的一方通过调用"是吧"，向预计处于相对［K+］认识状态的另一方请求确认，或接收他/她所提供的信息，并请求对方继续实施告知行为的方式来征求、引发信息，而处于相对［K+］认识状态的说话人则利用"是吧"寻求处于相对［K-］认识状态的受话者的认同，或基于自身独立认识依据表达对对方所作评价的认同。认识论反映了人类思维的共性，对驱动互动序列具有重要作用。任何表达参与者之间［K+］/［K-］不均衡状态话轮的存在，都需要纠正此种不均衡状态谈话的产出，而且这种不均衡状态正是促进序列产生和消亡的重要力量（Heritage，2012a）。认识不对称性对"是吧"语义和语用层面的显著影响，让我们相信我们可以在互动语言学和会话分析的研究框架内，利用认识论的方法分析汉语中的其他疑问形式，甚至是其他语言中疑问形式的互动功能和序列组织功能等。

"是吧"在会话互动中多重功能的浮现与社会语境中协调互动的认知和交际需求是密不可分的。语法结构的塑造与和社会互动的运作之间存在一种天然的互育关系（Ochs et al.，1996；Selting & Couper-Kuhlen，

2001；Kern & Selting，2012；Fox et al.，2013；Mazeland，2013；Laury et al.，2014）。在"是吧"四个主要互动功能的背后，存在着一个共同的互动动机——说话人试图建立一个共同的交际背景，即互动双方通过"是吧"达成立场上的"即时联盟"（on-line alignment）（Morita，2005：214）。具体而言，在"是吧"的协助下，说话人在会话互动中力图实现双方针对特定信息、观点或评价所持立场的即时联盟，这一点在上文第三节的会话实例中得到了证明。在这种即时联盟的基础上，参与者可以合作共建社会关系和社会现实（social reality）（Berger & Luckmann，1966）。所有这些都反映出语言的意义和功能是适应并形成于它们所发生的社会互动"大熔炉（melting pot）"中的，而且它们还能反过来服务于交际互动，即互动是由在其中形成和运作的意义和功能所构成并更新的。换言之，语法不仅是在"在互动"（in interaction），"是互动"（as interaction），还是"为互动"（for interaction）的（Couper-Kuhlen & Selting，2001）。

第六章

"好吧"的元话语功能研究

第一节 引言

在现代汉语口语中,用作同意、赞许等表态义的"好"与语气词"吧"组合成"好吧",可充当附加疑问结构和应答结构,表与具体行为事件相关联的征询或允准义。这种用法的"好吧"是一种表实义的短语。在会话交际中,表实义的"好吧"逐渐固化,衍生出新兴用法,邵敬敏、朱晓亚(2005)就此作过研究,指出功能词"好"添加区别功能的形式标记"吧"后可表达"礼貌"和"让步"的消极应对话语功能,并探讨了其虚化轨迹。更进一步,固化后的"好吧"又产生了典型的话语标记用法,具备了交际互动和语篇组织功能(刘娟娟,2013;于春,2013)。关于"好吧"的话语标记功能,郑娟曼(2018)作过专题探讨,深入分析了它在互动交际中的妥协回应功能。

上述研究深化了对"好吧"用法的认识,尤其是邵敬敏、朱晓亚(2005)首次触及"好吧"的话语功能及其演变轨迹,郑娟曼(2018)对"好吧"的回应功能也作了专题探究,于本章研究富有启发意义。但"好吧"的功能非常复杂,且涉及多个层面,以上提及的研究仅仅探讨了两个话语功能,不能全面反映其使用情况。刘娟娟(2013)、于春(2013)的研究虽有一些新发现,但研究局限于微博语料或小说语料,未能反映"好吧"在真实自然语境中的互动功能。可见,关于"好吧"在交际互动中的话语功能仍有很大的研究空间。

通过对大量自然口语语料的分析发现,虚化的"好吧"与具体动作或行为的施行无关，而是在人际互动、序列组织等元话语（meta-discourse）① 层面发挥作用，可被视为用于组织话语、表达言者观点并关涉听者（Hyland & Tse，2004：157）的元话语标记。有鉴于此，本章拟聚焦于元话语层面，利用互动语言学（Interactional Linguistics）的研究框架（Couper-Kuhlen & Selting，2017）对"好吧"在不同语境条件下所呈现的人际互动和会话序列组织两方面的元话语功能进行深入考察，并探究其元话语功能浮现的动因，以期深化对"好吧"功能及使用的认识。

第二节　用法概览

本研究所用语料基于"汉语自然会话语料库"，包含转写文本173万字（其中76.5万字为由视频转写而成的多模态语料），源于总时长为97小时16分钟的无主题自由谈话。这些谈话均由2—4人参与，参与者为同学、朋友关系的汉语母语者，能流利使用普通话。在173万字的语料中，我们共统计得到符合本研究要求的元话语标记"好吧"293例，它们在人际互动和序列组织层面分别实施认知调节、话语凸显、妥协反馈和发起修正、结束话题的功能。

第三节　"好吧"的人际互动功能

在会话互动中，言者不但要在基本话语层向听者传递话语的命题信息，还会在元话语层上使用一些语言资源来引导和帮助听者更好地理解其话语内容和表达意图。"好吧"正是这样一种元话语层面的语言资源，它具有认知调节、话语凸显、妥协反馈这三个基本的人际互动功能。

---

① Crismore（1989）认为，无论是何种形式的言语交际，话语都包括两个层面：基本话语（primary discourse）和元话语（meta-discourse）。前者表达关于话题的命题信息，后者告诉听者如何理解、评述话题的命题信息，在很大程度上影响着听者对主要信息的理解和接受。元话语又被称为"关于话语的话语"，是指能够有效组织话语、吸引听者注意力、表明发话者态度的那些词、短语或句子，是发话者为达到交际目的所采取的策略。

一 认知调节

在会话互动中,当发话者发现受话者公开表达的话语中涉及对特定事实的错误认知时,他/她会在陈述事实或发表观点时后附一个话语标记"好吧",以调节对方的既定认知,使其认知与己方达成一致。此时"好吧"实施的就是认知调节功能。表示认知调节的"好吧"通常在断言性话尾介入,这种位置的倾向性使其能更好地提醒听者关注与自身认知相斥的信息,同时,也能更好地限制听者的认知方向和结果。说话人通过"断言+'好吧'"的话轮设计对对方认知进行调节,该行为本质上反映了发话者对自身高于受话者的认识立场的定位,从这个意义上来说,位于话尾的"好吧"就是一个认识状态升级标记,它协助发话者将自身置于更高的认识权威(epistemic authority)地位。总之,认知调节标记"好吧"反映了元话语标记语在话语叙述层上作为元认知的形式体现,对下一级的话语被述层的命题内容实现调控。如:

(1) 黄金比例
1 A: 她这样腿(.)
2 　　 我觉得额好好看呀
3 C: 对啊(-)
4 　　 又长(.)你知道吧
5 A: 嗯
6 C: 不像我(-)半截人
7 　　 就是(-)腿一半一半长的(1.0)
8 D: <<laughing>黄金比例吗>
9 　　 上身下身一样长
10 C: 一样长就是黄金比例啊
11 → 那是3∶7好吧
12 D: ((laughter))
13 C: 一样一样长的人[是最丑的
14 A: 　　　　　　　[上身(.)上身是3下身是7是吧
15 C: 对啊

16 A： 3∶7
17 那我不知道
18 我（.）我不知道我（XX）

以上是一段三方参与的对话。序列伊始，A 评价某位同学的腿"好好看"，该评价受到了 C 的认同，而且 C 还进一步作出评价"又长"（第1—4 行）。在下一话轮中，C 在"不像我"的引导下，将自己的腿短与对方的腿长进行对比，进行自我调侃"半截人……腿一半一半长的"（第6—7 行）。此时，另一位会话参与者 D 边笑边作出评价"黄金比例吗，上身下身一样长"（第8—9 行）。D 此处评价所蕴含的观点"上身下身一样长就是黄金比例"对 C 而言既属于违预期信息①，又是错误的认知。因此该认识在紧邻其后的话轮中遭到 C 的反驳：她首先通过疑问句的形式对 D 的认识加以否定（第10 行），随后明示她所认为的黄金比例的正确定义，并在话尾附加元话语标记"好吧"。此处的"好吧"在断言性话语"那是 3∶7"的基础上提高了说话人在认识斜坡上对自身认识立场的定位，彰显了自身认识权威，因此在帮助发话者强调个人观点正确性的同时，调节了受话者 D 的既定认知"黄金比例是上身下身一样长"。可见，"好吧"在此会话序列中发挥了典型的调节对方认知的功能。

"好吧"在充当认知调节标记时，其本质是对认知结果进行限制，而这种会话行为通常存在于言者并不期待听者作出回应的单向言语交际中。因此，在自然会话这种双向的交际语境中，发话者借助"好吧"提升自身认识定位并纠正对方认知的会话行为，势必会存在威胁受话者面子的风险。如例（1）所示，针对 C "不合宜"的会话行为，D 在下一话轮（第12 行）以非语言手段大笑表达回应，以示其对 C 的观点采取的不置可否的态度（Glenn，2003），这足以体现 D 的面子受到了一定程度的威胁，而笑声只是其维护面子、缓解尴尬的一种语用策略。与之形成对比，另一位会话参与者 A 作为 C 认知调节话轮的非直接受话者，对 C 的话轮内容给予了非常直接的回应：她首先产出"上身是 3 下身是 7 是吧"，在部分重复对方话语的基础上，借助附加问请求对方确认人体黄金比例的

---

① Dahl（2001）将信息分为三类：预期信息、违预期信息和中性信息。

具体算法，表达了她对对方话语的候选理解（candidate understanding）（Couper-Kuhlen & Selting, 2018：180）（第 14 行）；在收到对方的确认后，她又明确承认自己先前对该信息处于［K-］认识状态（第 16—18 行）。可见，C 以"好吧"为标志的认知调节行为，虽然并非直接针对 A 所发出，但 A 作为间接受话者，参与互动框架并已在认识斜坡上将自身置于低于 C 的［K-］认识立场，并在对方的信息供给下主动公开地调整了自己的认识状态，实现了从［K-］到［K+］认识状态的转变。

二 话语凸显

通过对语料的分析表明，附于断言性话语后的"好吧"有时并不充当认知调节标记，而是协助发话者对其话语内容进行主观凸显，即"好吧"附于话轮尾，凸显同话轮中被陈述的某一事实、状态或观点，以吸引受话者的注意力或召唤受话者参与。话语凸显标记"好吧"并不像认知调节标记"好吧"那样，实施的是"他人纠正"（other-correction）行为，即一方纠正另一方谈话中的失实性错误（Schegloff et al., 1977：378-379; Haakana & Kurhila, 2009），因此它所在的会话序列通常不会涉及一方在先前话轮中某种错误认知的表达。如：

```
(2)  数学类选修课
1 Z：  怎么说呢（2s）
2      选：理科的课我觉得像（-）生态（.）生物这方面我
       还是比较感兴趣的（.）
3      所以去上的话我还是会好好上考试我也会好好考（-）
4      但是如果像数学那些（-）
5      我就不会选
6 Y：  (XX) 差不多开一个文科（.）文科（.）文科的那个嘛
7 L：  嗯
8 Y：  就那个进去就（1.0）
9      就感觉天天回到了高中那种数学课（.）［好（XX）
10 Z：→                              ［不是（.）进去
                                    就蒙了好吧=
```

11 Y：　　＝对（-）
12　　　　　就现（.）现在你还记得什么什么求导那种怎么东西的吗
13 Z：　　记不［（XX）了
14 L：　　　　　　［我连最基本的求导我［都不会
15 Y：　　　　　　　　　　　　　　　　［我都不知道（.）
16　　　　　现在求导到底是什么东西（.）
17　　　　　什么单（.）什么什么（-）
18　　　　　什么递增递减什么鬼那些都忘了

在该会话中，三位交际者在谈论大学选修课的话题。Z 在其话轮中表示，在理科课程中他最不愿意选修的是数学类的课程（第 1—5 行）。随后，Y 在其话轮中延续了数学的话题，讲述她去上一门文科类数学课的感受，并将之形容为"回到了高中那种数学课"（第 6、8—9 行）。此时，提出该话题的 Z 参与进来，与 Y 未竟的话语产生重叠（第 9 行与第 10 行）——Z 在"进去就蒙了"这一状态描述小句后附上"好吧"，用以在 Y 产出的高中数学课这一类比形容的基础上加强负面评价表达，凸显大学数学类课程难学的程度之深。可见，Z 是在双方就数学类课程难学这一点达成共识的前提下实施话语凸显行为的。在凸显话语"好吧"的引发下，所有会话参与者均先后表达了他们对数学课内容的具体"发蒙"状态。首先，Y 作为 Z 话语凸显行为的直接受话者，她先是产出毫无延迟的应话——表认同态度的实词性反馈信号"对"（吴平，2001）（第 11 行），明示她对对方"好吧"所标识的话语的积极关注。在此基础上，她还发出疑问形式询问受话者是否还记得诸如求导之类的数学课内容（第 12 行），该疑问形式在实施引发行为的同时，还暗示了发话者自身对数学内容全然忘记的状态，再次呼应了 Z 所凸显的话语"进去就蒙了"。该引发行为在后续话轮中先后得到实施话语凸显行为的 Z、另一位会话参与者 L 以及 Y 自己的否定回应（第 13—18 行），大家在"好吧"所凸显的话语内容"（数学课堂）进去就蒙了"这一点上达成一致。

此外，"好吧"所实施的话语凸显行为直接涉及的互动双方 Z 和 Y 在上文就数学类课程业已表明的共同立场，受话者 Y 毫无延迟的应话以及随后愈加深化的评价性话语（第 11—12 行）皆可证明：会话中并无参与者之间存在认知分歧的情形，所以此例中附于话尾的"好吧"所实施的功能并非协调分歧性认知，而是通过标识和凸显其所附内容，引导受话者注意并进行快速识解，而且这种元话语调控行为的效果在后续话轮中也得到了良好的体现。因此，从其位置和作用来看，话语凸显标记"好吧"类似于调节话语表达效果的句末语气词，它协助言者传达对其所述内容的主观肯定情态，在强调信息的同时提请对方注意。假设我们将此处的"好吧"删除，Z 的话语表达就变成了客观陈述某种状态，进行一种不含任何主观情态的断言。

"好吧"的话语凸显功能和句末情态助词用法在下例中体现得尤为明显：

```
(3) 教室空调
 1 C：   你们现在教室有空调吗
 2 E：   哪有
 3 F：   有 (.) [他们好：舒服
 4 B：         [现在条件好得很
 5 C：   [那：(XXX)
 6 E：   [现在肯定有啊
 7       我们七年级没有
 8       八年级和九年级都有[((laughter))
 9 F：                    [((laughter)) 哦
10 B：                    [我们以前暑假补课的时候
11 →     真是要死 (.) 热得要命好吧
12 F：   嗯[那是
13 B：     [而且很多 (.) 很多人[挤在一个教室里面
14 E：                        [哎对了 (.) 不是说初二的
                              时候补课嘛 (.) 对吧
```

例（3）是一个四方参与的对话。在序列开始处，C 通过疑问形式引入关于教室空调的新话题，询问在场的会话参与者现在中学的教室是否安装了空调，在后续话轮中，她分别收到 F、B 和 E 的肯定回应和详细评价"好舒服""条件好得很"等（第3—8行）。在这些肯定现在中学教室条件的话轮基础上，B夺取话语权，产出了一个关于他们（包括所有会话参与者在内）以前读中学时教室没有空调非常炎热的对比性话轮，并在话轮尾附上话语凸显标记"好吧"（第10—11行）。"好吧"所附抱怨性话语"真是要死，热得要命"中的极致表达（extreme case formulation）"要死""要命"等明示了发话者认为教室没有空调这种情况是不可忍受的（unacceptable）（Pomerantz，1986；Edwards，2000）。因此，附于此种极端性话语后的"好吧"，其本质是一个情态成分，在表达发话者对前述事实或看法主观确认的同时，提醒和强调该事实或观点的正当性（legitimacy），以使受话者更好地关注与接受本话轮所述话语。如下一话轮所示，作为受话者之一的F在发出肯定回应标记"嗯"后，又产出"那是"表达其对对方所述事实的明确认同。

虽然二者同为话语凸显标记，但本例"好吧"的具体产生语境与例（2）存在细微区别。在例（2）中，"好吧"产生于发话者认为另一位会话参与者对上大学数学课感受的描述——"回到高中数学课"的程度明显不足，从而对其进行升级和极端表达"进去就蒙了"。而本例中，"好吧"所凸显的话语内容虽然也是极端表达，但其描述的对象——"以前中学教室没有空调"这一事实在序列中系首次提出，因此发话者的极端表达并不涉及对先前表达的升级。由此可见，基于其所分布的会话语境，话语凸显标记"好吧"还可细分为两种类型：一种是与对话者在上一话轮话语表达不足密切相关的升级性话语凸显标记；另一种是与先前表达无关的首发性话语凸显标记。二者作为表达发话者对其所述事实或观点主观确认和强调的情态成分，均反映了发话者对其自身较高［K+］认识立场的设定，即发话者关于所述话语的主观确信程度较高，与Enfield等（2012）研究中主要用来降低发话者对"命题确信度"（commitment to a proposition）的疑问句句末助词（sentence-final particle）相反，"好吧"发挥的是提高发话者对命题真值确信度的认识立场表达功能。

三 妥协反馈

"好吧"的妥协反馈功能指它位于包含违背说话人预期的信息（包括事态或认识等）的序列语境中，充当彰示说话人妥协式顺应态度的反馈信号（feedback）①，明示说话人被动调整己方既定看法、立场等以顺应对方，与对方达成一致。关于"好吧"的这一功能，郑娟曼（2018）已有论及，她指出"好吧"发挥妥协回应功能时所回应的会话行为都包含言者的意外或不如意的信息。正如郑文所述，"好吧"是"非合意应答之后的合意应答"，是以，从会话行为角度看，"好吧"所表征的行为是针对回应所作的反馈，我们认为将此种功能称为妥协反馈功能似乎更为贴切。"好吧"实施妥协反馈功能时，通常以独立形式（freestanding）出现在相邻话对后的序列第三位置（the third position），用以针对相邻对非合意的（dispreferred）或"－［负］"（－［minus］）的后件进行反馈（Schegloff，2007：121）。因此，"妥协反馈"标记"好吧"协助交际双方结成同盟以维持良好的话语人际关系，反映了它在说话人缓和对方面子，向对方进行顺应性立场示意方面的积极作用，其本质是一种以调节人际关系、降低威胁面子力度为目的的缓和语（mitigator）（Fraser，1980），正如邵敬敏、朱晓亚（2005）所言，是出于交际需要的"礼貌"消极应对，亦属于调整交际场面的元话语调控手段。如：

（4）张小玲
1 C： 然后他以后也可以发证书什么的
2　　　我怎么没看过呀
3 P： 才进的
4　　　杨静推荐进来的
5 C： ((吸气))
6　　　诶（.）那个张小玲是不是也是她推进来的
7 P： 张小玲：不是以前就在吗
8　　　只是她不（.）经常：（.）发言而已
9 C： 啊
10　→　［好吧
11 P： ［嗯（.）她以前就在
12 C： 她是我党课：（.）一起的同学

---

① 关于反馈信号的功能类别，详参 Allwood（1993）。

13 P：	［哦：（.）阿拉索	
14 C：	［但我感觉之前对她一点印象没有	
15	（0.5）	
16 P：	我也不知道	
17	可能是吧	
18 C：	然后::	
19	哦（.）路访：（.）买水果同学对该（sh）（.）摊：（.）点的评价	

该会话中，两位对话者 C 和 P 在讨论双方所在社团的成员。C 在序列开始处询问对方为何双方所谈论的男生她先前从未见过，对方在其问—答相邻话对后件中告诉 C 这位男生是"才进的，杨静推荐进来的"（第 2—4 行）。在收到该信息后，C 通过一个话轮首吸气音发起一个新的关于"张小玲"的疑问话轮（Schegloff，1996），请对方确认她是否也是杨静推荐进来的（第 5—6 行）。在该问—答相邻话对后件中，C 得到的回答"张小玲：不是以前就在吗"不仅与其第 6 行是非疑问句所含命题及她预期"张小玲也是她推进来的"相反，而且 P 直接的带反问性质并兼具细节的话轮设计"不是……吗"和"只是……"更彰显了其主观上认为该情况是不言自明的。在收到这种反预期且不带任何"非合意回应标志"（insignia of dispreference）的后件后（Schegloff，2007：122），C 在第三位置先通过感叹词"啊"表达惊讶，后以妥协标记语"好吧"传达其让步式顺应态度，即对上一话轮所蕴含的反预期信息的妥协性接受（第 9—10 行）。此处"好吧"的产出还体现了 C 的［K-］认识立场表达，即关于张小玲何时加入社团这一认识领域，C 承认对方在认识斜坡上处于更高的位置，尽管她所提供的信息是违背自身预期的。但与 C 表达妥协反馈的"好吧"相重叠，P 又产出与其上一话轮相比更为中立的话语表达"嗯，她以前就在"（第 11 行）。可见，P 在对方发出"啊"后开始意识到其在上一话轮中的非合意回答在表达方式上过于直接和主观化，于对方而言存在面子威胁性（face-threatening）。P 个人态度的转变在后续话轮中也有所体现：当 C 为其先前存有的预期——张小玲是后来经杨静推荐加入社团的提供解释，即张小玲是她党课的同学，她与对方比较熟，

如果对方非后来加入而一直在社团工作，她肯定会有印象时（第12、14行），P沉默了半秒，最终公开放弃了自己在先前话轮中表达的违背对方预期的非合意看法，表示自己"不知道"（第16—17行），而C在下一话轮未置可否，直接放弃了关于张小玲的话题，重拾本序列前的旧话题。

由此可见，在会话互动中，交际双方对自身认识立场的设定是随着时间的推移和互动行为的作用而动态变化的（Heritage，2012a、2012b）。第10行中C通过"好吧"所表征的己方［K-］立场和对方［K+］立场在随后发生的P主动调整的更为中立的非合意回答和C关于其先前预期的补充说明后开始变化，以P最后产出的"我也不知道"为标志，双方的相对认识立场最终实现了调整，与C相比，P此时在认识斜坡上不再处于相对高位。

从序列构造角度来看，在"好吧"实施妥协反馈功能前，交际双方通常已围绕"好吧"所接收的信息进行了一个相邻话对的协商确认，而且在该相邻话对中，受话者在后件所提供的信息是与未来的"好吧"发出者在前件中所预期的情况相悖的，因此，对其而言该后件属于非合意的回答。"好吧"所形成的话轮作为表达反馈的后扩展序列，其产生与先前相邻话对的话语内容紧密相关，彰显了"好吧"发出者在预期被违背后对反预期信息采取的让步式顺应立场。三个话轮构成一个完整的"引发—反预期回应—妥协反馈"会话序列结构，这也正是妥协反馈标记"好吧"所依赖的典型序列语境。然而，在语料调查中，我们还可见到如下这样的会话实例，"好吧"的发出者在表达妥协反馈前，并未在序列中明确表达他/她对所述事项的预期：

（5）南方和北方吃羊肉狗肉的季节

1 A：　　冬天有［吃的
2 B：　　　　　　　［冬天吃
3 D：　　哦：
4 A：　　羊肉狗肉它是因为：上火的嘛＝
5 B：　　＝对对［对
6 C：　　　　　　［比较燥热哦
7 B：　　对

8 A： 真的不吃
9 B： 对的
10 A： 所以他们：没有这个概念
11 E： 哦::=
12 A： =但是北方嘛(.)北方主要它是夏天吃的
13 E： [哦：
14 D：→[好吧
15 E： 一年四季好像都吃吧((laughter))
16 D： [对啊(.)我们觉得我们一年四季都吃
17 A： [哎(.)一年四季吃(.)是吧
18 　　　你看是四个都(.)都是河南人[就不一样
19 D：　　　　　　　　　　　　　　　[嗯

  以上是一个五人参与的对话，参与者谈论的话题是南方和北方在吃羊肉狗肉时的季节差异。A 在序列开始处提出南方人主要是在冬天吃羊肉狗肉，随后他还指出南方人只在冬天吃这些食物的原因是它们会让人上火。随后，在第 12 行的话轮中，A 又对比性地提出南北方的差异，即北方人主要在夏天吃这些食物。该话轮分别收到 E 表示话语接收的"哦"回应和 D 表达妥协反馈的"好吧"回应，如第 13—14 行的重叠话轮所示。随后，E 作为所述事项属于其认识领域的北方人，在其下一话轮中指出北方人一年四季都会吃（羊肉狗肉），纠正了对方关于北方人只在夏天吃这些的说法，并在话轮末发出非音节化的笑声，意在缓解这种纠正行为给对方带来的面子威胁（第 15 行）。而同样身为北方人的 D，则在下一话轮针对 E 的说法表达了其基于自身独立 [K+] 认识地位的明确认同，可见她此时对先前"好吧"所表征的对北方人吃羊肉狗肉的季节这一认识域的 [K-] 认识立场进行了主动调整（第 16 行）。由此，我们可以回溯推理 D 在第 14 行发出"好吧"表达妥协反馈时，实际上其内心持有北方人一年四季都吃羊肉狗肉的预期，而 A 在第 12 行的信息对其而言是违背预期的，这才是"好吧"产生的认知基础。

  可见，与我们上文所列的妥协反馈标记"好吧"所处的基本序列结构"引发—反预期回应—妥协反馈"相比，本例中的第一个话轮，即反映未来"好吧"发出者预期的引发话轮在序列中处于隐现状态,但作为分析者,我们可根据"好吧"产出的具体会话语境,包括发话者的后续话轮加以推理补充。同时,本例的存在也说明,"好吧"在会话互动中实际上已经脱离对"引发—反预期回应"相邻话对的语境依赖,而可独立标识发话者的让步式顺应立场。究其原因,是因为"好吧"在一定程度上已完成语境吸收,即它在互动语境的反复塑造中吸收了语境中的反预期义(Bybee et al. , 1994:253 - 270;Traugott & Trousdale, 2013),因此,从会话序列结构角度看,像例(5)中这样的"好吧",与其说是妥协反馈标记,不如称之为妥协回应标记更为贴切。

此外,本例中说话人因对方的违预期信息告知而借助"好吧"设立[K-]认识立场,随后,在另一位会话参与者的率领下,她在后续话轮中又重新设定基于其真实[K+]认识状态的[K+]认识立场,该事实证明:一方面,认识立场在会话互动中会因具体互动情境而异,同时它又服务于说话人的特定交际目的,如第 14 行的"好吧"意在维持其受话者角色,使对方作为会话主导方继续进行讲述,而第 16 行的话轮意在与另一方结成联盟,共同纠正对方错误观点;另一方面,认识立场与认识状态一般情况下是一致的,但有时互动的迫切需求(interactional exigencies)会促使甚至导致认识立场与客观认识状态相偏离的情形产生(Raymond & Heritage, 2006;Hayano, 2011),"好吧"所标识的[K-]认识立场有时反映的并不是说话人真实的认识状态,正如第 14 行与第 16 行的话语内容所示,因此,"好吧"所实施的妥协反馈行为,其实质是说话人因当时的互动迫切需求而采取的从属于对方的主观立场表达,而非基于其对所述事项的客观知晓状态。

第四节 "好吧"的序列组织功能

本节重点讨论"好吧"在序列组织层面所发挥的引导作用。序列组织主要是指会话交际者根据语境的要求和自身交际体验的变化,选择恰当的语言或副语言手段来有效地组织会话序列,提醒对方当前的交际状态,如扩展话语或结束话语等。"好吧"在会话序列中的分布位置与其所发挥的元话语功能密切相关,因此,我们将从序列位置分布——局部序列（local sequence）与长序列（large sequence）两个层面来考察它的序列组织功能。

一 发起修正

在互动言谈中，经常存在一方提供的信息在另一方看来存在问题，随即对该信息进行在线修正（repair on line）的情况。当"好吧"位于断言性话语末尾，表示反驳或澄清与先前序列内容相关的某一信息时，其所附话轮往往属于一个旁岔序列（side sequence）的始发话轮，其主要话语内容为就序列中心话题的细节加以修正，以调节听者认知，因此我们称此种类型的"好吧"为"修正发起标记"。旁岔序列往往发生在受话者突然打断发话者的话段，提出疑问、补充、纠正等（黄国文，1988），因此纠正/澄清正是旁岔序列的题中之义。修正性的旁岔序列完结后，后续话轮的会话方向可能转向谈论所修正信息的相关情况，也可能返回中心话题。充当修正发起标记属于"好吧"在局部序列层面所呈现的序列组织功能。如：

(6) 春节假期之短暂
1 B：   我回家待了
2   回家待了几天
3   回家待了六天
4   六天其中有一天还是回去的中午才到
5   有一天还是晚上要走
6 Y：   你算好的啦
7   我在家也没待多久好不好
8   这耽误一天 (.) 那耽误一天
9   又不住在 (.) 又不住在城里面
10   坐个车还要转车
11   路上还耽误几天
12 B：   啊
13   我这大年三十回去 (.) 初五就走的人 (.) 还算好的
14 Y：   今年 (.) 今年哪有大年三十啊

15   搞笑吧
16   → 只有二十九好吧
17 B: <<laughing>那我就大年二十九回去的噻>（1.0）
18 Y: 是啊（2.0）
19 B: 哎呦（1.0）
20   妈的（.）回去（.）回去待了几天来着一共
21   一共就待了（-）四个（.）整的一天
22 Y: 啊（.）唉（.）
23   现在本来就这样子
24   你们（.）你们企业（.）你们公司也就没放几天假嘛

例（6）中，交际双方讨论的中心话题为双方春节假期的短暂性。B在其话轮中谈到他假期算起来实际上还不到六天（第1—5行），对此Y评价"算好的"，表示自己在家也没待多久，并详细说明了没待多久的原因（第6—11行）。在随后的话轮中，B针对对方的评价"还算好"作出回应：他先是发出表达惊讶的感叹词"啊"，明示对方评价的违预期性，随后他以疑问的形式产出包含对方评价的话语"我这大年三十回去初五就走的人还算好的"，在总结假期准确长度并暗示其短暂性的同时，反驳对方的评价"还算好"（第12—13行）。但B总结性评价中提到的关于日期的细节被Y发现存在谬误之处，于是Y在下一话轮开启了表征他人修正（other-repair）行为的旁岔序列：他先是产出话语"今年哪有大年三十啊"，以反问句的形式明确指出对方话轮中"大年三十"这一日期错误，并发出"搞笑吧"评价该错误的荒谬程度，随后，他产出正确的信息"只有二十九"，并在其后附上修正性的元话语标记"好吧"（第14—16行）。在"好吧"所标识的修正行为的引发下，B基于对方所提供的正确信息，以笑着重新表述他在第13行发出的总结性话语的方式，明确改变了他先前的错误认知（第17行）。而修正发起者Y则针对该回应进行了确认性反馈（第18行），即"反馈的反馈"（吴平，2001）。随后，如后续话轮所示，在"引发—回应—反馈"这一旁岔序列完结之后，B又重拾他在第13行的叙述主线，开始感叹其假期的短暂程度（第19—21行），而Y也仍然坚持他在第6行所作的评价，认为现在春节假期短暂是普遍现象，大家都差不多（第22—24行）。总之，会话序列所讨论的话题由先前的"假期的短暂性"临时转变为"大年二十九"后，又重新回到了中心话题"假期的短暂性"，而"好吧"则在旁岔序列中成功发挥了标识修正的作用。由此可见，言者借助"好吧"发起会话修正是一种元话语层面的会话调节行为，它体现了交际过程中出现的动态顺应。

  本例中，"好吧"所开启的旁岔序列涉及的是某一个具体日期的正误问题，这一细节与受话者所谈论的假期的短暂程度并无直接关联，在涉及错误信息的话轮被纠正后，互动双方均又重拾对序列主题的旧有认知，将会话序列按照原有轨迹加以接续发展。换言之，"好吧"所标识的旁岔序列在双方就细节的认识达成一致后便迅速终结，并未影响会话序列主线的发展。但正如我们上文所言，修正性的旁岔序列完结后，后续话轮的对话方向可能返回中心话题，也可能转向谈论所修正信息的相关情况。后一种情况如下例所示：

(7) 这是鸭腿吗

1 D： 这个是 (.) 真的是鸭腿

2 A： 鸭腿吗

3 C： 那是鸭腿啊

4 A： 可是我们俩已经吃了一个鸭腿了啊

5 　　 我吃了一个

6 　　 你吃了一个

7 B： 有两个呀

8 D：→ 这个才是真正的鸭腿好吧

9 A： 哦哦

10 　　[那我们俩吃的是什么

11 B： [那刚刚吃的那个是什么

12 D： 鸭翅吧

13 A： 不是

14 　　[不是 (.) 有腿

15 C： [我我那个我刚刚吃的那个是腿

16 A： [我也是有腿 (.) 难道有四个腿吗 ((laughter))

17 D： 　　［那（.）那有（.）那有两个腿啊
18 C： 　　刚刚我给你们掰的那个呀
19 　　　　是大［腿的啊
20 B： 　　　　　　［你也吃了腿啊
21 　　　　你也吃了啊
22 C： 　　［嗯
23 A： 　　［嗯
24 B： 　　这里还有一个啊
25 A： 　　嗯（.）说不定还有俩呢（（laughter））
26 D： 　　哦（.）有那个啊（.）那个（.）［翅膀
27 A： 　　　　　　　　　　　　　　　　［就是那个（.）腿
　　　　　　小小小的那个腿
28 　　　　我记得我妈每次买一半鸭子都说
29 　　　　她说有两个［腿
30 D： 　　　　　　　　　［送的咯
31 A： 　　一个大一点的腿
32 　　　　一个小一点的腿
33 B： 　　什么叫送一个呀
34 A： 　　不是
35 　　　　它本来好像就有（.）有两个吧
36 D： 　　谁知道（2.0）
37 B： 　　可是你们已经吃了两个了啊
38 C： 　　我就吃了一个这样的啊
39 A： 　　我也吃了这样的啊
40 　　　　就跟它一模一样
41 　　　　［肉还超级多呦
42 C： 　　［里面不会还有一个吧
43 A： 　　还说不定还有一个
44 B： 　　如果有一个那还算正常
45 　　　　如果只有三个（.）那就不正常了
46 A： 　　额：

47   对哦（(laughter)）
48 B： 你最好能再找出一个来（(laughter)）
49 A： 对啊
50   三个多奇怪
51   应该是有四个的
52 D： 也有可能是别人吃了也不知道（(laughter)）

以上是一个四人参与的对话，参与者在对话的过程中品尝并评论桌上的零食，此处他们正在谈论一种即食酱板鸭。在序列开始处，当D边拆包装袋边陈说她拆出的是酱板鸭的鸭腿时，引发了其他三位参与者A、C和B关于鸭腿数量的讨论（第1—7行）。当其他三位参与者尚在积极讨论鸭腿的总数和已被大家吃掉的数量时，D产出"好吧"所标识的修正性话轮"这个才是真正的鸭腿好吧"，针对受话者的错误认知加以纠正，即告知对方他们先前吃的不是鸭腿，他手上刚拆出的才是（第8行）。在大多数会话参与者讨论鸭腿数这一会话主线的基础上，此处"好吧"所标识的话轮引发的是一个关于哪个是真正的鸭腿的修正性旁岔序列，而哪个是真正的鸭腿这个问题势必会影响鸭腿数的计算，因此，该旁岔序列所涉及的细节从本质上是会对会话的方向产生影响的。如下一话轮所示，作为在先前对话表现中对鸭腿的去向较为了解的一方，A先是发出了叠连形式的"哦哦"，表达其对违预期信息的接收，随后，他又发出疑问"那我们俩吃的是什么"，该TCU还与B内容几乎相同的话轮相重叠（第9—11行）。此时，D在其回应话轮中表示对方吃的可能是鸭翅（第12行）。然而，该回应反过来又遭到了A和C的明确否定，他们坚称自己先前吃的就是鸭腿（第13—15行）。此时，A基于既有信息进行假设性推理，提出有四个鸭腿的看法，但话轮尾的笑声显示他此时认为该话语内容不是严肃认真的，是可笑的、不值当真的（Glenn, 2003）（第16行）。随后，在大家提供更多信息证明鸭腿（包括已被吃掉的和桌上被拆出的）的总数量肯定不止两个时（第17—24行），A又再次提出有四个鸭腿（两个大腿、两个小腿）的看法，而且此次他还间接引用了他妈妈的话作为证据（第25、27—29、31—32行）。在A正式提出并说明有四个腿的观点后，其他三个会话参与者又互相补充了更多事实细节，大家在所吃的酱板鸭有四个鸭腿这一认识上达成了统一（第33—51行），而第52行的话轮也暗示了尽管D在第26行仍坚持大家先前吃的是鸭翅，但他在A的详细说明后有所改观，此时已认可A所述的有四个鸭腿的说法。可见，D最初将自身置于认识斜坡上的较高位，发起了一个非合意的他启他修（other-initiated other-repair）性话轮，（Schegloff et al., 1977），但后续话轮所展示的事实证明，他在涉及鸭翅/鸭腿的认识状态上并未比对方知晓更多，因此他所产出的修正性话轮最终也并未成功发挥其纠正作用（因为D的想法最终也被证明是错的），也无法按照他所设想的方向改变受话者对相关事项的认识。此外，在序列发展上本例与例（6）最大的区别在于，本例并未像例（6）一样，"好吧"所标识的旁岔序列在双方就细节的认识达成一致后便迅速终结，互动双方又重归到谈论先前所提出的话题上。相反，正如本例转写材料所呈现的后续很长的序列所证明，自"好吧"所标识的修正行为发出以后，整个会话序列的谈话轨迹和发展方向就已被彻底改变，参与者从谈论鸭腿的总数和被吃掉的数量转变为集中讨论哪个是真正的鸭腿以及真正的鸭腿到底有几个的问题上。

二　结束话题

"好吧"在协助言者明示话语收悉状态，彰显其对先前话语信息的整体态度的同时，往往也预示着当前话题的终结，此时"好吧"充当的是"话题结束标记"。具体而言，言者借助元话语标记"好吧"明示其针对包含违预期信息的前序列顺应性立场和态度，也就意味着交际双方关于当前话题的认知状态达成即时性一致，因此"好吧"的存在也标志着双方关于该话题的言谈序列交换的结束。进入下一话轮后，可能是听者针对该反馈进行"反馈的反馈"，也可能是任意一方自选为下一话轮发话人直接开启新的话题序列结构。话题结束标记"好吧"体现了言者进行会话管理的元认知调控，即借助"好吧"的媒介作用对话将从当前话题转移到其他新的话题。"好吧"充当话题结束标记反映了它在长序列层面所发挥的序列组织功能。如：

(8) 李昌宁

1 M:　　我那天路上还看到他们来这边

2 A：　　就录制这个的吗
3 M：　　嗯:
4 A：　　我以为从昨天才开始呢
5 　　　　因为我看到（-）李昌宁发那个朋友圈了
6 M：　　哦::
7 　　　　他已经来过了是吧＝
8 A：　　＝对啊
9 　　　　他们昨天下午
10 M：→　好吧（1.0）
11 　　　他们组几个人
12 A：　　我也不知道
13 　　　　不了解
14 M：　　就觉着好神奇啊
15 A：　　为什么
16 M：　　就是以前没参加过（.）然后体验一下

以上是一个两方参与的对话。在序列伊始，M 提到他某天看到他们共同认识的同学也来参加视频录制活动，由此开启关于视频录制的话题。在就话题细节与对方进行确认后（第 2—3 行），A 在第 4—5 行关于视频录制开始日期的话轮中提到他们共同认识的一位同学李昌宁。随后，M 在回应话轮中先是发出带拖长音的"哦:"表达对对方所提供新信息——李昌宁发了（关于昨天视频录制的）朋友圈的接收，然后他通过是非疑问句的形式向对方确认该同学是否已经来过（第 6—7 行），在收到对方包含明确肯定回应以及（他们来录制视频的）具体时间细节的话轮后（第 8—9 行），M 产出"好吧"结束他所引发的关于李昌宁是否已经来过的旁岔序列。我们再回看旁岔序列产生前的话轮，当 A 在第 4—5 行的话轮中提到李昌宁昨天发朋友圈时，该话轮所暗示的李昨天来录制过视频的信息实际上是违背 M 预期的信息，因此当其疑问（第 6—7 行）得到对方的明确证实后（第 8—9 行），M 通过反馈信号"好吧"表达对违预期信息的收讫和让步式接受，与此同时，由于双方认识不均衡状态此时已实现了均衡，关于李是否来过这一话题的局部序列并无再向前发展的必要，因此"好吧"也标识当前序列的完结。随后，在双方时长为 1 秒的沉默后，M 自选为发话人开启新的序列，先后主动将话题转移到对李所在小组人数的讨论上及对参加视频录制活动感受的描述上（第 11、14 行）。因此，以"好吧"为序列阶段分界线，会话自然顺畅地从一个话题过渡到另一个话题，而元话语标记"好吧"在互动序列中发挥了典型的话题结束标记作用。

在此例中，"好吧"所终结的序列属于会话主线上的一个旁岔序列，而且该旁岔序列只历经了一个"引发—回应—'好吧'"三步式短序列结构就被宣告完结，其中"好吧"在标识对相邻话对后件的接受的同时，本质上充当了一个结束序列第三位置（sequence-closing third）的最小后扩展（minimal post-expansion）（Schegloff，2007）。但在语料调查中，我们发现元话语标记"好吧"所终结的序列并不一定是像上例这样的三步式最简旁岔序列，实际情况可能更为复杂。如在下面的会话实例中，"好吧"在充当最小后扩展协助说话人结束序列时，会话序列已经经历了多个回合的引发—回应相邻话对，而最终在序列第三位置出现的"好吧"所终结的是会话的主序列而非简单的旁岔序列：

(9) 你是河南人？
1 L： 那你不吃了吧
2 C： 我胃不好呀
3 　　　(XXX) 硬死了
4 　　　昨天早上吃了碗热干面吃得我（XXX）
5 L： 天哪
6 　　　我忘记了你是哪个地方的人了
7 　　　宜昌 (.) 是吧
8 C： 死去吧（(laughter)）
9 　　　河南的
10 L： 哪个地方的
11 C： 我是河南的
12 　　　不是荷兰的
13 L： 扯淡吧

14		不是吧（1.0）
15	C：	我就是河南的啊
16	L：	你也是吗
17	C：	我是南阳的（XXX）
18	L：→	好吧好吧
19	C：	我要买一根自动铅笔
20		我自动铅笔坏了
21	L：	别买自动铅笔
22		买支铅笔吧
23		就买支那个铅笔吧

此例是一个两方参与的对话。在本序列前，L和C在讨论晚餐吃什么的话题，在第1行中，L依据上文语境推测对方当天不吃晚餐，在其回应话轮中，C通过因吃热干面导致胃不舒服证实了L的推测（第2—4行）。随后，L在下一话轮首发出感叹语"天哪"，投射她将陈说突然注意到的某件不可思议的事情，如第6行所示，L表示她忘记对方是哪个地方的人。C和L是关系亲近的同学，C的基本个人信息（包括出生地）理应是属于L的认识领域内的，因此L所述的忘记对方出生地的事实确实是出人意料的。在话轮的最后一个TCU，L作出对方来自宜昌的推测（第7行），而C在其回应话轮中发出"死去吧"并后附非音节化的笑声，以戏谑的方式严厉否定了L的推测，随后她还提供了正确的信息——"河南的"。然而，如后续话轮所示，L并未接受该信息，而是多次发起修正并请求对方确认，形成三个"发起—回应"相邻话对，而且L每次发出的相邻话对前件收到的均是非合意的相邻话对后件，具体分别如第10—17行的三个相邻话对所示。最终，在对方在第17行的后件中产出其出生地的具体细节"（河南）南阳的"后，L发出叠连形式的"好吧好吧"，借助这一元话语标记明示她对违预期信息的最终接受，并标识关于C出生地的序列的终结（第18行）。随后，C接过话轮直接开启关于买铅笔的新话题，而L也加入对方关于该话题的讨论并给对方提供具体的购买建议（第19—23行）。可见在此例中，"好吧"在互动双方共同认定的序列结束第三位置，基于发话者对违预期信息的最终接受以及互动双方认识

状态的均衡，发挥了典型的结束序列的功能。

从整体序列层面看，此例中"好吧"所终结的序列是涉及会话主题本身的长序列，而并非就会话主题某一细节进行澄清的旁岔序列。因此，如果说例（8）中"好吧"在结束序列的同时，发挥的是回归主题的作用的话，那本例中"好吧"在终结序列的同时实施的是转移话题的功能。

第五节 "好吧"元话语功能的浮现动因

功能语法学派的代表人物 Hopper 认为，语法浮现于语言的实际使用过程中，而且是流动不居、处于持续变化之中的（Hopper，1987）。因此，我们研究语法结构或意义从根本上来说不能脱离语言的运用即言谈互动过程。"好吧"的元话语功能就是在日常口语对话的动态认知和交际过程中，经过言语环境的塑造而形成的浮现意义，它是一个从量变到质变的转化和生成过程。具体而言，"好吧"元话语功能的浮现包含两个方面的动因，一是语境意义的吸收，二是语言接触的驱动。

一 语境意义的吸收

自然语言最基本的特征是由语言交际所处的互动环境塑造的，是适应于交际环境的产物（Schegloff，1996），而"好吧"的意义与功能也是随语境的变化而动态发展的。Bybee 等（1994）曾指出，语法成分意义的一切改变均源自它所处的语境，语境决定了语法语素的意义。即语义可以随词汇项或构式语境的不同而发生改变，词汇项或构式能够将语境意义吸收，学界称之为语境吸收（absorption of context）（Bybee et al.，1994：253-270；Traugott & Trousdale，2013）。语境吸收机制在"好吧"调节认知等元话语功能的形成过程中发挥了重要作用。

当"好吧"被用于表达提议或允准时，是在言域[①]范围内发挥作用。

[①] Sweetser（1990）指出在我们的认知系统中存在三个不同的概念域：内容域（content domain）、认识域（epistemic domain）和言语行为域（speech-act domain）。内容域对应于现实的社会或物质世界，认识域对应于人的知识体系和推理系统，言语行为是以言行事的行为，比如说出一个祈使句是用言语实施命令或祈请的行为（参看 Searle，1979/2001）。本书沿用沈家煊（2003）的译法，分别将这三个概念域称为行域、知域和言域。

其中"好"在整个语言单位中表达的是"赞同"等实义,与表示"求定"/"迟疑"的句末语气词"吧"(郑娟曼,2018)组合后表示"求允"或"应允"等,二者分别存在于引发序列和应答序列中,在口语对话中呈映射互补式分布。而当"好吧"经常出现在含违预期信息的会话语境中时,就开始浮现出不表述事件而表达言者元话语认知的意义,即"好吧"由言域义演化出了知域义。"好吧"的概念意义变得较为虚无,结构的凝固性也更高,经历了一个从具体到抽象的转化过程。我们可通过以下会话实例进行说明:

(10) 菜量的多少
1 S:　我觉得每次(X)大碗太多了
2　　　我又吃不了
3 L:　不多啊
4　　　他就是画得多
5　　　其实［(XXX)
6 S:→　　　　［是有蛮多好吧
7 Y:　我发现这个西餐［我(.)我要吃两个
8 L:　　　　　　　　［估计(XX)我们两个大胃王在这儿
9　　　你怕什么

(11) 弟弟
1 D:　找事干啊
2　　　为什么一定要回家
3 B:　因为我弟弟是那种(.)就
4 D:　沉默寡言型的吗
5 B:　对呀
6 C:　哇:
7 B:　所以(.)所以说＝
8 D:　＝交女朋友啊
9　　　把(-)那个(.)情商打高啊
10 B:→　自己到现在都没成(.)未成年好吧
11　　　我估计他应该不会＝

```
12 C:    =他大一呀
13 B:    对（-）大二
```

例（10）中，在三方谈论某饭店菜量的多少时，S 在第 6 行中发出的表示针对对方刚才所述话语进行纠正的认知调节标记"好吧"，其语境触发语为第 3、4 行的反预期信息"不多""就是画得多"，该信息与言者 S 的认知——她甚至在上一话轮明确表达过的"大碗太多了"不符，因此触发了 S 的修正行为——"是有蛮多好吧"。而在例（11）中，当 B 在谈论她弟弟性格内向，不知如何打发假期时，D 建议弟弟尝试交女朋友提高情商（第 8—9 行），此时，"好吧"作为话语凸显标记出现在旁岔序列中（第 10 行），其语境触发语为上一话轮的"交女朋友"，该信息与发话者 B 所预知的现实状况"（弟弟）还未成年（谈女朋友为时尚早）"相比，属于负预期信息①，即"交女朋友"在量上不及"未成年"这一信息所蕴含的客观极量②，因此 D 发出的未达预期量的提议引发了 B 对客观极量的强调。

"好吧"在口语对话中不论是发挥认知调节、话语凸显、妥协反馈等人际互动作用，还是实施发起修正、结束话题等序列组织功能，在其先前序列语境中均存在同一性质的共现语义成分——违预期信息。"好吧"元话语功能的浮现所涉及的语境吸收机制具体如下：在违预期语境中，由于存在与言者固有认知图式不符的新信息，对言者形成刺激，故其本能地作出反应——借助"好吧"实施求同行为，如调节对方认知以与己方达成一致，或主动妥协以与对方形成同盟等，而"好吧"作为刺激—反应链③后半部分的关键组成部分，在其原本"求允""应允"功能的基础上演化出反映言者元认知状态的"求同""示同"功能；在违预期语境

---

① 齐沪扬、胡建锋（2006）认为"违预期"既包括方向上与原有预期相反（反预期），也包括量上超过（超预期）或不及（负预期）原有预期。因此从本质上来说，话语凸显标记"好吧"的引发信息即负预期信息也属于违预期范畴。
② 关于语言中的"极量"表达——包括客观极量和主观极量，详参张国宪（2006）。
③ 李先银（2016）认为语境中听者 B 所做的事/说的话对言者 A 形成刺激，刺激 A 对此作出言语的或行为的反应或评价 Y，Y 对听者 B 形成新的刺激，促使其作出反应；话语表达基于这种刺激—反应链进行循环运作，实现话轮的维持和更新。

中的反复使用使"好吧"最终完成对语境意义的吸收,发展成为与违预期认知状态相关联的元话语标记,并在人际互动和序列组织两个层面均发挥作用。我们再回看例(5):

(5) 南方和北方吃羊肉狗肉的季节
1 A： 冬天有 [吃的
2 B： 　　　　[冬天吃
3 D： 哦：
4 A： 羊肉狗肉它是因为：上火的嘛 =
5 B： = 对对 [对
6 C： 　　　　[比较燥热哦
7 B： 对
8 A： 真的不吃
9 B： 对的
10 A： 所以他们：没有这个概念
11 E： 哦：：=
12 A： = 但是北方嘛 (.) 北方主要它是夏天吃的
13 E： [哦：
14 D： →[好吧
15 E： 一年四季好像都吃吧((laughter))
16 D： [对啊 (.) 我们觉得我们一年四季都吃
17 A： [哎 (.) 一年四季吃 (.) 是吧
18 　　你看是四个都 (.) 都是河南人 [就不一样
19 D： 　　　　　　　　　　　　　　　[嗯

与妥协反馈标记"好吧"所处的基本序列结构"引发—反预期回应—'好吧'"相比,该例中反映未来"好吧"发出者预期的引发话轮处于隐现状态,可见,此处"好吧"实际上已脱离对"引发—反预期回应"相邻话对的语境依赖,而独立标识发话者的"示同"立场。所以,此种会话实例的存在恰好说明,在会话互动中,"好吧"一定程度上已完成对语境意义的吸收,即它在违预期互动语境的反复塑造中,吸收了语境中的"违预期"语义，因而在无违预期序列背景铺陈的情况下也能够协助发话者表达以违预期认识情态为基础的"求同"或"示同"立场。

互动参与者总是倾向于从与前人相似的交际语境和话题中获取交际经验，这也为"好吧"作为元话语标记反复使用进而得以规约化创造了外部条件。当这些新用法逐渐被语言社团的部分成员或全体成员所接受时，就完成了规约化的过程（参见 Traugott & Dasher，2002；Brinton & Traugott，2005）。而且与源结构在会话序列中映射互补分布相同，元话语标记"好吧"在社团成员的使用中也呈现序列语境互补分布的状态。

"好吧"元话语标记功能在会话互动中的浮现，一方面是违预期语境意义作用的结果，另一方面也与语言接触的驱动密不可分。

二 语言接触的驱动

语言接触有可能导致汉语的语法化（石毓智、李讷，2001：401），由此引起的语法化特征通常包括语境扩展、频率升高和范畴改变等（Heine & Kuteva，2003、2005）。汉语在其发展中受到了不少印欧语语法的影响，产生了一些王力先生所谓的"中国新语法"（王力，1943：334–373）。从发展历程来看，汉语和英语主要发生过三次较大规模的语言接触：明末清初传教士通过翻译西方文献大量引介西方科技语，丰富了汉语表达；五四运动时期的白话文运动促进印欧语与汉语接触，对现代汉语的词法和句法产生了重要影响；改革开放以来，随着对外交流的日益频繁和扩大，以英语为代表的印欧语言对现代汉语的语法影响最为深远，而且仍在持续。在这种影响的作用下，英汉语语言接触也触发了汉语某些实义结构通过复制其英语对译语的功能而获得话语标记用法的语法化过程。

通过英美影视剧、节目和书籍等间接语言接触[①]（Loveday，1996）方式，英语中一些话语标记语被传输进汉语，并被少数群体运用到日常对话中。久而久之，这些标记语的用法经由使用主体潜移默化地吸收，

---

① 不同于两个或多个语言社群之间紧密的、面对面的直接语言接触，间接语言接触往往通过书面语形式，经打印出版或手写书面材料，或是其他影像材料的方式传入输入语言（Loveday，1996）。

被迁移和复制进汉语，最终促成汉语对译的语言单位新功能的浮现。"好吧"元话语功能的获得就同与其对译的英语标记语"OK（Okay）""Alright（All right）"等用法的迁移密不可分。我们在北京语言大学 BCC 语料库①中检索现今国内活跃度较高的社交平台微博，共得到含"OK（Okay）"的微博语料九万多条，这些结果还呈现出"OK（Okay）"作为话语标记语在不同语境条件下的功能多样性，足见其使用频率之高、标记语功能分布之广。

关于"OK（Okay）""Alright（All right）"的标记语用法，英语语法学界有许多学者（Schegloff & Sacks, 1973; Schegloff, 1986; Beach, 1993; Filipi & Wales, 2003; Heritage, 2013c 等）曾提出它具有转换话题、终结话题等序列组织功能，还能充当回应标记表达对先前话语的态度或取向。Beach（1993）还注意到"OK（Okay）"话语功能表达的二重性（dual character），如在表达针对先前话轮反馈的同时，也为新的行为序列作准备。这些功能与我们前文所讨论的"好吧"的元话语功能存在诸多可对应之处。我们在经典美剧《老友记》的中英文对译版台词中随机抽样调查了 150 例"OK（Okay）""Alright（All right）"，其中有 104 例译为"好吧"，占比高达近 70%，证明"OK（Okay）""Alright（All right）"与"好吧"具有较高的可译性和语义一致性，属于翻译等价词（translation equivalent）。在这些用例中，还不乏元话语标记用法。如：

(12) Ursula: Wow! Didn't she die like five years ago?

乌苏拉：哇，她不是五年前就死了吗？

Phoebe: No, she just died today! Okay, umm, we're having a memorial service tomorrow.

菲比：不对，她今天才死的。嗯，明天我们要举行葬礼。

→ Ursula: Okay, I know that. I went to that already.

→ 乌苏拉：好吧，我早就参加过她的葬礼了。（《老友记》第四

---

① BCC 汉语语料库，总字数约 150 亿字，包括：报刊（20 亿）、文学（30 亿）、微博（30 亿）、科技（30 亿）、综合（10 亿）和古汉语（20 亿）等多领域语料，是可以全面反映当今社会语言生活的大规模语料库。

季第15集）

(13) Rachel：No, I didn't. I wouldn't say I had the keys unless I had the keys, and I obviously didn't have the keys.

瑞秋：不，没有。我如果拿了钥匙，我会说"拿了"，显然我没拿那该死的钥匙。

→ Phoebe：Ooh, OK, that's it. Enough with the keys. No one say keys.

→ 菲比：哦，好吧，够了，别再提钥匙了。（《老友记》第一季第10集）

"OK（Okay）"与其对译的"好吧"在例（12）中均充当妥协反馈标记，在例（13）中则充当话题结束标记。这些翻译文本表明，实义结构"好吧"在语法化过程中受英汉语接触的影响较大，从而导致其对英语中对译的标记语"OK（Okay）""Alright（All right）"用法的借用，以及对其元话语功能的复制。

语言接触对"好吧"功能形成的影响还可在汉语会话实例中得到验证。在我们的会话语料中，存在不少在"好吧"的典型语境中使用"OK（Okay）"的实例。如在下例对话中，互动双方为增加趣味性，在交际中夹杂使用英文，两次用到话语标记"OK（Okay）"。汉语与英语的共现为"好吧"语言接触过程中的功能迁移提供了直接的语境支撑，而且其中包含的两处"OK（Okay）"正好与本节所讨论的"好吧"的元话语功能存在可对应性：

(14) "上卫生间"用英语怎么说
1 Z：　想去卫生间
2 Y：　应该怎么说呢（.）洪老师
3 Z：　I just want to go to ((laughter))（- -）toilet and [（XX）
4 Y：　　　　　　　　　　　　　　　　　　　　　　　　　[再坚持一下吧（.）马上就下课了

5 Z: About 10 minutes (-) OK
6 Y: → It's not allowed in Chinese classroom (.) OK
7 Z: → OK
8 有个笑话嘛是什么
9 嗯:老师 (.) 我想去上厕所

第 6 行的"OK (Okay)"后附于陈述性话语以对其进行凸显,与"好吧"在会话中充当话语凸显标记时所发挥的功能及其语境条件极为相似,因此若将此处的"OK (Okay)"替换成"好吧",在话语表达上毫无违和感;相应地,位于第 7 行的"OK (Okay)"传达言者针对先前话轮内容的妥协顺应性态度,与妥协反馈标记"好吧"在会话序列中的作用及其序列环境几无二致,此处,我们若将其替换成"好吧",言者依旧可借其传达妥协立场及标识本话题的终结,而后将话题转移到对其他问题的讨论上(第 8—9 行)。

值得注意的是,在英语和汉语中,均存在"oh + okay"/"哦 + 好吧"这样的组合体,用以表达说话人对上一话轮信息的接受,与此同时在序列第三位置推进序列结束。如:

(15) "At U of Y or"(Drake,2013:92)

1 Ang: we can keep in touch since we're like on the same page gonna be
2 looking for jobs and I was like ↑yeah: . ↑keep in to [uch.
3 Jes: [n = ha
4 Ang: [I can't [tell you: how surprised I am]
5 Eri: [Is he still - [is he - has he done a PhD at] U of Y ↑ now: ↓or_ =
6 Ang: =no he's just gonna finish his master's. he's student teaching
7 this semester and then he's gonna find a job teaching at a high
8 sch [ool,
9 Eri: [oh okay;
10 (.)

11　Ang：((nods)) I - I can't even tell you how surprised I am like that is

12　s：o random：I can't even explain it.

例(15)中，Angela 在序列伊始表达了她在接到 Bobby 电话后的惊讶之情（第1—2、4行），随后，作为同样认识 Bobby 的一方，当 Eric 在第5行产出 or - 话轮请求对方确认 Bobby 的近况是刚取得博士学位还是其他时，收到了对方否定的回答以及对该否定回答的解释（第6—8行），基于此，Eric 先是发出一个第三位置状态变化标记 oh，表达对上一话轮 Angela 所提供信息——Bobby 尚未取得硕士学位，之后打算在中学找一份教职的接收（Heritage, 1984a），随后他还产出标记语 okay，再次明示他对相邻话对后件的接受（Beach, 1993; Schegloff, 2007）（第9行）。在第10行的微停顿后，Angela 回到主话题，继续表达她对 Bobby 来电的惊讶，可见 oh okay 也作为接收标记，标识着 Eric 在第5行通过 or - 话轮引发的关于 Bobby 近况的信息求取—供给序列的可终结性（Drake, 2013）。同样的汉语组合体在我们的语料库中也不乏其例，如：

(16) 他不在武汉

1 E：　那我也问一下 XX 好了
2　　　他不是也在武汉吗
3 Y：　XX (.) XX 回家了
4　　　他回荆州了
5 E：　哦：(.) 他回荆州了
6 Y：　哎 (.) 对
7 E：　哦：(.) 现在就在荆州
8　　　你知道
9 Y：　嗯 (.) 他 (.) 我昨天问他了
10　　 他说他今天回荆州
11 E：→ 哦 (.) 好吧 (.)
12　　 行吧
13　　 那就先这样

14		你下午要是没事给我打电话啊
15	Y：	好（.）行
16	E：	拜拜
17	Y：	嗯（.）拜拜

在该例中，E 在给 Y 打电话相约见面时提到另一位共同的朋友 XX，并提议也邀请他一起见面（第1—2行）。但 Y 告诉她这位同学现在回家了，不在武汉（第3—4行），该信息对 E 而言是违背其预期的。在通过两个回合的"引发—回应"相邻话对与对方确认 XX 确实不在武汉后（第5—10行），E 在第 11 行先是发出状态变化标记"哦"，表达对上一话轮新信息"我昨天问他了，他说他今天回荆州"的接收，随后她发出"好吧"表达对 Y 从第 3 行始产出的数个非合意相邻话对后件的接受。同时，第12—14行"哦好吧"所后附的序列预结束（pre-closing）的内容和互动双方随后的电话结束语也证明，"哦好吧"这一组合体在协助发话者表达妥协性接受的 [K-] 认识立场时，也明示了序列的可终结性。

总之，无数的会话实例证明，在"OK（Okay）""Alright（Allright）"等英语标记语的影响下，"好吧"在自然口语对话中的分布语境愈加广泛，整体使用频率也得以提高，语法化后的标记语形式逐渐丧失原有的形态句法属性，因此语言接触引发的语法化特征在"好吧"的语法化过程中得到了全面的体现，足以证明语言接触是构成"好吧"获得序列组织和人际互动元话语功能的另一动因。

第六节 总结

本章基于自然会话语料，探析了"好吧"在不同语境条件下的元话语功能。在元话语层面，"好吧"发挥的"标记"（signpost/marker）功能用于话语组织、交际调控与观点表达，在局部或整体上对话语理解起着引导或路标的作用，具体涉及人际互动与序列组织两个方面。在人际互动方面，"好吧"具有认知调节、话语凸显和妥协反馈三个功能。在序列组织方面，"好吧"具有发起修正、结束话题两个功能。"好吧"的元话语标记功能体现了交际者使用语言是一个不断作出选择的过程，这一过程受元语用意识（metapragmatic awareness）（Verschueren, 2000: 189）不同程度的指导和调控。"好吧"的人际互动功能与序列组织功能关注点迥然有异，前者重视交际主体对交际对象的关注，体现在话语表达的交互主观性和对双方共同认知环境的扩大上，而后者强调交际主体对交际语篇的关注，即对话题或话轮的动态组织和管理等。在多样化的语境中，二者可共同作用于交际过程，帮助言者更好地传达交际意图、听者更准确地识别各种语用关系，以促进交流顺畅有效地进行，正如 Schiffrin（1987）所言，话语标记可同时在多个层面发挥着作用。

促使"好吧"元话语标记功能浮现的因素主要有两个，一是语境意义的吸收，二是语言接触的驱动，二者构成"好吧"从表述事件的实义结构语法化为传达言者元语用意识的标记语的形成动因。值得注意的是，学界关于语境意义在语法化中的作用研究颇多，而关于语言接触对语法化的影响，虽然国外学者已多有论著（Heine & Kuteva, 2003、2005、2010），但汉语学界仅有少量的个案分析有所涉及（王伟，2004；王双成，2020等）。本章对"好吧"的研究表明，语法化成因的探究不但可以从语用因素如语境等微观角度入手以窥察其演变轨迹，也可从社会语言学因素如语言接触或融合等宏观层面寻找到合理解释。

第七章

复合型话语标记"那个什么"的互动功能与浮现动因

第一节 引言

随着共现话语标记（co-occurring DMs）① 的普遍化与高频出现，话语标记的复合使用也逐渐成为自然会话中的新现象，并日益引起国际学界的关注（Fraser，2013、2015；Lohmann & Koops，2018；Cuenca & Crible，2019；Pons Bordería，2019 等）。在汉语中，"那个什么"就属于复合型话语标记。在实际语用中，"那个"自身本就可充当话语标记（许家金，2008；郭风岚，2009；刘丽艳，2009；殷树林，2009 等）；"什么"也可充当话语标记（王海峰、王铁利，2003）。"那个"在发挥"找词"功能时有时会与"什么"连用，连用格式具有话语标记的功能（李咸菊，2008）。二者连用的特殊用法吸引了一些学者的关注，但对其具体功能认识有别。有学者认为它具有替代和对话题、话轮进行处理的功能（王海峰、王铁利，2003），也有学者认为它发挥元语言功能，用于"指引说话人要说的意思"（殷树林，2009）。上述文献对我们探究"那个什么"的话语标记功能具有启发意义，但两个方面尚存有不足：一是它们并非针对"那个什么"的专题研究，未能准确定位它的性质与功能；二是这些研究仅考察了它在话轮层面的使用，尚未触及会话序列（conversational sequence），难以真正揭示它在会话互动中的实际功用。

---

① 共现话语标记指的是"线性相邻且从属于同一单位但可能表达不同功能的话语标记组"（Cuenca & Crible，2019）。

因此，本章我们将在前贤研究的基础上，对复合型话语标记"那个什么"在会话互动中的话语功能进行深入探察，并揭示它的浮现动因。具体而言，我们将基于真实的日常会话语料①，以互动语言学方法（Ochs et al.，1996；Fox et al.，2013；Couper-Kuhlen & Selting，2018）为理论取向，从形式—功能互证的角度考察复合型话语标记"那个什么"在言谈互动（turns-at-talk）中的表现，并尝试回答以下两个问题：

（1）"那个什么"主要承载了哪些互动功能，各功能项目是如何在特定会话序列位置呈现以辅助完成某种会话行为的；

（2）"那个什么"作为复合型话语标记在会话中的浮现动因是什么，与其内部成分"那个"/"什么"又存在何种关联与差异。

通过对语料库的穷尽调查，我们共计获得话语标记"那个什么"137例（来源不再标注）。据初步统计，"那个什么"在自然会话中主要可承载占位填充、切换话题和引介例释②这三项互动功能。下文中我们将首先简述复合型话语标记的定义及特征，其次通过具体会话实例呈现复合型话语标记"那个什么"承载各功能项目时所体现的话轮/序列分布特征、所调用的句法/韵律资源和所完成的会话行为等，最后揭示该复合型话语标记在会话互动中的浮现动因及其与内部组构成分"那个"和"什么"的关系。

第二节 复合型话语标记及其特征

复合型话语标记属于话语标记共现（DM co-occurrence）的一种类型。话语标记共现作为话语标记在语篇中的重要实现方式，近年来在国际上已成为语言学领域的一个热门课题，并涌现了一系列重要的理论成果，如 Cuenca 和 Marín（2009）；Fraser（2013、2015）；Cribe（2018）；Lohmann 和 Koops（2018）；Cuenca 和 Crible（2019）；Pons Bordería（2019）等。

---

① 文章所用语料均源自课题组自建的"汉语自然会话语料库"，该语料库总计约为 177 万字，转写自总时长约为 97 小时的音视频材料。

② 需要说明的是，用于切换话题和引介例释的"那个什么"有时还兼具占位填充功能，这证明话语标记在一个语境中的功能并非唯一，它可能会同时发挥多种功能，这些功能处于相伴相生的状态。在统计中，我们是在结合语境区分其最有可能、最凸显功能的基础上进行归类的。

根据共现的话语标记在形式和功能上的整合程度及功能辖域等，Cuenca 和 Marín（2009）将话语标记共现分为并置（juxtaposition）、添加（addition）和复合（composition）三种类型。其中并置是指共现的话语标记不论是在句法还是在语义上均未结合，各自在命题层面发挥作用；添加则指共现的话语标记互相结合并在局部层面发挥命题/结构上的作用，但它们仍明显保有各自的功能；而复合指共现的话语标记作为一个复合单位共同在全局层面发挥某种结构/情态上的互动功能。各类型话语标记共现的主要特征如下表所示：

表7-1　话语标记（两个或两个以上）共现类型及其主要特征

类型	形式	功能	分布位置	功能辖域
并置	未结合（句法、语义）	发挥各自功能	言语行为内	命题
添加	结合	保有各自功能	话轮或言语行为内小的转换关联处	命题、结构
复合	结合成复合单位	发挥整体功能	开头、结尾大的转换关联处	结构、情态

结合表7-1所列分布位置和功能辖域，我们可对话语标记共现类型作如下界定：并置和添加是在语句/行为内或小的转换关联处等局部层面发挥命题/结构功能，而复合则是整合后的话语标记在划定主要话语单位界限（如话轮或序列的开头、结尾或大的转换关联处）的同时，承载结构/情态功能，彰示其互动价值。此外，Cuenca 和 Crible（2019）还提出，并置的话语标记各自作用于不同的话语单位，而添加和复合的话语标记则作用于同一个话语单位，但二者具体整合程度有所不同，后者整合程度高于前者，内部话语标记不再保有其各自的意义，且中间不能有韵律边界的存在。参照以上鉴别标准，当"那个什么"在自然会话中承载互动功能时，并不参与话语命题意义构建，而且其辖域较宽，在话轮和序列组织层面发挥功用，内部话语标记之间没有韵律边界，可见它属于"那个"与"什么"整合而成的复合单位，而此种复合单位固化形成的话语标记我们可称为"复合型话语标记"。

第三节　"那个什么"的互动功能

一　占位填充

占位填充指的是在自然语流中，当言者出现话语输出困难而又无意转让话语权时，调用占位语等语言或副语言手段协助占据话轮位置的行为。充当此种语言占位手段是"那个什么"在言谈交际中最为核心的互动功能。

话语输出困难涉及说话人对所述事项某一方面事实激活与表征的失败，因此它是一个内在的个体认知过程。但当说话人在互动言谈中通过语言、韵律或身体视觉资源表达这种内在的认知困难，将目标信息搜寻过程外显化时，它其实就成为一个经由互动过程得以外显化并最终完成的可见的、可被观察和描写的过程。正如无数语言事实所证明，说话人在话语输出困难时所采用的不同形式的停顿策略——包括无声停顿（silent pauses）、有声停顿（filled pauses）和填充词（verbal fillers）等，在外化说话人内在心理组织和阶段性索词过程的同时，还充当占据话轮（floor-holding）的手段、对反馈的回应或引发手段等。这些停顿表达形式占据话轮和回应、引发的功能一方面体现了它们在会话互动中所具备的人际意义（interpersonal meaning），另一方面也说明了会话参与者思索填词过程的互动性。在会话互动中，参与者表达和定位自己和他人的认识状态，并利用言谈互动中常见的资源来寻找、处理和解决与参与者知晓或不知晓特定信息相关联的问题。充当填充语的复合型话语标记"那个什么"就是这样一种语言资源，它通过对话轮的占位投射本话轮未竟，后续话语将持续产出。此外，它作为一种独特的由两个代词结合并发展演化而成的填充语，暗示说话人对其搜寻即"那个什么"所替代的事项处于［K＋］认识状态，只是由于会话互动是在线实时展开的（unfolds in real time）（Couper-Kuhlen & Selting，2018），说话人的目标信息在其认知中尚处于待激活的状态；与此同时，它还协助说话人暗示"那个什么"所指代的目标话语对受话者而言也是可及的（accessible），是属于其认识领域的信息，但这只是说话人产出填充语"那个什么"时对双方相对认识状态的个人假设。

语料调查结果显示,"那个什么"在承载占位填充功能时,位置非常灵活,可自由分布于话轮开端、中间或末尾等任意位置。而且根据目标话语是否得到成功补位和补位过程是否涉及话轮转换(turn-taking),我们还可将"那个什么"实施的占位填充行为分为言者补位、听者补位和双方静位三种类型。在语料库中,言者补位这一类型在数量上占绝对优势,它属于"那个什么"占位填充行为最基础的实现方式。

(一) 言者补位

言者补位,即言者经历思维或语言阻滞,并借助"那个什么"占位填充后,自我补足所占位置的目标话语。在这种情形中,话轮并未发生转换,而且"那个什么"与补足成分间往往伴有韵律停延(如"嗯""呃"等有声手段和语音停顿、延长等无声手段)等。这充分体现了填充语常配合停顿填充(pause filler)等其他非词汇化填充手段来实施延迟表达的特点(Fox, 2010)。如:

```
(1) 交通工具延误
1 Z:    我们十二点多的车(.)我等到四点多才走=
2 Y:    =你们那样撒
3       我是:十点
4       照理说来十点多的飞机(-)
5       我:七点的时候就已就已经在那个:地铁上了
6       我都快到那个天河机场(.)给我发了一条短信
7       我定一看(.)心里不妙
8 →    它说(.)那个什么(1.0)        (占位填充)
9 →    呃很抱歉地通知您(.)您的那个什么[飞机起飞时间延
            长到下午一点
        (占位填充,言者补足目标话语)
10 Z:                                [((laughter))
11 M:                                [((laughter))
12 Y:   呃好吧(.)下午一点去
13      反正我也还没(.)还没吃呢
```

例（1）为一则三方参与的对话，谈话者 Z、Y 和 M 讨论他们各自因恶劣天气导致交通工具延误的经历。在 Z 叙述完其高铁延误经历的始末后，Y 立刻接过话轮，讲述其遭遇飞机延误的经历。在其关于延误经历的扩展性讲述（extended telling）长话轮（第 3—9 行）末，Y 先是遭遇了一个引用性话语组织困难（第 8 行），此时"那个什么"被用作占位语参与话轮组建，同时暗示目标信息属于听说双方共同的认识领域内，并处于待产出状态。从对话所谈论的话题的性质及 Y 先前关于其内心状态的描述"心里不妙"可以推知，其他两位参与者都知道 Y 此时述说的"短信"是关于飞机延误的通知的，而且此类短信的内容及措辞是人人都知道的常识，属于常识性事件（O-events, Known to everyone present）（Labov & Fanshel, 1977；张文贤、乐耀，2018）。正因为这一事实属于 Y 意料之中的，她才产出"那个什么"作为填充语。同时配合该占位语实施延迟表达的还有一个长达 1 秒的韵律停顿（第 8 行）和停顿填充词"呃"（第 9 行）。紧随其后，言者在自我补位输出引语的过程中，又遭遇了索词困难，在再次借助"那个什么"进行占位填充后，目标词语"飞机起飞时间"才得以顺利输出。

值得注意的是，在 Y 遭遇产出困难期间，听者 Z 和 M 均未打断话轮，实施话语权的抢夺。相反，他们在 Y 话语产出过程中同时发出的与 Y 话语相重叠的非音节化笑声（第 10—11 行），是在表达对 Y 话语内容的理解（conveying understanding）（Glenn, 2003）。一方面，这种理解性回应证实了 Z 和 M 对对方所述信息处于 [K+] 认识状态；另一方面，它也说明"那个什么"作为占位填充的话语标记，在言谈互动中可协助发话者向受话者传递这样的信号：我的话还未说完，我正在搜索（retrieve）合适的词语或话语，而 Z 和 M 正是因为对这一投射行为进行了准确解读，所以选择在给 Y 充足话语产出空间的同时，适当表达对对方话语内容的理解。因此，"那个什么"占位填充功能的实质是与听者进行交互，为言者赢得话轮构建或修复的时间。这也侧面说明"那个什么"作为复合型话语标记，在发挥话轮组织作用的同时，还具备人际意义和互动价值。

（二）听者补位

听者补位是指言者借助"那个什么"找词未遂时，听者接过话轮，根据当前会话图式补足言者暂时无法产出的内容。而且听者在补全信息后，并不会占据话轮，而倾向于将话语权交回给言者。

对话是一个动态的即时合作过程，当"那个什么"在话轮中充当延迟手段时，对话轮未产出话语具有一定的投射性（projection），即预示（foreshadow）此刻正处于认知卡顿状态的言者随后将产出最具关联性的话语，而且该话语也属于受话者的认识领域内。因此，在"那个什么"的投射下，听者可能在该节点介入进来，协助言者产出当前话语的完结部分，实现话语补位。这时，双方的相邻话轮共同构成一个完整的句子，形成句法合作共建（syntactic collaborative construction）现象（Lerner, 1991）。如：

（2）名字
1 P：   那个（-）呃：（-）五楼的
2   然后想过来宣传一下那个我们：（.）跟我室友开的一个
         [零食小铺
3 B：   [又是你：
4 P：   怎么了
5   零食小铺
6   [哦:::
7 B：   [又是你：
8 P：   我知道我知道
9   教师资格证对吧
10 B：   啊哈：是你[是你
11 P：→   [你是高高高（.）高那个什么（-）（占位填充）
12 K：   高兆依   （听者补足目标话语）
13 P：   来（.）必须扫一下
14   来（.）支持一下
15   我看看电
16 B：   这是要扫吗
17 P：   嗯（.）对
18   我们零食超级便宜
19   我们这个是

例（2）对话的现场情境为：同为研究生的 P 到 B 和 K 的寝室进行线上零食店铺宣传，当 P 刚一进门，开始陈述此行的目的时，B 迅速认出了 P 并借助话轮尾带拖长音的"又是你"表达了惊异的情态（第 1—3 行）。此时，P 并未与 B 一样迅速认出对方，她用疑问形式"怎么了"表达了内心的疑惑，并迅速回到当前谈话轨迹（current trajectory of talk），产出重复话语"零食小铺"（第 4—5 行）。随后，她发出标识忆起状态的"哦:::"，明示她突然想起了双方的相识过程（第 6 行）。在叙述完双方认识的方式后，P 在产出对方的名字时遭遇了索词困难。如第 11 行所示，她在四次重复 B 的姓后对其名仍处于拾取未果状态，于是她调用话语标记"那个什么"占据话轮，为自己赢得更多的索词时间，但话轮末尾的停顿显示她仍遭受产出阻碍。与此同时，现场受话者从已产出部分——"那个什么"和其前反复输出的"高"姓的投射能够预测其后未产出部分应该为名（Couper-Kuhlen & Selting，2018：39）。因此，作为 B 的室友，受话者之一的 K 基于她对目标话语内容，即 B 的名字具备的［K+］认识状态，在 P 明显遭遇产出困难的情况下及时介入进来，提供了 B 的完整姓名（第 12 行），以化解 P 索词时间过长所造成的 B 和 P 双方的尴尬。在第 11 行的话轮中言者发起占位行为，而在第 12 行听者实施补位行为，补充对方未竟的目标话语，二者的话轮联合产出（joint turn production）构成典型的句法合作共建现象（Hayashi，2005）。而且在协助 P 补足目标话语、完成表意完整的话轮后，K 又主动让出话语权，回归听者状态。如第 13—19 行后续三个话轮所示，P 维持继续发话的权利，在双方相识的基础上邀请 B 进行店铺扫码，并介绍该店铺零食的优点，以完成其推广店铺的主要交际任务。

本例中，说话人产出时遭遇思维阻碍的目标话语是属于其认识领域内的信息，正如第 6 行表示说话人突然忆起并对所忆起事项具备独立认知地位的状态变化标记"哦:::"所标识，只是她对该事项的一个细节——B 的全名处于暂时激活和调取未果的状态。在这种情况下，说话人选择了具备双重指称本义的复合型话语标记"那个什么"作为填充语，暗示其即将产出的话语将是在当前语境中最具关联性的话语。因此，"那个什么"在协助说话人填充话轮间隙、赢取搜寻时间的同时，也帮助说话人声明她关于目标信息的上述认识权限，暗示她并未忘记对方名字，以免威胁对方面子。而对受话者（包括当事人 B 及其室友 K）而言，待输出的目标信息对其而言不仅是属于其认识领域内的知识，甚至是其"有权利和义务"从一手经验中获得的 1 类知识（Pomerantz，1980：187），因此，作为在认识斜坡上处于更加上位的一方，且当下又通过"那个什么"成功解读对方所竭力主张的认识权限，K 在对方遭遇严重索词困难时，及时为对方提供目标信息、缓解紧张局势后，选择维护对方继续按照谈话轨迹输出信息的话语权。

（三）双方静位

双方静位是指言者在借助"那个什么"占位后，短时内无法自己补足话语，而听者也无法根据当前会话图式补位，从而形成交际双方静位，目标话语阙如的情形。在这个过程中，有时还会发生听者主动发问，协助言者搜词的情况。如：

(3) 广场舞曲子
1 P：我之前在佑铭跑步的时候
2 　［那就有大妈（-）跳广场舞
3 N：［就（-）都在放绒花
4 →还有（.）还有（.）那个（.）那个（.）那个什么 　　　　　　　　　　　　　　　　　　　　　　（占位填充）
5 →那个（--）［什（.）什么　　　　　（占位填充）
6 P：［广场舞的曲子吗
7 N：［什么而::来着（.）就那个（.）就四句的歌词的那个
8 P：［还是民族舞的曲子
9 N：就是
10 F：不是（.）就是有男有女（.）就围到一圈儿
11 　然后又甩胳膊又甩腿儿
12 N：在哪
13 F：就在佑铭:
14 N：不知道
15 　［啊
16 F：［她们跟一个社团一样

例（3）的三位参与者都是同所大学的研究生，他们在谈论学校体育馆广场舞的话题。N 在列举她在体育馆听到的广场舞伴奏曲的过程中遭遇了产出困难。如第 3—5 行所示，她先是顺利陈述了第一首曲子"绒花"，然后在借助"还有"引入第二首曲子时遭遇了索词困难。重复产出的后附微停顿的"还有"证明她此时业已处于思维阻滞状态，随后，她两次借助后附微停顿的"那个"实施占位（李咸菊，2008；乐耀，2020），又运用复合形式的"那个什么"延缓输出，但仍未成功锁定目标话语（第 4 行）。在下一个语调单位中（第 5 行），她又调用内部韵律停延的"那个什么"施行更为强效的填充行为。在此期间 P 参与进来，以发出提问请求对方予以确认的方式帮助对方框定曲子范围，协助其进行搜词（第 6、8 行）。尽管 P 两次发起提问，但 N 始终未予作答，而是因循她先前的索词路径继续搜寻目标信息（第 7、9 行），从而形成两次双方话轮"搜词—提问协助搜词"的重叠（第 5—8 行）。直至 F 介入进来，重拾她在本序列前提出的、被 P 和 N 打断了的关于有人在操场跳某种民族舞的话题，N 才放弃话语权，停止搜词，并参与到对方主导的话题讨论中（第 10—16 行）。此例中，复合型话语标记"那个什么"所指代和替代的目标信息作为一首常见的广场舞伴奏曲，在说话人看来，它处于听说双方共同的认识领域内，但因说话人暂时的认知阻滞而未得到及时激活，而受话者又无法通过已产出内容推断对方具体所指为哪首曲子，信息搜寻过程在另一位会话参与者开启新话题的情况下被打断和放弃。因此，"那个什么"与其他占位手段所服务的目标话语终未得到补位，呈缺省状态。

综合以上三种情形中填充语"那个什么"的在线（on-line）表现可见，"那个什么"在话轮中的位置分布极为自由，它还常与表示犹豫的"那个""就是"等词汇手段、韵律停延等非词汇手段，甚至是重复等句法手段配合使用，共同填补语际间隙。而且"那个什么"本身作为一个由代词复合而成的话语标记，在其指代性本义的基础上还表达了说话人对目标信息的［K＋］认识状态。同时，说话人在借助"那个什么"指代目标信息并暗示自己将产出最具关联性的话语时，也假定该信息对受话者而言是可及的，即目标话语属于互动双方共同的认识领域内。尽管在像例（3）这样的会话实例中，受话者并未准确识别发话者具体所指为何,但我们并不能由此判断目标信息不属于其认识领域内,因为如果 F 没有介入进来开启新的话题,N 按照原先的思索轨迹继续搜寻并产出目标话语,受话者或许会像例(1)中的受话者一样基于其[K+]认识状态表达理解或认同等。总之,"那个什么"在会话中实施占位填充,暗示目标话语属于听说双方共同认识领域内,其本质是一种即时互动行为。换言之,"那个什么"在言者遭遇话语组织困难时,充当延缓手段并暗示对方其替代的目标信息对双方而言是可及性信息,从而为自己争取更多思维激活的时间。"那个什么"的这种互动性,在听者补位并维护言者话语权的情形中得以充分体现。

二 切换话题

话题切换是从原话题到新话题的过渡,它是一种积极能动的言语行为,往往伴随一定的技巧和方法。在会话互动中,"那个什么"就可充当此种协助言者实现话题切换的手段。通常而言,新话题虽未在先前序列被明确提出,但它存在于互动参与者共同的认识领域中,属于可被激活的共知性事件(AB-events,为 A 和 B 所共知)(Labov & Fanshel, 1977;张文贤、乐耀, 2018)。总之,对标记使用者而言,它必定是认知上可及的,如此方能奠定"那个什么"引导话题—说明序列的心理和认知基础。

考察语料发现,用作切换话题的"那个什么"往往位于首发话轮之首,这既与新话题被置于话轮起始位置更利于受到凸显和引起听者注意有关,也与互动言谈中先将话题导入确立叙述起点,而后围绕它进行述题构建,以促进话语内在连贯性有关。"那个什么"所导引的话题成分一般为有定性成分,这与话题结构的信息编排规则密不可分。

根据新旧话题之间的关系,我们可将"那个什么"所实施的话题切换行为分为内部切换和外部切换两种类型。

(一) 内部切换

内部切换是指言者借助"那个什么"将话题切换至与原话题存在认知连带关系的新话题。这一行为具体是通过"那个什么"将新话题前景化(foregrounding),即把一个不在当前状态的话题激活、放到当前状态来实现的(方梅, 2000)。如:

(4) 张小明老师

1 H: 像（.）人家本科还有这种实验语音学啊什么的这种课程（.）
2   但:（.）我们:（-）这种研究生的他没有了
3   然后就学得特别吃力（3.）
4 B: →那个什么（.）张:张小明老师是（.）这个方面的吗（话题内部切换）
5 H: 对［实验语音学他教
6 B: ［实验语音学
7 H: 然后他教现代汉语（-）
8   嗯:他是文字学的老师吧
9 B: 我也不知道
10   ［不清楚
11 H:［好像（.）文字学的老师:就是学妹（.）的导师是他（-）
12   然后他们是现现代的（-）
13   它们不是文字学分现代和（.）古代的吗

例（4）中，会话双方为研究生同学，正在谈论本院系课程设置的话题。H 以实验语音学为例向 B 述说课程内容难学的问题（第 1—3 行），随后 B 在 H 话轮尾长达 3 秒的语音停顿后接过话轮，转而谈及一位教师（第 4 行）：B 在话轮开端借助后附微停顿的"那个什么"将话题"张小明老师"前景化，即置于叙述主线上开启与对方的讨论。一方面，作为实验语音学的任课教师，该话题与先前序列中提到的"实验语音学"之间存在明显的认知连带关系；另一方面，作为发话者的同学，受话者 H 对这位老师具备与自己同等的认识权限这一点也属于发话者的预期之内。因此，H 在随后的话轮中针对 B 关于新话题的疑问句作了类型相符的肯定回应（type-conforming response, Raymond, 2003），证实了 B 在问句中所陈述的命题内容（第 5 行）。H 还在其［K+］认识状态的基础上，主动对"那个什么"所导入的话题进行扩展描述，提供更多信息（第 7—8 行）。从 B 在第 9—10 行的回应和 H 在第 11—13 行的额外输出可以看出，

第七章 复合型话语标记"那个什么"的互动功能与浮现动因　167

关于这位老师个人研究方向的相关细节，H 甚至比 B 了解更多，在认识斜坡上处于相对上位的位置。总之，在此例中，新话题不仅是交际双方的共知信息，而且还以原话题为基础得到了快速激活。因此，第 4 行的话题结构符合信息结构的编排规则，而"那个什么"在激活双方已知的并与原先话题存在认知连带关系的信息的基础上实现了话题的内部切换。

（二）外部切换

外部切换指的是言者借助"那个什么"将会话的主题转移到与当前话题毫无关联的一个新话题上，由此开启一个全新的序列。如：

（5）综艺

1 L：金莎唱歌儿嘛（.）那时候
2 H：对：（.）林（.）林俊杰的小师妹
3 L：现在好像[不怎么唱了
4 P：　　　　[现在也不出来了
5 L：对：（2.0）
6 L：→那个什么（.）你们看那个（.）那个现在那个综艺（话题外部切换）
7 　　机器人儿打架那个
8 H：机器人打架那个
9 L：就那个什么
10 H：创造101
11 L：不是（.）就：那个优酷上（.）这就是铁甲
12 H：哦：
13 L：看了没
14 H：没（.）我
15 L：就是（.）[就是那个
16 P：　　　　[我没看过
（省略 9 行：L 详细介绍该节目）
26 P：嗯：
27 H：嗯：
28 L：哇：看得好刺激啊

29 P: ((laughter))
30 L: 每个星期< <laughing> >看看可以舒缓一下压力我觉得>

例（5）中，三位会话参与者起初谈论的话题是歌手金莎，在第 5 行 L 通过带拖长音的赞同性最简反馈"对"结束了上一序列（马继红，2009）。随后，在一个长达两秒的停顿内无人发话，L 遂自选为下一话轮发话人：她在话轮首借助后附微停顿的"那个什么"导入新话题，将关于金莎的话题切换至一个机器人格斗竞技的综艺节目。新话题与原先话题并无认知连带关系，因此我们将这种话题切换视为外部切换[①]。值得注意的是，尽管"那个什么"充当话题切换手段时，说话人往往预设新导入的话题为互动双方所共知的，但在会话实例中，这种预设也可能不符合实际。如在此例中，L 通过"那个什么"导入的新话题"现在那个综艺……机器人儿打架那个"并询问受话者是否看过，却并未得到对方类型相符的肯定或否定回应，反而收到对方完整重复（full repeat）形式的修复发起行为（Robinson & Kevoe-Feldman，2010）（第 6—8 行）。随后，L 又补充告知受话者该综艺节目的具体播放平台和官方名称（第 11 行），并再次询问他们是否看过（第 13 行），得到的仍是两位受话者分别发出的明确否定回应（第 14、16 行）。于是，L 暂时放弃述题的组织，又重新对话题进行解释——通过一个讲述型长话轮详细介绍该节目的嘉宾和主要内容。在受话者发出接收标记"嗯:"后，L 才表达她对该节目的喜爱之情（第 28、30 行），而这也是她在借助"那个什么"切换话题时意欲完成的主要交际目的。

对比例（4）和例（5）的会话序列结构可见，当"那个什么"承载话题内部切换功能时，由于新引入话题与先前话题之间存在相关性，二者隶属同一个大的话题框架中，如例（4）中新引入的"张小明老师"和先前的"实验语音学课程"，一个指的是任课教师，另一个指的是课程内

[①] 值得注意的是，本例中"那个什么"在承载话题切换功能的同时，在一定程度上还兼有占位填充功能，但从两项功能所起的作用来看，前者为主，后者为次。这正反映了话语标记可同时在多个层面发挥作用的特性（Schiffrin，1987）。

容，同属"实验语音学"这一认知框架，因此两个话题间的切换属于自然的过渡；而在"那个什么"承载话题外部切换功能时，先前序列中往往存在话题完结语等明确的形式标记，标识上一序列的结束，而后发话者才借助标记语"那个什么"吸引受话人注意，双方共同转入下一话题框架，正如例（5）中，在"那个什么"导入新话题前，会话中业已产出的语音拖长的反馈标记"对"及其后的长停顿，标识着互动双方就上一序列的完结状态已达成共识。

综上，"那个什么"实施话题切换功能时，一般处于首发话轮开端位置，这也印证了郑贵友（2020）的观点：话语分布位置对话语标记功能有着直观的影响，处于话轮开始处的话语标记所承载的功能大多与切换话题、争占话语权等有关。此外，"那个什么"与所引入话题间往往还存在语音停顿，二者构成双重标记形式，凸显后续新话题，引导受话者注意。

三 引介例释

在互动言谈中，"那个什么"还可用于引介例释，即充当举例标记，协助言者借用具体的、相对容易理解的例子阐述抽象化的事物或道理，并根据需要进行深一层的解析（王琳，2016）。乐耀（2020）提出"那个"具有构建列举项的扩展功能，而附于其后的"什么"表列举，与被列举成分共同构成列举项受"那个"支配。通过考察实例发现，跨层结构"那个什么"经长期共现发生重新分析，整合成独立单位"那个什么"后，可共同承载引介例释的功能。该单位在会话中引介例释时，其后偶或存在的语音停顿也印证了它句法上的独立性。此外，"那个什么"在引介例释时，其后附的例释项往往是他/她认为对受话者而言可及的信息。

语料调查结果显示，承载引介例释功能的"那个什么"一般位于话轮中间位置，而且从序列构造角度看，这种引介行为既可发生在"被释项—例释"长话轮内，也可产生于针对上一话轮"被释项"进行"例释"的回应话轮中。"那个什么"所引例项后常有"什么的""之类的"等列举标记共现于同一话轮中，或有其他同类例项见于前后序列，与之配合构建例释结构。如：

(6) 瓜子仁

1 H： 这是什么呀
2 B： 瓜子仁儿（--）
3   小时候的梦想（.）不就是这个吗（(laughter)）
4   有人把瓜子（(laughter)）（1.0）
5   给你剥好了一粒一粒地放上来
6 H： 对对对（-）[我们
7 B：   [但是我觉得这个（1.0）
8 H： 干吗
9 B： 没有（--）没有剥（.）自己剥的好吃
10   →[它那上面好像裹了那个什么（.）面粉之类的
     （引介例释）
11 H： [它里面裹了东西
12   是吧
13 B： 不好吃

　　例（6）的对话的现场情境为：会话参与者 B 和 H 坐在桌前一边聊天一边吃零食。此时，在 H 的引发下，双方开始讨论桌上的袋装瓜子仁（第1—2行）。B 在其话轮中表达了她小时候对别人帮她剥瓜子的憧憬（第3—5行），并收到了 H 以叠连形式发出的回应"对对对"，以此表达她对对方想法的强烈认同（李先银，2016）。第7行 B 在与对方话语重叠的情况下，通过"但是"将话锋转至眼前的袋装瓜子仁，并在她上一话轮话语内容的对照下，对袋装瓜子仁作出对比性否定评价（第9行）。随后她在具体描写袋装瓜子仁的表层成分时，通过后附微停顿的"那个什么"引介例项"面粉"，为同话轮中的被释项——关于袋装瓜子仁的否定评价提供具体的论据支撑（第10行）。从话轮设计来看，被介引名词性成分"面粉"后附了列举标"之类的"，B 通过这一语法格式构建例释结构，完成对前一语调单位中评价性话语"没有自己剥的好吃"的明确解析，即用"裹了面粉"说明两种瓜子仁的差别所在。说话人在完成评价和例释行为并得到对方认同后，还作了一个会话序列完结性评价（sequence-closing assessment）"不好吃"（第13行），至此，她关于袋装瓜子仁的评价序列正式宣告完结。值得注意的是，在 B 借用"那个什么"引介例释后，H 产出的回应形式为表达独立认同（affiliation on an independent position）的"是吧"（Liu & Yao, 2021），即 H 在对方借助"那个什么"引介"面粉之类的"解释为何袋装的没有手剥的瓜子仁好吃之前，就已经独立认识到了这一点，而且 H 在第 11 行公开产出的与对方例释性话语相重叠的"它里面裹了东西"证明，她确实与对方同时认识到了袋装瓜子仁因外层裹了东西而不如手剥的好吃。由此可见，"那个什么"所引介的例释项是属于 H 的认识领域内的。因此，说话人在借助话语标记"那个什么"引介例释时通常会假设例释项为受话者认识领域内的事件或事项这一点，在本例中得到了受话者的确证。

例（6）属于"那个什么"在"被释项—例释"长话轮内协助言者解释其个人认识的情形。在自然会话中还存在言者借助"那个什么"参与互动框架，对会话中业已存在的某个论题进行回应性例释说明，形成"被释项—例释"相邻话对的情形。如：

（7）手机屏幕
1 X　　我不喜欢那种（.）头帘儿的你知道吧
2 Q　　就是头帘
3 X　　就是：它是（.）这款儿
4　　　是这样的
5 Q　　嗯
6 X：　就是有很多手机是：
7　　　[屏幕一直（.）延伸到这儿嘛
8 Q：　[哦：
9 X：　但是我就觉得那样：
10　　我是有强迫症的人
11　　我觉得那样我受不了
12 Q：→好像最新的那个什么（.）苹果 X：就是那种
　　　（例项一）
13 X：对啊：
14　　iPhone [X 包括

15 A：　　　　[我觉得看着很难受：
16 X：对啊[对啊对啊（.）对啊
17 A：[不知道为什么
18 X：VIVO X11 啊什么的　　　　　（例项二）
19　　所以我没有买（.）它们（.）<u>那种</u>款式的全面屏

例（7）中，三位会话参与者 X、Q 和 A 在面对面谈论关于手机屏幕的话题。当 X 在序列伊始提到她个人不喜欢头帘样式的屏幕时，Q 发出带句末升调的"就是头帘"，表示她并不确定 X 所说的头帘式屏幕具体是何种样式的设计，与此同时她将身体往 X 的方向靠近（观察视频可见），请求对方予以解释（第1—2行）。在对方实施告知行为（informing）——借助她的手机进行动作与口头的双重描述后，Q 最后发出带拖长音的表认识状态改变的标记词（a change-of-state token）"哦"（Heritage，1984；Wu & Heritage，2017）（第8行），类似于"这样啊"（方迪、张文贤，2020），用以标识言者对头帘（式屏幕）认识状态从未知到已知的改变。随后，在对方再次表达对头帘式屏幕的反感后，Q 基于其此时对所述屏幕具体样式的[K+]认识状态，成功进行了认知勾连——她在第12行回应性话轮的中间位置，通过后附微停顿的"那个什么"引出其认为对受话者而言可及的名词性成分"苹果 X"，以其为例项对头帘式屏幕进行扩展性示例说明，积极参与当前互动框架。从话轮设计来看，同话轮中表判断的动词短语"就是"和表类属的指代短语"那种"也证明此处"那个什么"发挥的是引介具体实例，对头帘式屏幕加以解析的作用。从受话者的反应看，Q 的例释行为得到了她们各自的双重话轮肯定（第13—17行）。随后，参与者 X 还产出了另一个例项"VIVO X11"，它与"那个什么"所引介的"苹果 X"组成平行的相关例项组合，对头帘式屏幕设计的不合理性进行补充说明和负面评价（为带对比性音节重音的类属指代短语"那种"所标识）（第18—19行）。

可见，复合型话语标记"那个什么"在承载引介例释功能时，它通常位于话轮中间位置，而且该话轮或是先陈述某一事实或作出某种评价，然后针对该事实或评价进行例释说明的扩展性长话轮，或是针对上一话轮所述事实或评价进行例释说明的回应话轮。总之，"那个什么"在这些话轮中间位置所实施的引介例释行为,从本质上来看是在延续话题,正如郑贵友(2020)所证明,处于话轮内部的话语标记往往是与话题的延续等密切相关的。

综合上文实例分析可见,"那个什么"承载占位填充、切换话题和引介例释等各功能项目时,在会话序列位置分布、共现韵律与句法标记等方面都存在各自的形式特征。具体可通过表7-2呈现如下:

表7-2　　　　"那个什么"各功能项目的形式特征

功能项目 形式特征	占位填充	切换话题		引介例释
		内部切换	外部切换	
会话序列位置	话轮首、中、尾	首发话轮首		扩展性话轮/接续话轮中
共现韵律	"嗯""呃"和语音停顿、延长	后附韵律停顿		可能后附语音停顿
句法标记	可能存在"那个""就是"等其他占位手段	先前序列存在完结标记		例项后存在列举标记/前后序列存在其他同类例项

如上表所示,会话序列位置、共现韵律和句法标记等因素不仅与"那个什么"互动功能的在线发挥密切相关,而且还构成各功能项目之间相互区别的形式特征。

在实际语用中,"那个什么"三种互动功能的使用频次存在较为显著的差异。具体分布差异如下:

表7-3　　　　"那个什么"各功能项目的出现频次(比例)

功能	占位填充	切换话题	引介例释
频次(比例)	97(70.8%)	21(15.3%)	19(13.9%)

如表7-3所示,在三个功能项目中,占位填充功能的使用频率最高,达70.8%,而切换话题和引介例释这两项功能所占比例均很低,同为15%上下。

这种分布差异性主要与三个因素相关联,一是即时言谈交际的非准备性:自然语流中的对话并非事先设计完成,言者在表述的过程中常会出现停顿或者中断等现象(Grosjean et al., 1979),因而需要显性的占位语协助占据话轮位置,为思维和语言的缓冲争取时间,以进行话轮的构建、协调或修复,可见自然会话这种话语模式本身就对占位填充语具有天然的高需求度;二是占位填充的位置分布自由性:占位填充不为特定的序列位置所限,可灵活发生于言谈交际过程中,而另两个功能项目或位于首发话轮首对话题进行切换以构建新的话题—说明序列,或位于扩展性话轮或接续话轮中对相关例项进行引介,以增释业已提出的某个问题,二者均对序列位置具有敏感性(Schegloff, 1996;姚双云,2018);三是功能之间的衍生性:占位填充与切换话题、引介例释间存在内在的联系,在特定会话序列位置实现为切换话题或引介例释的"那个什么"本质上也是为后续话题或例项实施占位,因此,占位填充功能是根本性的,其他两项功能是在其基础上衍生而来的,仅在特定位置上发挥作用。

综上,占位填充在动态的(dynamic)、在线生成的自然会话中本就是发生频率较高的言语行为,加上它相对于其他两种功能项目的位置分布自由性和功能基础性这两个因素,使它在数量上处于压倒性优势,而衍生性的切换话题和引介例释功能均受限于显著的序列位置偏好,数量分布相对较少。

第四节 "那个什么"的浮现动因

一 内部条件:语义相宜性引发的叠加与强化

"那个什么"由话语标记"那个"和"什么"组合而成,并已凝固成独立的复合型话语标记,其组合的方式为叠加(superposition)与强化(reinforcement)。关于叠加与强化及其在语法化过程中的性质和作用,Hopper 和 Traugott(1993)、Sypniewski(1996)等都曾有所论及。具体而言,"那个什么"叠加与强化的内在基础为"那个"和"什么"的语义相宜性。

首先,"那个"的基本用法为指示代词,用于指别和替代,指示距离较远的人或事物。但在实际语用中,它经常充当"找词""找话"的占位填充工具（李咸菊，2008；乐耀，2020）。言者在导入新对象时，由于思维调动不畅，新对象的具体指代形式在认知激活上存在较远距离，而"那个"可作为占位填充手段出现在现场即席会话中，以暂时替代认知距离较远的导入对象。其次，在传统语言学观念里常被认为表疑问的"什么"，在自然会话中可替代言者想说但一时又找不到准确措辞的内容（王海峰、王铁利，2003；Lee et al.，2017），是一种言者故意为之的模糊限制语（hedge）(Lakoff，1972）。可见，"那个"与"什么"具有相似性，二者都倾向于被用来指代未被成功激活的对象，而且根据"距离象似性"原则，功能或认知上接近的实体在语码层面也靠得更近。语义上的高度相宜性促成了"那个"与"什么"在语境中的高频共现：言谈互动中，当言者认为单个的"那个"表义强度不够时，就会通过叠加的羡余表达手段，在其后添加表义相似、语用适配的"什么"，以更为明确、有效的形式实现交际目的。当反复共现的"那个"与"什么"间的韵律停延逐渐缩短、消失，二者结合渐趋紧密，独立的复合型话语标记"那个什么"就浮现而成。在语料库中，我们甚至仍可见到这样的实例：言者在使用"那个"后，无法满足个人互动需求，复又输出叠加和强化的形式"那个什么"。如：

（8）拖堂
1 Y： 你知道我们后面还有（.）还有还有其他班（--）就他
        们后面就没有了（-）
2   就是那天他们是在（.）也是在[讲（--）
3 Z：   [拖（.）拖得要命 =
4 Y： =像（.）像我们这样讲这个嘛
5 Z： 嗯 =
6 Y： →=然后他们不就是那个：（1.0）不就是那个什么（--）
7   他们就一定一定一定一定要（.）讲完嘛
8 Z： 嗯 =
9 Y： =但是（1.5）但是他们就讲不完
10   然后梁川就晚上就拖到晚上十点钟（(laughter)）（1.0）
11   小淑[还整个人（XX）

12　L：　　　　［他们是晚上八点到九点四十的课是吗

例（8）中，三名学生 Y、Z 和 L 在讨论他们同学所遭遇的教师上课拖堂的情况。作为这两位同学的室友，Y 比其他两位参与者掌握更多关于其室友行踪（包括具体下课时间）的 2 类知识（Pomerantz，1980：187），因此，Y 主导会话并告知对方这门课拖堂的严重程度，而 Z 则处于专注回应的接收状态，如第 1—5 行所示。在第 6 行中，Y 开始对拖堂现象出现的原因作总结性评价，其中反复出现的唯反问结构"不就是 X"反映了言者认为后指内容具有确认性和唯一性（殷树林，2007），只是她在话语产出过程中暂时遭遇了语言组织困难：她先运用了延迟手段"那个"，甚至还后附拖长音和长达一秒的韵律停顿，在综合调用该种语言和副语言手段后，话语输出仍告失败；随后，她重启谓词性成分"不就是"，并调用了语用效果更加强化的复合型话语标记"那个什么"，在不到半秒的停顿后，开始顺利输出目标话语"一定要讲完"（第 7 行）。在下一话轮中，Y 完成了她关于教师因课程内容未完成拖堂，而拖堂的结果是内容仍完成不了的总结，并描述了她两位室友因拖堂造成的不佳状态，表达了她个人对教师拖堂的负面立场，由此终结了她主导的关于拖堂的会话序列，而另一位会话参与者 L 此时则以话语重叠的方式参与进来，发起关于课程具体时间的新序列。由此可见，与"那个"相比，形式上的叠加使得复合型话语标记"那个什么"在言谈互动中所占据的音节更多、时间更长，能够发挥的语用功能也更强，这也符合"数量象似性"原则。总之，复合型话语标记能够服务于标记使用者，传达更加清晰、有力的互动交际目的。正如本例言者 Y 在借用单纯形式的占位手段索词失败后，复又调用复合形式的占位标记，在赢取更多话语组织时间的同时，明示她对后续内容的确指性（同话轮中唯反问结构"不就是 X"和表示事理显而易见的句末语气词"嘛"也说明"那个什么"所指代的内容为说话人所熟知）和认知激活的暂缓性，直到她在同话轮中顺利产出目标话语，而这些功能皆是单纯形式的"那个"难以达成的。

由上可见，复合型话语标记"那个什么"的产生动因是语言使用者主观上为强化表达效果而将语言表达形式进行叠加使用。而内部组构成分的语义相宜性构成"那个什么"通过叠加而达到强化效果的内部条件。

二 外部条件：交互式语境对最佳关联性假设的要求

在言谈互动这种交互式语境中，言者通常会顾及听者的语境资源和认知能力，以符合最佳关联假定的方式呈现话语，而"那个什么"作为一种有标记的话语形式，被言者选用以服务于此种语用目的。

具体而言，言者在明示信息的过程中，会提供值得听者注意的具有关联性的刺激，以为其推理提供认知导向（Sperber & Wilson, 1995）。而复合型话语标记"那个什么"具备充当此种关联性刺激的条件，其调用能够保证言者明示行为传递最佳关联性。话语标记"那个"可标示元语言层面的有定性（殷树林，2009），它源自远指代词"那"，适用于言者推想其所述新对象较容易被听者辨识，即确知程度较高的语境（Tao, 1999），而且使用它还能增加显著度，使信息成为注意的焦点（沈家煊，1999）；而"什么"表借指，可临时借来替代某个对象（邵敬敏、赵秀凤，1989），并且在"保持原则"的作用下，其虚化后仍保留的原先作为疑问代词的实词特点，推动着听者的参与和思考（朱军、史沛沛，2014）；语用上的适配性使得"那个"与"什么"得以复合，充当关联性刺激，一方面明示听者目标话语是其可辨识的，另一方面促使对方积极参与识别。其本质为Goodwin（1996）所称的"指后索引词"（prospective indexical），它要求受话者参与待产出话语，寻找具体所指。如：

(9) 火车上的推销商品
1 M: 还有[别的 (.) 那种什么
2 R:　　[支架
3 L: 对对对那个[支架盒　　　（产出例项一）
4 M:　　　　　[还有就是说什么
5 R: 手机支[架　　　　　　　（修正例项一）
6 M: →　　[对就是说你说的泰国的那个什么：就是防蚊
　　　　　[虫叮咬的
　　　　　　　　　　　　　　（例项二）
7 L:　　　 [((laughter))
8 　　　　<<laughing>那种东西>

9 M: 对
10 R: 一般都是实用类的不是＝
11 M: ＝就没有碰到卖吃的啊

　　例（9）为三方参与的对话，讨论的话题为火车上推销商品的多样性。M 在第 1 行意欲产出其中一个例项进行说明，但被 R 发出的例项"支架"以及 L 对该例项的附和所打断（第 2—3 行）。随后，M 试图再次延续该例项的输出，但其中的模糊语"什么"显示她此时与在第 1 行被打断话轮时一样，仍未检索到准确的目标词（第 4 行）。在第 6 行中她又发出带拖长音的复合型话语标记"那个什么"，它一方面属于言者思索找词过程的思维外显，另一方面明示听者可参与思考，共同寻找目标词。最终，言者成功引介本话轮的信息重点——"防蚊虫叮咬的"。从话轮设计来看，同一话轮中位于"那个什么"前的"就是（说）"不但发挥标记迟疑的作用，还实施明示语境意义的功能（史金生、胡晓萍，2013；张惟、高华，2012），而关系小句类的"你说的"和名词性的"泰国的"作为双重修饰语则调节窄化了指称对象，帮助听者辨识对象所指（乐耀，2017）。由此可见，言者在输出"那个什么"前，就已经有意识地对听者的语境假设加以限制和制约，以协助听者寻找最佳关联性信息，而"那个什么"则被调用为最佳关联性刺激直接明示对方，可联系认知语境和话语信息推导具体话语所指。运用下一话轮证明程序（next turn proof procedure），我们看到在 M 尚未将指称对象产出完整前，听者 L 就已发出非音节化的笑声表达理解，随后她还通过表达类属的定指短语"那种东西"暗示其心照不宣的意会（第 7—8 行），可见作为听者她早已在指后索引词"那个什么"的协助下，结合语境假设进行认知推理，在言者输出完整的话语内容前成功完成了对象识别，随后，L 此种语言和非语言手段相结合的回应甚至还获得了 M 的肯定反馈（第 9 行）。而另一位受话者 R 则在收到 M 成功输出的例项，并结合第 5 行 R 输出的例项后，基于其自身独立认知对火车上推销的小商品作出总结性评价"一般都是实用类的不是"，这种认知独立性从附着在句尾并表示确认的情态性成分"不是"上得以体现（王世凯、张亮，2017），由此我们可以推断，M 借助"那个什么"索引的目标信息原本也是完全属于 R 认识领域内的。总之，这些接续话轮印证了"那个什么"在序列中充当最佳关联性刺激,以满足交互式语境对双方良性互动的外在需求。

可见,在言谈互动中,复合型话语标记"那个什么"主要基于言者对听者互动角色进行关照并有意识地使用标记语为其提供最佳关联性刺激而产生,这也构成"那个什么"复合和固化的外部条件。

第五节 总结

本章我们基于真实自然的会话语料,从互动视角考察了复合型话语标记"那个什么"在言谈交际中的主要功能和浮现动因。研究发现,"那个什么"在交互式会话语境中主要承载占位填充、切换话题和引介例释三项互动功能。其中占位填充功能的出现频率最高,是"那个什么"最为根本的功能,而切换话题和引介例释是在其基础上衍生而来,是"那个什么"在特定会话序列位置上浮现出的新功能。作为话语标记"那个"与"什么"以复合模式反复共现凝固而成的话语标记,"那个什么"的形成与两个因素密不可分:首先,"那个"与"什么"的语义相宜性构成"那个什么"通过叠加与强化形成的内部条件;其次,交互式语境对最佳关联性假设的要求构成该复合型话语标记浮现和固化的外部条件。

基于互动视角的研究表明,语言的规则并非潜藏于语言使用之下的纯抽象结构(Hopper, 2011),语言形式的用法研究离不开会话行为序列这一语言使用最根本的语境(Thompson et al., 2015)。此外,解读对话互动中的"传情达意",还需从参与者的认识状态及多模态角度发现其规律性(方梅、谢心阳,2021)。本章研究十分强调从话轮交替的会话序列角度描写语言单位在真实会话中实施不同互动功能时的在线表现,并借助更大的会话序列环境加以验证。这样的研究范式更易从深层揭示复合型话语标记的功能、特点与成因。当然,复合型话语标记属于互动语言学的前沿研究课题,虽然目前已有不少研究成果,但还主要集中于对英语、法语、西班牙语和加泰罗尼亚语等印欧语系语言的研究,汉语中这方面的研究尚处起步阶段。汉语里,究竟有多少复合型话语标记?其组合规律是什么?实施何种互动功能?诸如此类的问题均值得去探究。此外，本章研究只为话语标记复合共现模式的研究提供了一个互动视角的个案调查，关于话语标记并置、添加等其他共现模式下话语标记的功能发挥和组合规律等，还有许多微观甚至宏观层面的问题值得探察。

结　　语

　　本书中，我们通过理论与具体个案，系统阐释了会话互动中交际者的认识在界定特定语言成分的互动功能、参与者所完成的社会行为，以及在话轮构建和序列驱动中的重要作用。具体而言，认识（epistemics）在理论层面主要涉及认识状态与认识立场这两个概念，前者是互动者关于某件事或某一知识领域的相对知晓程度的差异，而后者则是他/她在语法上如何公开编码和表达其对所谈领域比受话者了解更多或更少，是因具体互动情境而异的，而且它与认识状态一般情况下是一致的，但也会因特定互动需求而产生偏离。例如，在表述个人观点的引发话轮中，附加问"是吧"可以协助发话者对其真实认识状态实施主观降级，以寻求受话者对观点的认同。

　　值得注意的是，在具体社会行为的识解过程中，是说话人客观的相对认识状态，而非形态句法上所表达的认识立场，在根本上决定了一个话轮是在求取信息还是实施断言（Heritage，2012b）。例如，以疑问句法形式设计的话轮，在说话人被预设为关于所谈话题处于［K－］认识状态的情况下，该话轮会被解读为信息求取行为；否则，它会被解读为"答案已知问句"（known answer question）或反问句（Heritage，2013b：386）。这一点还可通过"是吧"充当附加问表达式时，在引发话轮既可能被识别为寻求确认行为，也可能被解读为请求认同行为，而决定其行为属性的根本就在于发话者与受话者在关于所谈话题的认识斜坡上所占据位置的高低得以说明。总之，认识这一因素在社会行为的构建和归因中发挥着关键性的作用。以语法形式编码的相对认识状态，再加上语法形式和认识状态属性之间的一致和不一致，构成了说话人构建其社会行为的基础。通过参照交际双方的相对知识如何被识解的问题,"认识状态"的引入解决了社会行为如何被产出和识解的问题。听者总是利用对认识状态(谁知道什么)的假设来判断一句话是在询问还是告知。比如,两个人在打电话,一方在屋里,另一方在公园,如果说"下雨了"(语调既似问询也似断言)的一方身处屋里且刚刚睡醒,那么他/她就是在寻求信息,反之,如果产出这句话的一方身处公园,那他/她就是在进行断言(Sidnell,2015:530)。可见,对社会行为的识解始终依赖于对相对知识状态的识解,"在判断一句话是被解读为寻求信息还是进行断言时,认识状态始终胜于其他语言形式"(Heritage,2013b:384),行为构建就是认识状态与认识立场的产物。而且正如 Heritage(2012a、2012b、2013a)所指出的,认识是一套完整的社会行为秩序(an entire order of social action),它规定了一个独特而严格的研究模式来调查"人们如何不断地调整自身在认识秩序中的位置"(Heritage,2008:309)。因此,在对语法现象进行会话分析和互动研究时,我们应对认识状态的问题给予足够重视,因为只有在具体会话实例的分析过程中回答认识状态是如何被识解的问题,我们才能真正系统认识社会行为的构建和归因过程。

此外,序列位置对语言形式互动功能,尤其是它所反映的言者认识定位的解读是至关重要的。如当"好吧"位于他启他修的回应话轮中时,它协助说话人基于更高的认识地位和认识权威,调节对方在上一话轮所陈述或表达的某种认识(包括命题内容、话语的预设或观点等)。而当"好吧"出现在序列结束第三位置时,它表示说话人将自身置于关于目标知识或经验的较低认识地位,针对上一话轮中某种违预期的回应作出妥协反馈。可见,序列位置对语言形式互动功能,尤其是它所反映的言者认识定位的解读是至关重要的。

认识状态、认识立场的管理与相邻话对一起,共同构成会话序列发展的一个组织原则。换言之,序列发展并非完全通过相邻话对的前件决定相关后件的选取来实现,而是深受交际者对其认识状态与认识立场的组织与表达的影响。认识管理是分析会话序列组织时必须考虑的一个重要因素,因为互动参与者之间的相对认识状态及其状态的不平衡是可以解释序列和序列扩展的重要资源,甚至如 Heritage(2012b)所言,互动双方之间的认识不平衡就像一个引擎,驱动着会话序列向前发展。具体而言，表达［K-］立场的相邻话对前件是在请求［K+］参与者进行详述并从他/她那里获取信息，从而引发告知或讲述性的后件，与之相对，［K+］立场的表达则往往是在实施讲述或告知，引发［K-］参与者回应性后件的产出或就此终结序列。正如"是吧"位于第二位置话轮中时，实施的是请求对方提供更多信息的［K-］立场的表达，从而驱动序列的扩展；而当其位于第三位置话轮时，传达的是驱动序列终结的［K+］立场。概言之，在认识驱动的作用下，旨在纠正互动双方认识不均衡的相邻话对有序产生，推动序列的开启和发展；而当双方从［K+］/［K-］的相对状态调整为［K+］/［K+］的相对状态时，互动序列就会自然衰退和终结。可见，认识驱动才是相邻话对和序列组织产生和发展的深层机制和根本动力。

在这些理论基础之上，本书以汉语自然会话中表征认识意义各层面的典型语言单位为调查对象，将语言形式与话语分布、互动功能结合起来，刻画了会话互动过程中主体相对认识状态及其表达过程，系统揭示了认识状态及其相关机制作为互动交际的驱动因素，在汉语口语语法现象形成过程及行为塑造中的根本作用。

本书证明了认识理论是揭示会话互动中特定语言形式深层功能的有效方案，同时也为汉语口语语法相关现象的研究提供了较为完善和合理的认识理论框架。

第一，以叹词性回应标记"哦"和"啊"为例，以往对叹词语义语用的分析往往没有结合话轮和序列语境考察互动主体的相对认识状态，导致叹词在会话互动中的具体含义看似空灵且难以把握。但在认识理论的研究框架下，我们有效地抓住了它们表达认识状态变化的核心功能。而且这种状态变化的表达强烈依赖序列中的回应位置，如"哦"和"啊"在该序列位置上均存在表达从［-知晓］到［+知晓］的状态变化、从［-识解］到［+识解］的状态变化和充当对信息的启下型接收等多种功能变体，这些功能变体属于序列位置这一外在的语法分布因素和认识状态这一内在的心理认知因素双重作用的产物。

第二，典型的附加问表达式"是吧"被纳入认识理论的研究框架后，我们发现它在会话互动中不仅具备请求确认的基本交互功能，还在该功能的基础上发展出了寻求认同的交互主观性功能，而互动双方相对认识状态的转变是后者的衍生动因。此外，在回应序列中，"是吧"还浮现出了继续型新信息接收标记和独立认同标记的用法，前者在第二位置明示说话人认识状态改变的同时，鼓励对方继续其告知行为，而后者在第三位置暗示说话人与对方立场一致，且该立场是在其自身独立认知基础上业已形成的，并非在对方上一话轮的引发下形成的。

第三，汉语会话互动中另一常见的附加疑问结构兼应答结构"好吧"，在表示对具体行为事件相关联的征询或允准义之外，还衍生出与动作和行为的施行无关的元话语标记功能，而这些新兴功能的本质在认识理论的框架下能够得到较好的归纳与解释。首先，处于序列第三位置的"好吧"，其让步义的实质是发话者在承认对方处于认识斜坡更高位置的基础上，对特定事实、状态或观点的[K-]认识立场表达；其次，处于序列第二位置末尾处的"好吧"，则协助发话者将自身置于更高的认识权威地位，实施对命题真值确信度较高的认识立场表达，以引导受话者对其所附内容予以注意甚至进行认知调节。这两个功能变体在序列位置分布上处于互补状态，一个充当认识立场降级标记，另一个充当认识立场升级标记，共同发挥认识立场调节的功用。

第四，汉语口语中典型的复合型话语标记"那个什么"，在会话互动中可承载占位填充、切换话题和引介例释等多项互动功能，在这些功能框架下均存在发话者暂未激活的目标信息，而这些待激活的信息（包括待引入的话题和例释）无一例外均归属于听说双方共同的认识领域。一方面，"那个什么"属于发话者思索找词过程的思维外显；另一方面，它还明示受话者可参与互动框架，与发话者一同寻找目标词。可见，"那个什么"本质上是一个认识均衡标记语，对该标记多功能表象下认识属性的揭示属于倚赖认识理论框架来探析语言单位核心功能的成功典范。

综上可见，将语言形式置于认识理论的框架中加以审视，结合社会行为和交际互动因素探讨其功能本质及其浮现条件，一方面为汉语传统语法研究中一些常见语言现象（如叹词"哦"和"啊"的回应功能、附加疑问式"是吧"的基本用法）的研究带来了新的视角并在关于其本质的揭示上取得突破，另一方面在深化我们对语言形式在会话互动中所浮现惯例（如"好吧"的元话语标记用法、"是吧"的扩展用法以及"那个什么"的复合型话语标记用法）认识的同时，还兼顾了对语言事实解释的一致性和系统性。认识理论作为一个互动研究的框架，其本身包含多角度、多层面的内容，如认识状态变化的表达、对认识立场的升级或降级、认识均衡状态的明示和认识独立性的强调等。因此，认识理论为汉语口语语法现象的研究提供了较为完备的分析框架，该框架透过本书个案研究中关于典型口语语法现象的描写和解释可见一斑。此外，认识因素作为会话互动中主体内在的心理认知机制，与序列位置共同发挥作用，对语言形式及其互动功能产生了根本性的塑造意义。认识状态与序列位置就像是纵横两个坐标轴，研究者以其为基准对语言形式及其社会行为进行定位、描写和解释。

但是，在语言事实的描写过程中，我们对语言形式在具体互动语境中语音—韵律方面的表现关注较少，事实上，韵律特征也是除序列位置和认识状态等因素外，我们赖以区分特定形式不同功能变体的重要抓手。尤其是诸如"啊"和"哦"之类的叹词型回应标记，对其在话轮和序列语境中语义语用的分析往往不能忽略其具体的语音—韵律表现。序列中意义功能的解读、语音—韵律特征、序列分布和主体认识状态等因素都应该结合在一起，在具体问题的探析过程中相互印证。因此，今后在关于互动交谈中语言现象的研究中，我们将更加注重利用专业化手段（如语音分析软件 Praat 等）对语言形式韵律特征进行分析，并综合考察上述各因素之间的关联性，充分描写不同功能变体框架中互动主体内在认识的外在形式表征，力求在展示互动中语言使用真实面貌的同时，更加接近语法现象和互动交谈的本质。

参考文献

曹佳鸿、张文贤:《自然口语中"怎么"和"为什么"互动功能的对比分析》,《海外华文教育》2020 年第 1 期。

曹秀玲:《从主谓结构到话语标记——"我/你 V"的语法化及相关问题》,《汉语学习》2010 年第 5 期。

程朝阳:《""是吧?/!"在司法调解中的语用功能研究——以北京燕山法院的三个调解实例为基础》,《修辞学习》2006 年第 4 期。

董秀芳:《来源于完整小句的话语标记"我告诉你"》,《语言科学》2010 年第 3 期。

方迪:《互动视角下的汉语口语评价表达研究》,中国社会科学院研究生院 2018 年版。

方迪、张文贤:《"这样""这样啊""这样吧"的话语功能》,《汉语学报》2020 年第 4 期。

方迪:《"这话说的"的负面评价立场表达功能及其形成动因》,《语言教学与研究》2019 年第 6 期。

方梅、李先银、谢心阳:《互动语言学与互动视角的汉语研究》,《语言教学与研究》2018 年第 3 期。

方梅、谢心阳:《汉语对话中问句的解读——以反问句和陈述式问句为例》,《汉语学报》2021 年第 1 期。

方梅:《自然口语中弱化连词的话语标记功能》,《中国语文》2000 年第 5 期。

房玉清:《实用汉语语法》,北京语言学院出版社 1992 年版。

高华、张惟:《汉语附加问句的互动功能研究》,《语言教学与研究》2009

年第 5 期。

郭风岚：《北京话话语标记"这个"、"那个"的社会语言学分析》，《中国语文》2009 年第 5 期。

黄国文：《语篇分析概要》，湖南教育出版社 1988 年版。

乐耀：《汉语会话交际中的指称调节》，《世界汉语教学》2017 年第 1 期。

乐耀：《指示与非指示：汉语言谈交际中"那个"的用法》，《语言教学与研究》2020 年第 1 期。

李咸菊：《自然口语话语标记"嗯""啊""哎""呃"探析》，《北京化工大学学报》（社会科学版）2019 年第 2 期。

李先银：《话语否定与话语否定标记"你看你"》，《南开语言学刊》2016 年第 1 期。

李先银、石梦侃：《合作还是抵抗：汉语自然会话中的话语交叠》，《汉语学报》2020 年第 1 期。

李先银：《自然口语中的话语叠连研究——基于互动交际的视角》，《语言教学与研究》2016 年第 4 期。

李咸菊：《北京话话语标记"是不是""是吧"探析》，《语言教学与研究》2009 年第 2 期。

李咸菊：《北京口语常用话语标记研究》，博士学位论文，北京语言大学，2008 年。

李晓婷：《多模态互动与汉语多模态互动研究》，《语言教学与研究》2019 年第 4 期。

梁丹丹：《会话中"对吧"的语用功能》，《修辞学习》2006 年第 1 期。

刘红原、姚双云：《复合型话语标记"那个什么"的互动功能与浮现动因》，《语言研究》2022 年第 2 期。

刘娟娟：《微博中话语标记"好吧"研究》，硕士学位论文，华中师范大学，2013 年。

刘丽艳：《话语标记"你知道"》，《中国语文》2006 年第 5 期。

刘丽艳：《作为话语标记的"这个"和"那个"》，《语言教学与研究》2009 年第 1 期。

刘娅琼：《现场讲解中用于交互的句尾"了"》，《中国语文》2016 年第 6 期。

刘娅琼：《现代汉语会话中的反问句研究》，学林出版社2014年版。

刘焱：《话语标记语"对了"》，《云南师范大学学报》（对外汉语教学与研究版）2007年第5期。

刘月华：《实用现代汉语语法》，商务印书馆2001年版。

卢勇军：《互动视角下附加问句的信息类型、认识立场与交互功能——以标记为"是不是/是吧"的附加问句为例》，《语言教学与研究》2020年第6期。

吕叔湘：《现代汉语八百词》，商务印书馆1980年版。

吕叔湘：《现代汉语八百词（增订本）》，商务印书馆1999年版。

马继红：《会话风格的性别模式研究》，博士学位论文，解放军外国语学院，2009年。

齐沪扬、胡建锋：《试论负预期量信息标记格式"X是X"》，《世界汉语教学》2006年第2期。

权彤、于国栋：《中日"知识优先"评价比较研究——以话语标记"我跟你讲"和"よ"为例》，《科学技术哲学研究》2014年第3期。

饶宏泉：《"来着"的认识定位与情态功能》，《语言教学与研究》2019年第4期。

饶宏泉、李宇明：《儿童互动中的评价表达与知识构建——以4岁汉语儿童的个案研究为例》，《语言文字应用》2021年第4期。

邵敬敏：《现代汉语疑问句研究》，华东师范大学出版社1996年版。

邵敬敏、赵秀凤：《"什么"非疑问用法研究》，《语言教学与研究》1989年第1期。

邵敬敏、朱晓亚：《"好"的话语功能及其虚化轨迹》，《中国语文》2005年第5期。

沈家煊：《复句三域"行、知、言"》，《中国语文》2003年第3期。

沈家煊：《转指和转喻》，《当代语言学》1999年第1期。

石毓智、李讷：《汉语语法化的历程——形态句法发展的动因和机制》，北京大学出版社2001年版。

史金生、胡晓萍：《"就是"的话语标记功能及其语法化》，《汉语学习》2013年第4期。

孙德宣：《助词和叹词》，上海教育出版社1985年版。

田咪、姚双云：《自然会话中"对吧"的互动功能》，《汉语学习》2020年第3期。

田婷：《讲述行为与"对"的序列结束功能》，《语言教学与研究》2021年第6期。

完权：《话题的互动性——以口语对话语料为例》，《语言教学与研究》2021年第5期。

王海峰、王铁利：《自然口语中"什么"的话语分析》，《汉语学习》2003年第2期。

王力：《中国现代语法》，商务印书馆1943年版。

王琳：《现代汉语中的列举系统及形式标记》，《汉语学习》2016年第4期。

王世凯、张亮：《句尾"不是"的来源、功能及其词汇化》，《语言教学与研究》2017年第6期。

王双成：《接触与共性：西宁方言方位词的语法化》，《语言科学》2020年第2期。

王伟：《试论现代汉语口语中"然后"一词的语法化》，《北京第二外国语学院学报》2004年第4期。

吴平：《汉语会话中的反馈信号》，《当代语言学》2001年第2期。

谢心阳：《多模态资源与汉语口语中陈述式问句的解读》，《当代修辞学》2021年第3期。

谢心阳：《汉语自然口语是非疑问句和特殊疑问句的无标记回应》，《世界汉语教学》2018年第3期。

熊子瑜、林茂灿：《"啊"的韵律特征及其话语交际功能》，《当代语言学》2004年第2期。

徐盛桓：《疑问句探询功能的迁移》，《中国语文》1999年第1期。

徐阳春：《疑问句的语义、语用考察》，《汉语学习》2003年第4期。

许家金：《汉语自然会话中话语标记"那（个）"的功能分析》，《语言科学》2008年第1期。

许家金：《青少年汉语口语中话语标记的话语功能研究》，外语教学与研究出版社2009年版。

姚双云：《口语中的连词居尾与非完整复句》，《汉语学报》2018年第

2 期。

姚双云、刘红原：《汉语会话互动中的话题结构》，《当代修辞学》2020 年第 6 期。

姚双云、田咪：《自然会话中"是吧"的互动功能及其认识状态》，《语言教学与研究》2020 年第 6 期。

殷树林：《"不就是 VP"反问句的句意类型》，《安庆师范学院学报》（社会科学版）2007 年第 2 期。

殷树林：《话语标记"这个"、"那个"的语法化和使用的影响因素》，《外语学刊》2009 年第 4 期。

于春：《汉语话语标记"好了"研究》，硕士学位论文，吉林大学，2013 年。

张斌：《新编现代汉语》，复旦大学出版社 2017 年版。

张伯江：《疑问句功能琐议》，《中国语文》1997 年第 2 期。

张国宪：《现代汉语形容词功能与认知研究》，商务印书馆 2006 年版。

张惟、高华：《自然会话中"就是"的话语功能与语法化研究》，《语言教学与研究》2012 年第 1 期。

张文贤：《从会话序列看"怎么"问句的解读》，《语言教学与研究》2021 年第 1 期。

张文贤、乐耀：《汉语反问句在会话交际中的信息调节功能分析》，《语言科学》2018 年第 2 期。

张文贤、李先银：《互动交际中的认识权威表达——以"我跟你说"为例》，《当代修辞学》2021 年第 6 期。

赵敏：《叹词"啊"的预期性感叹表达》，《宁夏大学学报》（人文社会科学版）2021 年第 2 期。

赵元任：《汉语口语语法》，商务印书馆 1979 年版。

郑贵友：《影响汉语话语标记功能表达的三个形式因素》，《汉语学习》2020 年第 2 期。

郑娟曼：《从互动交际看"好吧"的妥协回应功能》，《当代修辞学》2018 年第 4 期。

周士宏：《从序列位置与认识不对称看问、答行动中"吧"的立场表达》，《世界汉语教学》2022 年第 3 期。

周士宏：《东北方言的"嚎"与"嚎字句"——结构层次与认识立场》，

《外国语》2020 年第 5 期。

朱军、史沛沛:《"那什么"的话语功能》,《当代修辞学》2014 年第 1 期。

诸允孟、洪波:《再论疑问范畴与否定范畴间的关系》,《汉语学报》2018 年第 3 期。

Aikhenvald Alexandra Y, *Evidentiality*, OUP Oxford, 2004.

Allwood Jens, *Feedback and Language Acquisition* (Vol. 68). University of Gothenburg, Dept. of Linguistics, 1993.

Anderson Lloyd B, "Evidentials, paths of change, and mental maps: typologically regular asymmetries", In Wallace L. Chafe & Johanna Nichols (eds.). *Evidentiality: The Linguistic Coding of Epistemology*, Ablex, 1986, pp. 273 – 312.

Aston Guy, "Ah: A corpus-based exercise in conversational analysis", In J. Morley & A. Partington (eds.). *Spoken discourse. Phonetics theory and practice*. Camerino, Italy: University of Camerino Press, 1986, pp. 123 – 137.

Beach Wayne A, "Transitional regularities for 'casual' 'Okay' usages", *Journal of Pragmatics*, Vol. 19, No. 4, 1993, pp. 325 – 352.

Berger Peter L & Thomas Luckmann, *The social construction of reality: a treatise in the sociology of knowledge*. New York: Doubleday & Co, 1966.

Betz Emma & Andrea Golato Betz, "Remembering relevant information and withholding relevant next actions: the German token achja". *Research on Language and Social Interaction*, Vol. 41, No. 1, 2008, pp. 58 – 98.

Bolinger Dwight, *Interrogative Structures of American English*. Tuscaloosa, AL: University of Alabama Press, 1957.

Brinton Laurel & Elizabeth C. Traugott, *Lexicalization and Language Change*. Cambridge University Press, 2005.

Bybee Joan L, *Morphology: A study of the relation between meaning and form* (Vol. 9). John Benjamins Publishing, 1985.

Bybee Joan L., Revere Dale Perkins & William Pagliuca, *The Evolution of Grammar: Tense, Aspect, and Modality in the Languages of the World*. Chicago: The University of Chicago Press, 1994.

Chafe Wallace L. & Johanna Nichols, *Evidentiality: The linguistic coding of epistemology.* Norwood, NJ: Ablex, 1986.

Chao Yuen-Ren, *A Grammar of Spoken Chinese.* Berkeley: University of California Press, 1968.

Clark Herbert H. & Susan E. Haviland, "Comprehension and the given-new contract", In Freedle RO (ed.) *Discourse Production and Comprehension.* Hillsdale, NJ: Lawrence Erlbaum Associates, 1977, pp. 1–40.

Clift Rebecca, "Who knew? A view from linguistics", *Research on Language and Social Interaction*, Vol. 45, No. 1, 2012, pp. 69–75.

Couper-Kuhlen Elizabeth, *English speech rhythm: form and function in everyday verbal interaction.* Amsterdam: Benjamins, 1993.

Couper-Kuhlen Elizabeth & Margret Selting, *Interactional Linguistics: Studying Language in Social Interaction.* Cambridge: Cambridge University Press, 2018.

Couper-Kuhlen Elizabeth & Margret Selting, "Introducing interactional linguistics", In M. Selting & E. Couper-Kuhlen (eds.). *Studies in Interactional Linguistics.* Amsterdam/Philadelphia: John Benjamins Publishing Company, 2001, p. 122.

Crible Ludivine, *Discourse Markers and (Dis)fluency. Forms and Functions across Languages and Registers.* Amsterdam: John Benjamins, 2018.

Crismore Avon, *Talking with Readers: Metadiscourse as Rhetorical Act* (Vol. 17). Peter Lang Pub Incorporated, 1989.

Cuenca Maria Josep & Ludivine Crible, "Co-occurrence of discourse markers in English: From juxtaposition to composition", *Journal of Pragmatics*, Vol. 140, 2019, pp. 171–184.

Cuenca Maria-Josep & Maria-Josep Marín, "Co-occurenceo of discourse markers in Catalan and Spenish oral narrative", *Journal of Pragmatics*, Vol. 41, No. 5, 2009, pp. 899–914.

Dahl Östen, "Grammaticalization and the life cycles of constructions". *RASK-Internationalt tidsskrift for sprog og kommunikation*, Vol. 14, 2001, pp. 91–134.

Drake Anna Veronika, Drake, "Indexing uncertainty: The case of turn-final or", *Research on Language and Social Interaction*, Vol. 48, No. 3, 2015, pp. 301 – 318.

Drake Anna Veronika, *Turn-final or in English: A Conversation Analytic Perspective.* Unpublished PhD thesis, University of Wisconsin-Madison, 2013.

Drew Paul, "What drives sequences?", *Research on Language & Social Interaction*, Vol. 45, No. 1, 2012, pp. 61 – 68.

Edwards Derek, "Extreme case formulations: softeners, investment, and doing nonliteral", *Research on Language and Social Interaction*, Vol. 33, No. 4, 2000, pp. 347 – 73.

Emmertsen Sofie & Trine Heinemann, "Realization as a device for remedying problems of affiliation in interaction", *Research on Language and Social Interaction*, Vol. 43, No. 2, 2010, pp. 109 – 132.

Enfield Nick J., Penelope Brown & Jan P. De Ruiter, "Epistemic dimensions of polar questions: Sentence-final particles in comparative perspective", In J. P. de Ruiter (ed.) *Questions: Formal, functional and interactional perspectives.* Cambridge: Cambridge University Press, 2012, pp. 193 – 221.

Filipi Anna & Roger Wales, "Differential uses of okay, right, and alright, and their function in signaling perspective shift or maintenance in a map task", *Semiotica*, Vol. 147, No. 1/4, 2003, pp. 429 – 455.

Ford Cecilia E., *Grammar in Interaction.* Cambridge: Cambridge University Press, 1993.

Fox Barbara A., "Introduction", In Amiridze, Nino, Boyd H. Davis and Margaret Maclagan (eds.), *Fillers, Pauses and Placeholders, Typological Studies in Language* Vol. 93. Amsterdam and Philadelphia: John Benjamins Publishing House, 2010, pp. 1 – 8.

Fox Barbara A., Sandra A. Thompson, Cecilia E. Ford & Elizabeth Couper-Kuhlen, "Conversation analysis and linguistics", In Jack Sidnell & Tanya Stivers (eds.) *The Handbook of Conversation Analysis.* West Sussex, UK: Wiley-Blackwell Publishing Ltd., 2013, pp. 726 – 740.

Fox Barbara A. & Sandra A. Thompson, "Responses to wh-questions in English conversation", *Research on Language and Social Interaction*, Vol. 43, No. 2, 2010, pp. 133 – 56.

Fraser Bruce, "Combinations of contrastive discourse markers in English", *International Review of Pragmatics*, Vol. 5, 2013, pp. 318 – 340.

Fraser Bruce, "Conversational mitigation", *Journal of Pragmatics*, Vol. 4, No. 4, 1980, pp. 341 – 350.

Fraser Bruce, "The combining of Discourse Markers-A beginning", *Journal of Pragmatics*, Vol. 86, 2015, pp. 48 – 53.

Gardner Rod, *When Listeners Talk: Response Tokens and Listener Stance* (Vol. 92). Amsterdam, The Netherlands/Philadelphia, PA: Benjamins, 2002.

Garfinkel Harold, *Studies in Ethnomethodology*. Englewood Cliffs, NJ: Prentice-Hall, 1967.

Givón Talmy, "The Speech-act Continuum", In Chisholm Jr., W. S. et al. (eds.) *Interrogativity: A Colloquium on the Grammar, Typology, and Pragmatics of Questions in Seven Diverse Languages*. Amsterdam: John Benjamins, 1984, pp. 245 – 254.

Glenn Phillip, *Laughter in Interaction*. Cambridge: Cambridge University Press, 2003.

Goffman Erving, "The neglected situation", *American Anthropologist*, Vol. 66, No. 6, 1964, pp. 133 – 136.

Goffman Erving, "The territories of the self", In Goffman E (ed.) *Relations in Public*. New Brunswick, NJ: Transaction, 1971, pp. 28 – 61.

Golato Andrea & Emma Betz, "German ach and achso in repair uptake: resources to sustain orremove epistemic asymmetry", *Zeitschrift für Sprachwissenschaft*, Vol. 27, No. 1, 2008, pp. 7 – 37.

Golato Andrea, "German oh: Marking an emotional change of state". *Research on Language and Social Interaction*, Vol. 45, No. 3, 2012, pp. 245 – 268.

Golato Andrea, "Marking understanding versus receipting information in talk: Achso and ach in German interaction", *Discourse Studies*, Vol. 12, No. 2, 2010, pp. 147 – 176.

Goodwin Charles, "Audience diversity, participation and interpretation", *Text*,

Vol. 6, No. 3, 1986a, pp. 283 – 316.

Goodwin Charles, "Between and within: Alternative sequential treatments of continuers and assessments", *Human Studies*, Vol. 9, No. 2/3, 1986b, pp. 205 – 218.

Goodwin Charles, "The interactive construction of a sentence in natural conversation", In G. Psathas (ed.), *Everyday language: Studies in ethnomethodology*, New York, NY: Irvington Publishers, 1979, pp. 97 – 121.

Goodwin Charles, "Transparent vision", In Elinor Ochs, Emanuel A. Schegloff and Sandra A. Thompson (eds.) *Interaction and Grammar*, New York: Cambridge University Press, 1996, pp. 370 – 404.

Grosjean Francois, Lysiane Grosjean & Harlan Lane, "The patterns of silence: Performance structures in sentence production", *Cognitive Psychology*, Vol. 11, 1979, pp. 58 – 81.

Haakana Markku & Salla Kurhila, "Other-correction in everyday interaction: some comparativeaspects", *Talk in interaction: Comparative dimensions*, 2009, pp. 152 – 179.

Hayano Kaoru, "Claiming epistemic primacy: *yo*-marked assessments in Japanese", In T. Stivers, L. Mondada, & J. Steensig (eds.) *The morality of knowledge in conversation*, Cambridge: Cambridge University Press, 2011, pp. 58 – 81.

Hayano Kaoru, *Territories of Knowledge in Japanese Interaction* (Unpublished doctoral dissertation). Max Planck Institute for Psycholinguistics, Nijmegan, The Netherlands, 2012.

Hayashi Makoto, "Joint turn construction through language and the body: Notes on embodiment in coordinated participation in situated activities", *Semiotica*, Vol. 156, 2005, pp. 21 – 53.

Heine Bernd & Tania Kuteva, "Contact and grammaticalization", In Hickey Raymond (ed.) *The Handbook of Language Contact*, Oxford: Wiley-Blackwell, 2010, pp. 86 – 105.

Heine Bernd & Tania Kuteva, *Language Contact and Grammatical Change*. Cambridge University Press, 2005.

Heine Bernd & Tania Kuteva, "On contact-induced grammaticalization". *Studies in Language. International Journal sponsored by the Foundation "Foundations of Language"*, Vol. 27, No. 3, 2003, pp. 529–572.

Heinemann Trine, "Registering revision: the reduplicated Danish change-of-state token nå", *Discourse Studies*, Vol. 18, No. 1, 2015, pp. 44–63.

Heinemann Trine, "Two answers to inapposite inquiries", In J. Sidnell (ed.). *Conversation Analysis: Comparative Perspectives.* Cambridge: Cambridge University Press, 2009, pp. 159–186.

Hepburn Alexa & Jonathan Potter, "Interrogating tears: Some uses of 'tag questions' in a child protection helpline", In Alice Freed and Susan Ehrlich (eds.) *Why Do You Ask?: The function of questions in institutional discourse*, Oxford: Oxford University Press, 2010, pp. 69–86.

Heritage John, "A change-of-state token and aspects of its sequential placement", In M. Atkinson & J. Heritage (eds.) *Structures of Social Action.* Cambridge: Cambridge University Press, 1984a, pp. 299–345.

Heritage John, "Action formation and its epistemic (and other) backgrounds". *Discourse Studies*, Vol. 15, 2013a, pp. 551–578.

Heritage John, "Beyond and behind the words: Some reactions to my commentators". *Research on Language and Social Interaction*, Vol. 45, 2012c, pp. 76–81.

Heritage John, "Cognition in discourse", In Te Molder H and Potter J (eds.) *Conversation and Cognition.* Cambridge: Cambridge University Press, 2005, pp. 184–202.

Heritage John, "Conversation analysis as social theory", In Turner B (ed.) *The New Blackwell Companion to Social Theory.* Oxford: Wiley-Blackwell, 2008, pp. 300–320.

Heritage John, "Epistemics in action: Action formation and territories of knowledge", *Research on Language and Social Interaction*, Vol. 45, 2012a, pp. 1–29.

Heritage John, "Epistemics in conversation", In: Sidnell J and Stivers T (eds.) *The Handbook of Conversation Analysis.* Oxford: Blackwell, 2013b, pp. 370 – 394.

Heritage John, *Garfinkel and Ethnomethodology*. Cambridge: Polity Press, 1984b.

Heritage John & Geoffrey Raymond, "Navigating epistemic landscapes: Acquiescence, agency and resistance in responses to polar questions", *Questions: Formal, functional and interactional perspectives*, 2012, pp. 179 – 192.

Heritage John & Geoffrey Raymond, "The terms of agreement: Indexing epistemic authority and subordination in assessment sequences", *Social Psychology Quarterly*, Vol. 68, No. 1, 2005, pp. 15 – 38.

Heritage John, "Oh-prefaced responses to assessments: a method of modifying agreement/disagreement", In Cecilia E. Ford, Barbara A. Fox and Sandra A. Thompson(eds.) *The language of turn and sequence*. New York: Oxford University Press, 2002a, pp. 196 – 224.

Heritage John, "Oh-prefaced responses to inquiry", *Language in society*, Vol. 27, No. 3, 1998, pp. 291 – 334.

Heritage John, "Questioning in medicine", In Freed AF and Ehrlich S (eds.) *Why Do You Ask?: The Function of Questions in Institutional Discourse*. New York: Oxford University Press, 2010, pp. 42 – 68.

Heritage John, "The epistemic engine: Sequence organization and territories of knowledge". *Research on Language and Social Interaction*, Vol. 45, 2012b, pp. 30 – 52.

Heritage John, "Turn-initial position and some of its occupants", *Journal of Pragmatics*, Vol. 57, 2013c, pp. 331 – 337.

Holmes Janet, "The function of tag questions", *English Language Research Journal*, Vol. 3, 1982, pp. 40 – 65.

Hopper Paul & Elizabeth Traugott, *Grammaticalization*. Cambridge: Cambridge University Press, 1993.

Hopper Paul, "Emergent grammar and temporality in interactional linguistics", *Constructions: Emerging and emergent*, 2011, pp. 22 – 44.

Hopper Paul, "Emergent Grammar", In *Annual Meeting of the Berkeley Linguistics Society*, Vol. 13, 1987, pp. 139 – 157.

Hsieh Chen-Yu Chester, "From turn-taking to stance-taking: Wenti-shi '(the) thing is' as a projector construction and an epistemic marker in Mandarin conversation", *Journal of Pragmatics*, Vol. 127, 2018, pp. 107 – 124.

Hutchby Ian & Robin Wooffitt, *Conversation analysis: principles, practices and applications*. Cambridge: Polity Press, 1998.

Hyland Ken & Polly Tse, "Metadiscourse in academic writing: A reappraisal", *Applied Linguistics*, Vol. 25, No. 2, 2004, pp. 156 – 177.

Kamio Akio, *Territory of Information*. Amsterdam: John Benjamins, 1997.

Kasterpalu Riina & Tiit Hennoste, "Estonian aa: A multifunctional change-of-state token", *Journal of Pragmatics*, Vol. 104, 2016, pp. 148 – 162.

Keevallik Leelo, "The terms of not knowing", In T. Stivers, L. Mondada, & J. Steensig (eds.), *The morality of knowledge in conversation*, Cambridge, England: Cambridge University Press, 2011, pp. 184 – 206.

Keisanen Tiina, *Patterns of stance-taking: negative yes/no interrogatives and tag questions in American English conversation.* (PhD), University of Oulu, 2006.

Kendrick Kobin H, "Adjusting epistemic gradients: The final particle ba in Mandarin Chinese conversation", *East Asian Pragmatics*, Vol. 3, No. 1, 2018, pp. 5 – 26.

Kern Friederike & Margret Selting, "Conversation analysis and interactional linguistics". In Carol A. Chapelle (eds.) *The Encyclopedia of Applied Linguistics*, Oxford: Wiley-Blackwell, 2012, pp. 1012 – 1016.

Kimps Ditte, "Declarative constant polarity tag questions: a data-driven analysis of their form, meaning and attitudinal uses". *Journal of Pragmatics*, Vol. 39, No. 2, 2007, pp. 270 – 291.

Kimps Ditte, Kristin Davidse & Bert Cornillie, "A speech function analysis of tag questions in British English spontaneous dialogue". *Journal of Pragmatics*, Vol. 66, 2014, pp. 64 – 85.

Koivisto Aino, "Dealing with ambiguities in informings: Finnish aijaa as a "neutral" news receipt", *Research on language and social interaction*, Vol. 48, No. 4, 2015b, pp. 365 – 387.

Koivisto Aino, "Displaying now-understanding: the Finnish change-of-state token aa", *Discourse Processes*, Vol. 52, No. 2, 2015a, pp. 111 – 148.

Koivisto Aino, "On the preference for remembering: acknowledging an answer with Finnish AiNii(n) ('Oh that's right')", *Research on Language and Social Interaction*, Vol. 46, No. 3, 2013, pp. 227 – 297.

Kreuz Roger J. , Kassler M. A. , Coppenrath L. & Allen B. M. , "Tag questions and common ground effects in the perception of verbal irony", *Journal of Pragmatics*, Vol. 31, No. 12, 1999, pp. 1685 – 1700.

Labov Wiliam & David Fanshel, *Therapeutic discourse: Psychotherapy as conversation*. Cambridge: Academic Press, 1977.

Lakoff Robin, "The Pragmatics of Modality". In P. M Peranteau et al. (eds.), *Papers from the Eight Regional Meeting*, Chicago: Chicago Linguistic Society, 1972, pp. 229 – 246.

Laury Ritva, Marja Etelämäki & Elizaberth Couper-Kuhlen, "Introduction. Special Issue: Approaches to Grammar for Interactional Linguistics", *Pragmatics*, Vol. 24, No. 3, 2014, pp. 435 – 452.

Lee Heeju, Danjie Su & Hongyin Tao, "A crosslinguistic study of some extended uses of what-based interrogative expressions in Chinese, English, and Korean", *Chinese Language and Discourse*, Vol. 8, 2017, pp. 137 – 173.

Lerner Gene H. , "On the syntax of sentences-in-progress", *Language in Society*, Vol. 20, No. 3, 1991, pp. 441 – 458.

Levinson Stephen C. , "Interrogative intimations: On a possible social economics of interrogatives". In: De Ruiter J-P (ed.) *Questions: Formal, Functional and Interactional Perspectives*. Cambridge: Cambridge University Press, 2012, pp. 11 – 32.

Levinson Stephen C. , *Pragmatics*. Cambridge: Cambridge University Press, 1983.

Lim Ni-Eng, "From subjectivity to intersubjectivity: Epistemic marker wo juede in Chinese", *Current issues in Chinese linguistics*, 2011, pp. 265 – 300.

Lindwall Oskar, Gustav Lymer & Jonas Ivarsson, "Epistemic status and the recognizability of social actions", *Discourse Studies*, Vol. 18, No. 5, 2016, pp. 500 – 525.

Liu Hongyuan & Shuangyun Yao, "Some interactional uses of shi ba in Mandarin conversation", *Journal of Pragmatics*, Vol. 181, 2021, pp. 227 – 240.

Li Xiaoting, *Multimodality, Interaction, and Turn-taking in Mandarin Conversation*. Amsterdam: Benjamins, 2014.

Local John, "Conversational phonetics: some aspects of news receipts in everyday talk". In E. Couper-Kuhlen & M. Selting (eds.) *Prosody in Conversation*. Cambridge: Cambridge University Press, 1996, pp. 177 – 230.

Lohmann Arne & Christian Koops, Panel of Discourse marker combinations. Available at https://pragmatics. international/general/custom. asp? page = CfP, 2018.

Loveday Leo J. , *Language Contact in Japan: A Social-linguistic History*. Oxford: Clarendon Press, 1996.

Lynch Michael & Douglas Macbeth, "The epistemics of Epistemics: An introduction", *Discourse Studies*, Vol. 18, No. 5, 2016, pp. 493 – 499.

Lynch Michael & Jean Wong, "Reverting to a hidden interactional order: Epistemics, informationism, and conversation analysis", *Discourse Studies*, Vol. 18, No. 5, 2016, pp. 526 – 549.

Maynard Douglas W. , *Bad news, good news: conversational order in everyday talk and clinical settings*. Chicago: University of Chicago Press, 2003.

Maynard Douglas W. , "The news delivery sequence: Bad news and good news in conversational interaction", *Research on Language and Social Interaction*, Vol. 20, No. 2, 1997, pp. 93 – 130.

Mazeland Harrie, "Grammar in Conversation". In J. Sidnell & T. Stivers (eds.) *The handbook of conversation analysis*. Chichester, UK: Wiley-Blackwell, 2013, pp. 475 – 491.

Mondada Lorenza, "Displaying, contesting and negotiating epistemic authority in social interaction: Descriptions and questions in guided visits", *Discourse Studies*, Vol. 15, No. 5, 2013, pp. 597 – 626.

Morita Emi, *Negotiation of Contingent Talk: The Japanese Interactional Particles ne and sa*. Amsterdam: John Benjamins, 2005.

Ochs Elinor, Emanuel A. Schegloff & Sandra A. Thompson (eds.) *Interaction and Grammar*. Vol. 13. Cambridge: Cambridge University Press, 1996.

Pomerantz Anita, "Agreeing and disagreeing with assessments: Some features of preferred/ dispreferred turn shaped". In: Atkinson JM and Heritage J (eds.) *Structures of Social Action: Studies in Conversation Analysis*. Cambridge: Cambridge University Press, 1984, pp. 57 – 101.

Pomerantz Anita, "Extreme case formulations: a way of legitimizing claims". *Human Studies*, Vol. 9, 1986, pp. 219 – 229.

Pomerantz Anita, "Telling my side: 'Limited access' as a 'fishing' device", *Sociological Inquiry*, Vol. 50, 1980, pp. 186 – 198.

Pons Bordería Salvador, "The combination of discourse markers in spontaneous conversations: Keys to untying a Gordian knot", *Revue Romane*, Vol. 53, 2019, pp. 121 – 158.

Potter Jonathan & Derek Edwards, "Conversation analysis and psychology". In Jack Sidnell & Tanya Stivers (eds.) *The Handbook of Conversation Analysis*, West Sussex, UK: Wiley-Blackwell Publishing Ltd, 2013, pp. 726 – 740.

Raymond Geoffrey, "Grammar and social organization: Yes/no interrogatives and the structure of responding", *American Sociological Review*, Vol. 68, 2003, pp. 939 – 967.

Raymond Geoffrey, "Grammar and social relations: Alternative forms of yes/no-type initiating actions in health visitor interactions". In: Freed AF and Ehrlich S (eds) *"Why Do You Ask?": The Function of Questions in Institutional Discourse*. New York: Oxford University Press, 2010, pp. 87 – 107.

Raymond Geoffrey & John Heritage, "The epistemics of social relations: Owning grandchildren". *Language in Society*, Vol. 35, 2006, pp. 677 – 705.

Raymond Geoffrey, *The Structure of Responding*. Unpublished PhD thesis, University of California, Los Angeles, CA, 2000.

Reber Elisabeth, *Affectivity in Interaction: Sound Objects in English*. Amsterdam: Benjamins, 2012.

Robinson Jeffrey D. , "Epistemics, action formation, and other-initiation of repair: the case of partial questioning repeats". In Makoto Hayashi, Geoffrey Raymond & Jack Sidnell (eds.) *Conversational Repair and Human Under-*

standing. Cambridge: Cambridge University Press, 2013, pp. 261 – 292.

Robinson Jeffrey D. & Heidi Kevoe-Feldman, "Using full repeats to initiate repair on others' questions", *Research on Language and Social Interaction*, Vol. 43, No. 3, 2010, pp. 232 – 259.

Sacks Harvey, Emanuel A. Schegloff & Gail Jefferson, "A Simplest Systematics for the Organization of Turn-taking in Conversation", *Language*, Vol. 50, 1974, pp. 696 – 735.

Sacks Harvey, "Everyone Has to Lie". In M. Sanchez and B. Mount (eds.), *Sociocultural Dimensions of Language Use*. New York: Academic Press, 1975, 5780.

Sacks Harvey, "On inequalities in states of knowledge between speakers". In: Sacks H (ed.) *Lectures on Conversation*, vol. II. Oxford: Wiley-Blackwell, 1992a, pp. 437 – 443.

Sacks Harvey, "On the preferences for agreement and contiguity in sequences in conversation". In G. Button & J. Lee (eds.) *Talk and Social Organization*. Clevedon: Multilingual Matters, 1987 [1973], pp. 54 – 69.

Sacks Harvey, "Storyteller as 'witness': Entitlement to experience". In: Sacks H (ed.) *Lectures on Conversation*, vol. II. Oxford: Wiley-Blackwell, 1992b, pp. 242 – 248.

Sadock Jerrold M, "Queclaratives". In *Papers from the Seventh Regional Meeting of the Chicago Linguistic Society*. Chicago, IL: Chicago Linguistics Society, 1971, pp. 223 – 232.

Sadock Jerrold M, *Toward a Linguistic Theory of Speech Acts*. New York: Academic Press, 1974.

Schegloff Emanuel A., "Discourse as an interactional achievement: some uses of *uh huh* and other things that come between sentences", In Deborah Tannen (ed.) *Analyzing discourse: text and talk*, Washington, D. C.: Georgetown University Press, 1982, pp. 71 – 93.

Schegloff Emanuel A., Gail Jefferson & Harvey Sacks, "The preference for self-correction in the organization of repair in conversation", *Language*, Vol. 53, 1977, pp. 361 – 382.

Schegloff Emanuel A. & Harvey Sacks, "Opening up closings", *Semiotica*, Vol. 8, No. 4, 1973, pp. 289 – 327.

Schegloff Emanuel A., "Interaction: the infrastructure for social institutions, the natural ecological niche for language, and the arena in which culture is enacted". In Nick J. Enfield and Stephen C. Levinson (eds.) *Roots of human sociality: culture, cognition and interaction*, Oxford: Berg, 2006, pp. 70 – 96.

Schegloff Emanuel A., "On some questions and ambiguities in conversation". In: Atkinson JM and Heritage J (eds) *Structures of Social Action: Studies in Conversation Analysis*. Cambridge: Cambridge University Press, 1984, pp. 28 – 52.

Schegloff Emanuel A., "Practices and actions: boundary cases of other-initiated repair", *Discourse Processes*, Vol. 23, 1997, pp. 499 – 545.

Schegloff Emanuel A., *Sequence organization in Interaction: A Primer in Conversation Analysis* (Vol. 1). Cambridge: Cambridge University Press, 2007.

Schegloff Emanuel A., "Sequencing in conversational openings". *American Anthropologist*, Vol. 70, No. 6, 1968, pp. 1075 – 1095.

Schegloff Emanuel A., "The routine as achievement". *Human Studies*, Vol. 9, No. 2, 1986, pp. 111 – 151.

Schegloff Emanuel A., "Turn Organization: One intersection of Grammar and Interaction". In E. Ochs, E. A. Schegloff & S. A. Thompson (eds.). *Interaction and Grammar*. Cambridge: Cambridge University Press, 1996, pp. 52 – 133.

Schiffrin Deborah, *Discourse Markers*. Cambridge: Cambridge University Press, 1987.

Searle John R., "A taxonomy of illocutionary acts", In Martinich A (ed.) *Philosophy of Language*, Oxford University Press, 1979/2001, pp. 1 – 29.

Searle John R., *Expression and Meaning: Studies in the Theory of Speech Acts*. 外语教学与研究出版社 2001 年版。

Searle John R., *Speech Acts: An Essay in the Philosophy of Language*. Cambridge: Cambridge University Press, 1969.

Selting Margret & Elizabeth Couper-Kuhlen (eds.), *Studies in Interactional Linguistics*. Amsterdam: Benjamins, 2001.

Selting Margret, et al. , "Gesprächsanalytisches transkriptionssystem 2 (GAT 2)". *Gesprächsforschung*: *Online-Zeitschrift zur verbalen Interaktion*, Vol. 10, 2009, pp. 353 – 402.

Seuren Lucas M. , Mike Huiskes & Tom Koole, "Remembering and understanding with oh-prefaced yes/no declaratives in Dutch", *Journal of Pragmatics*, Vol. 104, 2016, pp. 180 – 192.

Sidnell Jack, "Declaratives, questioning, defeasibility", *Research on Language and Social Interaction*, Vol. 45, No. 1, 2012, pp. 53 – 60.

Sidnell Jack, "Epistemics", In Tracy K, Ilie C and Sandel T(eds.) *The International Encyclopedia of Language and Social Interaction*, Boston, MA: Wiley-Blackwell, 2015, pp. 524 – 537.

Sorjonen Marja-Leena, *Responding in Conversation*: *A study of Response Particles in Finnish* (Vol. 70). Amsterdam, The Netherlands/Philadelphia, PA: Benjamins, 2001.

Sperber Dan & Deirdre Wilson, *Relevance*: *Communication and Cognition*. Oxford: Blackwell, 1995.

Stivers Tanya, "An overview of the question-response system in American English conversation", *Journal of Pragmatics*, Vol. 42, 2010, pp. 2772 – 2781.

Stivers Tanya & Federico Rossano, "Mobilizing response", *Research on Language and Social Interaction*, Vol. 43, No. 1, 2010, pp. 3 – 31.

Stivers Tanya & Jack Sidnell, "Introduction: Multimodal interaction", *Semiotica*, Vol. 156, No. 1/4, 2005, pp. 1 – 20.

Stivers Tanya, Lorenza Mondada & Jakob Steensig, *The Morality of Knowledge in Conversation*. Cambridge: Cambridge University Press, 2011.

Stivers Tanya & Makoto Hayashi, "Transformative answers: One way to resist a question's constraints ", *Language in Society*, Vol. 39, No. 1, 2010, pp. 1 – 25.

Stivers Tanya, "Modified repeats: one method for asserting primary rights from second position", *Research on Language and Social Interaction*, Vol. 38,

No. 2, 2005, pp. 131 – 58.

Stivers Tanya, "Morality and question design: 'Of course' as contesting a presupposition of askability". In Tanya Stivers, Lorenza Mondada and Jakob Steensig (eds.) *The morality of knowledge in conversation*, Cambridge: Cambridge University Press, 2011, pp. 82 – 106.

Stivers Tanya, Nicholas J. Enfield, Brown P, et al., "Universals and cultural variation in turn-taking in conversation", *Proceedings of the National Academy of Sciences*, Vol. 106, No. 26, 2009, pp. 10587 – 92."

Stivers Tanya, Nicholas J. Enfield & Stephen C. Levinson, "Question-response sequences in conversation across ten languages: an introduction", *Journal of Pragmatics*, Vol. 42, 2010, pp. 2615 – 2619.

Stivers Tanya, "Stance, alignment, and affiliation during storytelling: When nodding is a token of affiliation", *Research on language and social interaction*, Vol. 41, No. 1, 2008, pp. 31 – 57.

Sweetser Eve, *From Etymology to Pragmatics: Metaphorical and Cultural Aspects of Semantic Structure*. Cambridge: Cambridge University Press, 1990.

Sypniewski Bernard Paul, *Functional Superposition*. The Twenty-Third LACUS Forum: Provo. UT. Available at http://elvis.rowan.edu/~bps/ling/Lacus96.pdf, 1996.

Tao Hongyin, "The grammar of demonstratives in Mandarin conversational discourse: A case study", *Journal of Chinese Linguistics*, Vol. 27, No. 1, 1999, pp. 69 – 103.

Terasaki Alene Kiku, "Pre-announcement sequences in conversation", In Gene H. Lerner (ed.) *Conversation Analysis: Studies from the First Generation*. Amsterdam: John Benjamins, 2004, pp. 171 – 223.

Thompson (eds.), *Interaction and Grammar*, Cambridge: Cambridge University Press, 1996, pp. 370 – 404.

Thompson Sandra A., Barbara A. Fox & Elizabeth Couper-Kuhlen, *Grammar in Everyday Talk: Building Responsive Actions*. No. 31. Cambridge University Press, 2015.

Tomaselli Maria Vittoria & Albert Gatt, "Italian tag questions and their conversational functions", *Journal of Pragmatics*, Vol. 84, 2015, pp. 54 – 82.

Traugott Elizabeth Closs & Graeme Trousdale, *Constructionalization and Constructional Changes*. Oxford University Press, 2013.

Traugott Elizabeth Closs, "Intersubjectification and clause periphery", *English Text Construction*, Vol. 5, No. 1, 2012, pp. 7 – 28.

Traugott Elizabeth Closs & Richard B. Dasher, *Regularity in Semantic Change*. Cambridge University Press, 2002.

Verschueren Jef, *Understanding Pragmatics*. Foreign Language Teaching and Research Press & Edward Arnold Publishers Ltd, 2000.

Weidner Matylda, "Aha-moments in interaction: Indexing a change of state in Polish", *Journal of Pragmatics*, Vol. 104, 2016, pp. 193 – 206.

Wu Ruey-Jiuan Regina, "Initicting repair and beyond: The use of two repeat-formatted repair initiations in mandarin conversation", *Piscouyse Processes*, Vol. 41, No. 1, 2006, pp. 67 – 109.

Wu Ruey-Jiuan Regina & John Heritage, "Particles and epistemics: Convergences and divergences between English and Mandarin". In Raymond, G., Lerner, G. H., & Heritage, J. (eds.) *Enabling Human Conduct: Studies of talk-in-interaction in honor of Emanuel A. Schegloff* (Vol. 273), John Benjamins, 2017, pp. 273 – 298.

Wu Ruey-Jiuan Regina, "Repetition in the initiation of repair", In Jack Sidnell (ed.) *Conversation Analysis: Comparative Perspectives*, Cambridge: Cambridge University Press, 2009, pp. 31 – 59.

Wu Ruey-Jiuan Regina, *Stance in Talk: A Conversation Analysis of Mandarin Final Particles*. Amsterdam: Benjamins, 2004.

Zuczkowski Andrzej, Ramona Bongelli & Ilaria Riccioni, *Epistemic stance in dialogue: Knowing, unknowing, believing* (Vol. 29). John Benjamins Publishing Company, 2017.

Zuczkowski Andrzej, Ramona Bongelli, Laura Vincze & Ilaria Riccioni, "Epistemic stance", *The communication of certainty and uncertainty*. Benjamins Dialogue Studies Series, Vol. 25, 2014, pp. 115 – 135.

附录 1

行为中的认识：行为构建与知识领域*

John Heritage 美国加州大学洛杉矶分校
（UCLA）社会学系

摘　要

本文着眼于表断言或求取信息的话轮，考察了语法形式在社会行为构建中的作用。文章指出，在话轮所实施行为的构成要件中，说话人的认识状态（epistemic status）始终比话轮在形态句法上所表现出的认识立场（epistemic stance）更为重要。鉴于断言或求取信息是多种社会行为必备的底层特征，所以说话人与听话人的（相对）认识状态是构建社会行为时不可避免需要考虑的因素。文章还通过一系列会话实例说明了认识状态和认识立场之间关系一致性的模式和非一致性的模式。

即使一句话以疑问句的语言形式产出，并看似是在进行提问，问句的形式也并不足以说明这句话就是在提问。因为如果问句形式可以用于实施提问以外的行为，而提问行为也可以通过问句以外的语言形式来完成，那么由此产生的问题则不仅是关于疑问形式如何用于实施非提问的行为，还是关于它是如何用于实施提问的；不仅是关于提问行为是如何通过非疑问的形式完成的，还是关于它是如何通过疑问的形式完成的。(Schegloff, 1984: 34–35)

---

* 本文"Epistemics in action: Action formation and territories of knowledge"原载于 *Research on Language and Social Interaction* 2012 年第 1 期，第 1—29 页。作者为美国加州大学洛杉矶分校社会学特聘教授 John Heritage。

除非我们根据假定的受话者的身份类别或其个人身份来设想他们已经知晓的内容,并据此调整词汇和韵律,而且其知晓状态使其并不介意我们作出此种公开设想,否则我们说不出一句有意义的话。互动生活的核心是我们与面前的人之间的认知关系(cognitive relation),如若没有这种关系,我们的活动——不论是行为的还是言语的,都不可能被有意义地组织起来。尽管这种认知关系在社会交往中会有所调整,且通常如此,但这种关系本身是超情境的,它由互动双方掌握的关于彼此所具备的世界知识的信息,以及他们掌握的(或不掌握的)关于该知识的归属情况的信息所构成。(Goffman, 1983: 4-5)

自会话分析(conversation analysis,以下简称 CA)发轫于 Sacks 早期的论著(1963,1984a)以来,它就被看作是一门关于社会行为的系统科学。然而,尽管其对行为予以关注,CA 在对"行为构建"(action formation)——谈话中话轮被设计和产出的方式,以使其被识解为特定类型的行为——的系统分析上尚未取得很大进展。这一缺乏进展的局面可以部分追溯到自 Searle 的言语行为分析方案(the Searleian program of speech-act analysis)面临僵局之后,人们认为行为这一话题有些难以驾驭。Searle 的方案主要关注的是一些第一位置行为或序列初始行为,如提问、请求、承诺等。这种研究面临的核心且根本的难题是,谈话中话轮怎么能同时充当提问和其他不涉及直接信息求取的行为(如邀请、请求、提供等)。这一问题让 Searle(1969、1975、1979)和在 Searle 所建立的范式下进行研究的那一代言语行为理论家们感到不知所措,他们大都是用"间接言语行为"(indirect speech acts)解决问题的。

在这一传统遭受一系列批评的背景下(Levinson, 1979、1981a、1981b),Levinson(1983)提出了一个局部解决方案,即某些充当前—请求(pre-request)的信息求取(如,"Do you have X?"),在其更完整序列(A:"Do you have X?" B:"Yes." A:"Can I have one?")的缩减成为惯例后,可约定俗成为直接请求,从而使前—序列形式("Do you have X?")被视为请求本身(Levinson, 1983: 361)。但这一方案在分析许多其他类型的行为时是行不通的。如"Would you like to come to my party?"既是一个提问,也是一种邀请,实际上可看作是一种"双重"(double-barreled)行为(Schegloff, 2007)。事实上,Schegloff 与 Searle 的观点不太一致，他认为在"Would you like a cup of coffee?"这样的语境中，"Yes, thank you"这样的回应"既针对行为，也针对实施行为的形式。其中'yes'是对问题的回答，而'thank you'是对提供（咖啡）的回应"（2007：75-76）。难上加难的是，Goffman（1976）为"Do you have the time?"这个问题提供了如此众多的可行回应，使得以初始行为的形态句法为出发点的这种做法显得毫无意义。

尽管行为和互动的CA研究方法与言语行为的传统形成鲜明对比（Schegloff，1988、1992a：xxiv-xxvii、1992b），言语行为分析所遭遇的矛盾与困境无疑对CA关于初始行为的分析方法产生了寒蝉效应（chilling effect）。像"hello"和"goodbye"等这些发起行为很容易处理，从而成为相邻话对前件的典型实例。而像提问、邀请、请求和提供等其他行为则主要是通过考察第二位置或后续的回应来处理。这些行为的性质要么是公开透明的，要么主要是研究者在分析过程中加以临时规定，而非实证研究的系统课题。因此，对于许多更重要的相邻话对前件，其行为是通过回应形式来考察的，而且对序列位置的考察比对话轮构造本身的考察更为重要（Goffman，1983）。到20世纪80年代，所有主要的研究者实际上都已经放弃了初始行为及其构建的问题：Searle转向哲学中的其他课题，Levinson转向对认知的跨文化研究，而Schegloff转向CA内部的其他调查领域[①]。在此之后，初始行为及其构造的问题实际上成了一个暂被搁置的话题。

即使是对那些看似简单的前件的考察也很快会产生复杂的难题。其中一个反复出现的难题涉及的问题是——作为一个话轮设计特征的疑问式形态句法和作为一种社会行为的信息求取之间的关系。即使是在英语这样的语言中，疑问式形态句法对于极性（是/非）形式的信息求取的顺利实施也不是必需的，这一点早已成为不争的事实。"陈述式问句"（declarative question）（Quirk、Greenbaum、Leech & Svartvik，1975）可以通过表述Labov和Fanshel（1977）所称的"B-事件"来发挥作用，而且这是英语会话中常见的，甚至是最常采用的问句形式（Stivers，2010）。而其他语言在使用形态句法资源表达极性疑问时则更为简洁。在最近一项针对世界上842种语言的调查中，Dryer（2008）发现其中有16%的语言

[①] 参见 Schegloff（1988）。但最近 Schegloff（2008）又回到了关于该话题的论战中。

（包括意大利口语［Rossano，2010］等）并不使用任何形式的疑问式形态句法来表达极性的信息求取。

正如信息求取并不依赖于疑问式形态句法，疑问式形态句法的调用也不能确保它是在实施求取信息的行为。有时这个问题与序列位置有关，正如 Schegloff（1984）在他关于充当认同形式的"For whom"和"By what standard?"的著名研究中所示。但早在该研究之前，Bolinger（1957）就指出，某些类型的否定疑问形式是在断言，而非求取信息（另见 Heinemann，2006；Heritage，2002a；Koshik，2005），随后，Clayman 和 Heritage（2002a、2002b）与 Heinemann（2008）也证明，有一系列疑问形式（"How could you X?"为典型例句）可被设计为"无法回答"（unanswerable）的问题，因此发挥的是挑战或谴责，而非求取信息的功能。此外，还有 Sadock（1971、1974）所定义的"疑问祈使句"（whimperatives）（如"Why don't you open the window"这种以问句形式发出的指令）和"疑问陈述句"（queclaratives）（如"Did I tell you that writing a PhD was a cakewalk?"这种问句形式的断言）。

综上所述，话语是如何发挥信息求取的功能的呢？作为一种特定的社会行为，它是如何被构建和被实施为信息求取的呢？这个问题并非毫无意义。信息求取是相邻话对中最典型的起始行为（Schegloff，2007；Stivers & Rossano，2010），对信息求取的及时回应在许多语言中都是可实施和可解释的（Stivers et al.，2009）。如果我们不能确定这一关键行为是如何构建的，CA 自身的一个基本概念就无法站稳脚跟。

本文将从极性的信息求取入手解决这一问题，同时探讨疑问式形态句法、语调和认识领域这三个主要因素在此类求取行为构建过程中的相对重要性。本文提出，当人们在谁对目标知识或信息元素具备主要权限，即谁处于主要的认识地位这一点上达成共识时，这一因素在充当决定谈话中的话轮是传达信息还是求取信息的资源时，就比形态句法和语调更为重要。我们先对认识状态和认识立场进行概述。

认识状态

1977 年，Labov 和 Fanshel 在其著名论著中曾区分了 A - 事件（A-events)（对于 A 是已知的，但对于 B 是未知的）和 B-事件（B-events）（对于 B 是已知的，但对于 A 是未知的），并借此分析陈述式问句，认为这种 A 所作的 B-事件陈述（如，"And you never called the police."）应被视为信息求取行为。在一个相关的研究中，Pomerantz（1980）也作了 1 类知识（Type 1 knowables）和 2 类知识（Type 2 knowables）的区分，前者是主体——行为者有权利和义务从一手经验中获知的，而后者是通过报告、传闻、推理等方式获知的。这些概念分别在 Kamio（1997）关于日语——在该语言中，信息领域常用句末小品词来标识（另见 Hayano 2011、2012）——及英语中"信息领域"（territories of information）的讨论中得到深化。Kamio 将这些早先的概念加以扩展，主张发话者与受话者都有信息领域（或"认识领域（epistemic domains）"［Stivers & Rossano，2010］），而且具体信息可属于每个人的信息领域，尽管程度通常有所不同。在某些情况下，如当发话者说"I forgot to tell you the two best things that happened to me today"（Terasaki，2004：176）或"Jesus Christ you should see that house Emma you have no idea"（Heritage & Raymond，2005：17），他/她是在宣称其拥有绝对的认识优势，而受话者至少从预计来看，是完全不知晓他/她接下来要描述的内容的。而在另一些情况下，如当发话者说"It's a beautiful day out isn't it?"（Pomerantz，1984：59①），他/她暗示双方对所指情况拥有平等权限。因此，知识的相对状态可以从说话人 A 对某一信息完全了解，而说话人 B 毫不了解的情况，到双方拥有完全相等的信息的情况，以及介于这两者之间的每一种情况。

将这几个概念并置来看，我们可将针对某一信息领域的相对认识权限看作是在互动者之间分级的，这样互动者在认识斜坡（epistemic gradient）上占据不同的位置（掌握知识多的［K+］交际者或掌握知识少的［K-］交际者），而认识斜坡本身会因坡度的陡缓呈现差异（Heritage，2010；Heritage & Raymond，待刊）。可见，认识状态本身就是一个相对的和关系的概念，它涉及两个（或多个）人在某个时间点对某一领域的相对权限。当然，每个人相对于他人的认识状态往往会因领域的不同而有别，并随着时间的推移而变化，还会因特定互动行为的作用而随时改变。

---

① 应为 61 页，译者订正。

认识状态并非确定和不容置疑的,这一点从以下关于两位女士谈论其共同朋友的实例中可见一斑:

(1)[Rah 12:31 – 57]
1 Jen: I [saw Janie this morning =
2 Ida: [Yes
3 Jen: = in in: uh Marks'n Sp[encers]
4 Ida: [Oh you] did di[dju [y e s,]
5 Jen: [Mm:[:..hh] She wz buyin
6   a ↑whole load of stuff she siz she's getting (vizitiz   )
7   hhh ↑huh[huh]
8 Ida: [hnh]heh-ha-ha-ha
9   (.)
10 Ida: ([),
11 Jen: [.h Av you seen uhr,
12 Ida: Ye-.h Well she's gon to m: eh: eh: Chestuh:.
13   (0.9)
14 Ida: Ja[nie:,
15 Jen: [↑Janie hahs.
16 Ida: ↑Ey?
17 Jen: No she hasn't?
18   (0.8)
19 Ida: Ye:s. She's go::ne.
20   (0.7)
21 Ida: She went just before dinner.
22   (0.2)
23 Jen: Oh↑::::. Oh [I (thought),   ]
24 Ida: [She wz in such a] rush,
25 Jen: Oh:? she sid she wz getting visito:rs.
26 Ida: Ye:h, that's eh::m (0.3) t'morrow night ah thi:nk,
27 Jen: .h Oh::::.

在 Jenny 第 11 行问题的引发下，Ida 作了有意提供信息的陈述，称这位朋友（Janie）已经"gone to Chester"。在随后的沉默过后，Ida 寻求 Jenny 回应（第 14 行）却收到了对方的质疑（第 15 行）及接下来她断然否定 Ida 说法的反向告知（counterinforming）（Heritage，1984a）（第 17 行）。此处，分歧的解决完全取决于双方对第三方近期行踪的相对认识状态。当 Ida 声称 Janie 在"just before dinner"已经离开时，分歧得以解决（第 21 行），因为 Ida 看到 Janie 的这个时间比 Jenny 看到她的时间"this morning"（第 1 行）要更近。此时，Jenny 将认识高位让与 Ida（第 23、25、27 行），随后，两人协作确定 Jenny 先前如此断然坚持其误解的依据是什么（语料未呈现）。

认识权限的平等（以及"平缓的"斜坡）可能仅限于对人、物和事件的特定共享（通常同时）经历。但是，即使双方同时经历同一事物，也无法确保其认识权限的平等：如医生和我都在看我足部的 X 光片，但单纯的观察并不会使我具备赞同或质疑她诊断结论的认识资源（Peräkylä，1998）。在认识的对象非双方所同时经历的情况下，许多其他因素可能会掺入其中：个人所具信息的新近性，它的来源、确定性、清晰度和详尽程度，个人获取该信息的独立性，个人对该信息的首位知晓权，社会认可的对该信息的知晓权威，等等（Stivers、Mondada & Steensg 2011）。当双方不对等的认识资源互相矛盾时，就会形成复杂又棘手的认识语境：例如，在新生儿重症监护病房，对所护理儿童有全面而深入了解的护士认为，他们的判断往往会被仅仅依靠阅读患者病历记录的临床医生所取代（Anspach，1993）。

对认识领域的权限的性质（和优先权）有时是复杂序列管理的对象（Heritage & Raymond，2005），它不仅包括信息的实际占有，还包括占有和表达该信息的权利（Pollner，1987；Raymond & Heritage，2006），以及与获取某些类型信息（如八卦）的权限相关的道德冒犯的问题（Bergmann，1993）。总之，认识领域包括知晓的内容、获知它的途径，以及人们获知它的权利与责任（Drew，1991；Maynard，2003；Pomerantz，1980；Sacks，1992；Terasaki，2004）。

尽管有人会认为认识领域的概念为互动研究引入了一种令人望而生畏的复杂性和困难，但事实上，在大部分日常言谈互动中，对特定认识领域的相对权限已被视为一个或多或少业已解决的问题。在精神分析等非常专业的语境之外，个人的想法、经历、希望和期望是为他们自身所了解并待其描述的（Heritage，2011；Sacks，1984b）。人们一般比他人更了解自己的亲戚、朋友、宠物、工作和爱好，而且确实有义务努力这样做。此外，还有一些社会认可的方法来处理认识争端，例如，最新的经历优于早前的经历，外部专家意见和认识权威优于业余人士的判断（Pollner，1974、1975）。鉴于这些原因，尽管作为一种社会建构，它的状况变化无常，但将涉及某领域的认识状态看作是大体上预设的或商定的，因而也是真实而持久的事态是有所裨益的。

认识立场

如果说关于某一认识领域的认识状态是社会关系的某种持久特征，那么认识立场则与之相反，它涉及这些关系逐时逐刻的表达，并通过谈话中话轮的设计来管理。在英语中，认识立场突出体现在对命题内容的不同语法表达中。先看下面三句话，以及下文的例（6）：

(2) Are you married?
(3) You're married, aren't you?
(4) You're married.

例（2）—（4）表达了相同的命题内容（关于受话者的婚姻状况），但这三个句子中语法所编码的认识立场大相径庭。我们可用这些句子惯常调用的不同认识［K-］／［K+］斜坡来表征这一点（参见图1）。

这三句话涉及的均是受话者认识领域内的信息。因此，受话者拥有知晓该信息的主要权利。然而，例（2）表达的是提问者对受话者的婚姻状况并无确切的了解，且不知情［K-］的提问者和知情［K+］的受话者之间的认识斜坡坡度较大。相较而言，例（3）和例（4）则表达了对受话者已婚状态可能性越发肯定的状态，这通过［K-］方与［K+］方之间坡度越小的认识斜坡得以表征。其中例（4）这种格式主要用于说话人已被告知（或独立知晓）并试图确认或再次确认目标信息，或用于表达其推断、假设或其他类型的"最佳猜测"（best guess）（Raymond, 2010; Stivers, 2010; Turner, 2008）。表达"不知情"的认识立场（如例 [2]）会引发对方的详述并投射序列扩展的可能性，而例（3）和例（4）表征的更加"知情"的认识立场的格式则常会引发对方的确认及序列的终止（Heritage, 2010; Heritage & Raymond, 待刊; Raymond, 2010）。

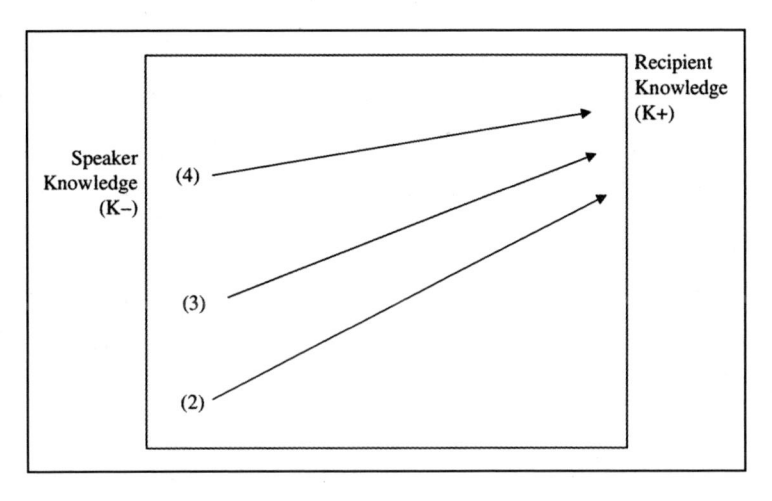

图1 例（2）—（4）认识立场的认识斜坡表征

当然，一般而言，不知情的说话人会提出问题（尽管存在某种代价 [Levinson, 待刊]），而知情的说话人则会作出断言。因此，我们可以说这是一种认识一致性原则，在这一原则下，谈话中话轮所编码的认识立场，通常与发话者就该话题相对于受话者的认识状态相一致。然而，尽管认识一致性原则在现实中经常发挥作用，但这种作用远不是必然会产生的。为了显得比实际知晓更多或更少，有些人会借助认识立场的表达来掩饰其真实的认识状态。互动的迫切需求会促使甚至导致认识状态与认识立场间差异的产生（Raymond & Heritage, 2006）。例如，Raymond（2000）描述在一个电视新闻活动中，尽管电视新闻主播们对一起城市骚乱事件掌握更全面的信息，他们却坚持采取一种认识立场，即给予现场直升机上的线人关于所述领域的特权。

总而言之，我们在这里将相对认识状态看作是一种共识的，因而是事实上的"真实"事态,它基于参与者对彼此关于特定知识和信息领域的认识权限和权利的评估。而且认识状态不同于谈话中话轮所逐时编码的认识立场。

认识状态作为信息求取特征的首要性

在本节中,我将证明认识状态是决定行为是否为信息求取行为的根本。为此,我将回顾话轮设计中几个通常与提供或求取信息有关的主要特征。这些特征包括陈述式形态句法、上升语调、附加疑问句、否定疑问式句法和疑问式句法。本节将说明在以上每种情形中,说话人的相对认识状态都是决定话语作为行为的性质的关键资源。

陈述式句法

当用陈述式句法表达的话语涉及的是说话人认识领域的信息,说话人会被认为正在进行"告知"(informing),如以下例(5)所示,Ida 打电话给她的朋友 Jenny,告诉她某些商品已从当地的一家百货商店运达:

```
(5) [Rah:12:1:ST]
1  Jen:  Hello?,
2         (0.5)
3  Ida:  Jenny?
4         (0.3)
5  Ida:  It's me :,
6  Jen:  Oh hello I:da.
7  Ida:  →Ye:h.. h uh:m (0.2) ah'v jis rung tih teh- eh tell you
             (0.3)
8        →uh the things ev arrived from Barkerr'n Stone'ou[:se,
9  Jen:                                                   [O h:::::.
10        (.)
11 Jen:  Oh c'n ah c'm rou :nd,hh
```

此例中，Ida 话轮的陈述式形式与其内容相适配，该内容独属于她的认识领域内。因此，它施行的是明确的"告知"行为，而且受话者也通过"oh"这一回应（第 9 行）确认如此（Heritage，1984a）。

然而，涉及受话者认识领域事项的陈述句通常被看作是请求确认的"陈述式问句"（declarative question）（Labov & Fanshel，1977；Quirk et al.，1975；Weber，1993）。例如，在例（6）中，医生关于患者婚姻状况——患者具备获知特权的信息——的陈述式表达（第 5 行）无疑是在寻求信息。此处，患者是一位中年女性，有一个二十多岁的女儿。医生在第 1 行产出的 yes-偏好的（preferring）疑问句是与其认识状态相适配的：

(6) [MidWest 2.4]
1 DOC: Are you married?
2   (.)
3 PAT: No.
4   (.)
5 DOC:→You're divorced (cur[rently,)
6 PAT: [Mm hm,

在第 3 行患者所作回应的引发下，医生又产出了一个陈述式话轮，该话轮只能被解读为可能是对其患者婚姻状况的"次佳猜测"（next best guess）。

同样，在例（7）中，Jan 就帮助 Ivy 准备餐食一事打来电话。当然，正是 Ivy 的认识优先权推动了对 Jan 在第 7 行话轮的解读。

(7) [Heritage:01:18:2]
1 Jan:. t Okay now that's roas:' chick'n isn'it. Th[at]=
2 Ivy: [It-]=
3 Jan: =[roasting chick'n <]
4 Ivy:1→ =[i t h a s bee:n] cooked.
5   (.)

```
6 Ivy:1→It's been co[oked.
7 Jan:2→            [Iz ↑BEEN cooked. =
8 Ivy:3→ = Oh yes.
9 Jan:   Oh well thaz good. . . . . .
```

鉴于双方所说的鸡是 Ivy 的——而且这只鸡是放在她家的厨房里（而非 Jan 的厨房里），Jan 的"Iz↑BEEN cooked."（第 7 行）只能被解读为请求确认，而且此处这一请求被 Jan 用来修正她对这只鸡的预期，可能还包括她事先预料的烹煮义务。

在其他一些陈述式的实例中，相对认识状态是用推理标记来标识的。例如，在例（8）中，Nancy 正和一群比她年纪小得多的学生一起上夜校，此时遇到 Emma 对这些学生的质疑（第 1 行和第 3 行）。Nancy 遂为其辩护，称他们有些是全日制学生，有些还兼职打工。这时，Emma 借助推理标记标识的"They're not real kookie then."修正了其个人立场。正如许多陈述式问句一样，该问句处理的是互动中已然提出的信息，并编码了一个相对平缓的认识斜坡。在这一实例中，用陈述式表达的事项是 Nancy 主要知晓的，因此她保有对该信息的主要权利：

```
(8)[NB:II:2:R:11]
1 Emm:I THINK SOME a' these kids need a good JO:B though too.
2       (0.5)
3 Emm:Get ou:t'n do a liddle wor:k.
4       (.)
5 Nan: Well of course all the kids in this: p'tilar class yih
6       know,h are eether full time stud'nts or they work during
7       th'day en go tuh school et ni:ght,
8 Emm:M[m h m,]
9 Nan:  [Lot'v'm w]ork par'time u- [a:nd
10 Emm:                             [Mm h[m,
11 Nan:                                   [go: p art day en p art
12      ni:ght? .hhhhh uh::m
```

13 Emm: →They're not real kookie then. =
14 Nan: =Sev'ral of th'm are married,h Oh no:. h

该例中，Emma 通过后置的推理标记"then"表明其评论源于 Nancy 方才所说的话，明确将信息的主要权利让与对方。至于 Nancy，在说明其同学成熟与责任感的另一个表现（"Sev'ral of th'm are married, h"之后），她通过带重音的确认"Oh No:. h"重申了其主要权利（Heritage, 1998），并进一步强调了她的观点。

在以下类似的实例中，带有推理标记的陈述式涉及的是明显属于受话者认识领域的事项（第 11 行），并在第 13 行收到了一个形式变换的回答（Stivers & Hayashi, 2010）。此处，Nancy 控诉她前夫的财务状况，并描述她与对方的关系十分疏远（第 5、7 和 10 行）。随后，尽管 Emma 在第 11 行发出的带推理标记的陈述式确认请求，似乎暗示 Nancy 与其前夫还存在某种最低程度的联系，但 Nancy 形式变换的回答则特意维护了她先前解释中所描述的疏远关系：

(9) [NB II:2:10(R)]
1 Nan: So: I js took th'second page u' th'letter? 'n (.) stuck
2   th'fifty dollars: check innit? 'n. hhhh (0.2) mailed it t'
3   Ro:l.
4   (0.3)
5 Nan: No note no eh I haven't written a word to im.
6   (0.3)
7 Nan: I [jst uh,h for'd iz mai:l stick it in th'onvelope'n
8 Emm: [Mm:
9   (0.4)
10 Nan: send it all on up to im en. hhh [hhh
11 Emm: →   [Yih know where is the :n,
12   (0.8)
13 Nan: →I have never had any of it retu:rned Emma,h
14 Emm: Oh::.

15 Nan: At a:ll, so:[I jist assoom

随后，Emma 通过状态变化（[K-] → [K+]）标记 oh 确认已接收对方的回复及所传达的信息（第 14 行），并暗示她已修正了对该情况的看法（Heritage，1984a）。

在例（10）中，另一种陈述式（第 1—2 行）也产生了类似的效果：此处，该陈述式述及的是传闻性知识，并向那个作为主体——行为者，对自身未来计划拥有绝对获知权利的受话者寻求解答：

(10) [Rah:12:4:ST]
1 Jen:→=[Okay then I w'z askin ='er en she says yer
2   →working tomorrow ez well.
3 Ida: Yes I'm s'pose to be tihmorrow yes,
4 Jen:→O[h:::.
5 Ida: [Yeh,

Jenny 用陈述式表达的话语述及的是受话者认识领域的信息，并被看作是请求确认（第 3 行）。此处需要再次注意的是，Jenny 发出的状态变化（[K-] → [K+]）标记 oh 间接证实她先前的陈述式确实是一个寻求信息的问句。

最后，在例（11）中还有另一句表达"我的视角（my side）"讲述的陈述式话语（Pomerantz，1980），发话者获知信息的权限比受话者要低，因而它也被用以实施信息求取行为：

(11) [NB II:2:1 (Pomerantz 1980:195)]
1 Nan: Hel-lo:,
2 Emm: .hh HI::.
3   (.)
4 Nan: Oh:'i:::'ow a:re you Emmah:
5 Emm: →FI:NE yer LINE'S BEEN BUSY.
6 Nan: Yea:h (.) my u.-fuhh h-. hhhh my fa:ther's wife ca:

```
                lled me,h
7               . hhh So when she ca:lls me::,h. hh I always talk fer a
                lo:ng
8               ti:me cz she c'n afford it'n I ca:n't. hhh [ hhh ] huh ]
9 Emm:→                                          [ OH: ]::::: ]:=
```

Emma 产出的回应标记"oh"（第 9 行）再次表示她对被告知信息的接收，且再度间接表示她先前在第 5 行产出的陈述式是在寻求信息。

以上这些例子都相对简单易懂，但从以下这个 CNN 专题讨论会中，我们可以窥见其中涉及的一些潜在复杂性，此次讨论是 CNN 关于 2010 年美国国会医疗保健体系改革辩论的新闻报道的一部分。此处，节目主持人 Wolf Blitzer 在第 3 行的话轮构建单位（turn constructional unit，TCU）旨在建立民主党将通过医疗保健体系改革的共识。它被调用为转入提问的过渡手段（第 7、9 行），在该问题中请求他的受话者——一位共和党医疗保健战略家对争论的后续方案发表意见。

```
(12) [CNN State of the Nation 22nd March 2010: 8:56 EST]
Conversation prior to the Congressional vote on health care reform
1 Blitzer:    . hh Kevin Madden you're—you're watching all of this and
              uh
2             you are a Republican strategist.
3          →Right now uh you realize of course the Democrats are go-
ing to win.
4             (1.0)
5 Madden:  →Right.
6             (.)
7 Blitzer:  So [ then what.
8 Madden: →[ Yes. (0.2) Oh are you asking me or telling me.
9 Blitzer:  On this—on this issue of health care reform.....
```

然而，Blitzer 刚产出他随后的问题（第 7 行），受话者就表示他不确定是否应该回答以及应该如何回答（"Oh are you asking me or telling me."），表达其对 Blitzer 的话语是在传达还是求取信息的困惑。此处受话者的这种困惑是可理解的。尽管 Blitzer 的主要命题（"The Democrats are going to win"）此时在节目中的专家看来是理所当然的，但其表述方式（"you realize of course"）针对的是一个个人的知识领域，即一个主体——行为者具备特权的认识领域。简言之，Blitzer 话语的表述方式与其命题内容存在认识上的龃龉，从而导致了受话者短暂却真实的困惑。①

现在我们足以认识到，现实世界的认识状态在决定谈话中的话轮是在传递信息还是寻求信息时，明显比陈述式句法更为重要。

带上升语调的陈述式句法

句尾上升语调有时被认为是与求取信息的陈述式话语相关联的（Quirk et al., 1975）。尽管作为一种概括，它还有待商榷（Couper-Kuhlen, 待刊；Geluykens, 1988），② 但通过提出上升语调作为行为构建的关键，其重要性并不会高于认识状态，我们可简单地将该论点向前推进一步。因此，在例（13）中，属于说话人认识领域的陈述式的句尾升调（第10—11行）被听成是"继续说（continuing）"，而非"提问"。在该电话交谈中，Katherine 正在给她的母亲（Lesley）打电话，为她从大学回家度假作安排：

(13) [Field X(C):2:1:4: 95 – 128]

---

① 在下例中，B 根据他对自身健身日程安排的 [K+] 知识来解读 A 的宣告，但随后被予以纠正：
[JH:FN] [A has just returned from a fitness class that A and B attend on separate days]
1 A: So you're going to Ellen on Monday.
2 B: Tuesday.
3 A: No she's got a problem with Tuesday. She told me.
4 B: Oh.

② 正如 Levinson（待刊）所言，"关于这类情况，语法书大多认为是疑问句在语调上被标记为上升语调。然而，每一项关于这类语言，或是像英语这样多数情况下将陈述式用作极性疑问句的语言的语料库研究，都证明这一看法是错误的。这类情况的解释程序实际上很可能是语用的。"

```
 1 Les:   Anyway when d'you think you'd like t'come home ↓ love.
 2         (.)
 3 Kat:   Uh :m (.) we:ll Brad's goin' down on Monday.
 4              (0.7)
 5 Les:   Monday we:ll ah-:hh. hh w:-Monday we can't manage becuz
 6        (.) Granny's ↓ coming Monday. ↓
 7
 8        ...((15 lines of transcript omitted))
 9
10 Les: →.hhh Yes alri;ght. hh The -thing is (.) u-we're all
11      →meeting Granny off the bus: on Monday eve↓ni :ng?
12 Kat:   ehYeah,
13 Les:   .hhhh But -then Dad could come: back 'n hhhave iz ↓ tea
14        'n then go on: to Glastonbur[y
15 Kat:                               [Ye:s well if I'm at the
16        Kidwells' house it dzn't matter (.) I mean he c'n come:
17        pick me up whenever 'e wants to can't h[e
18 Les:                                          [.hhh Yes that's
19        ↓ ri:ght. hh
```

我们要讨论的重点在第 10—11 行，Lesley 正详述 Katherine 计划回家的那个晚上，家里复杂的家庭安排。显然，鉴于这一切都完全属于 Lesley（而非 Katherine）的认识领域内，她的话轮只能被视为"告知"。因此，正如 Katherine 在第 12 行的继续型反馈（continuative response）所示，Lesley 在 11 行的句尾升调被受话者识解为"继续说"，而非"提问"。

与之相对，在例（14）中，Vivian 带句尾升调的陈述式（第 1 行和第 3 行）最初未被听作或至少未被视为是在寻求信息。但在她产出附加成分"or not"之后（第 6 行），会话分析学家（想必还包括共同参与者）随即明白，她处于认识的 [K-] 地位。在这之后，她重新产出极性相反但仍带句末升调的话语，此时被 Shane 解读为是在寻求信息，并作出了相应的回应（第 10 行和第 13 行）：

(14) [Chicken Dinner 19 – 20]
1 Viv: →[Tom still though] works (.) be [hind that =
2 Sha: [.ihhh
3 Viv: →=[j u i c e b a__r?]
4 Sha: =[(ehhehheh)]
5 Mic: =[[(Specially) if yih don't]thi[nk abou[t it.]
6 Viv: →   [Or n o[:.t.]
7 Sha: [uh-hn-hn Yeh
8 Mic: nhh [h
9 Viv: →   [Tom doesn'work behin'the juice [ba[r?
10 Sha: [N[o not'ny mo'.
11 Nan: [Mm
12   (.)
13 Sha: Hadtuh let'm go

此处，对 Vivian（[K-]）认识状态的把握也是确定她寻求信息的几项行为含义的关键资源。

总之，在例（6）—（14）所有陈述式实例中，不论有无句尾升调，参与者的相对认识状态在确定一句话是意图传达信息还是求取信息时发挥关键作用。

附加疑问句

附加疑问句的功能一般包括以下两种：(a) 充当寻求信息的手段，而且通常是寻求对话语陈述式成分中所作断言的确认，或（b）在说话人寻求对某一观点的认同的情况下，充当调动回应的手段（Stivers & Rossano, 2010）。附加疑问句这两种用法的区别在于关于谈话，发话者相对于受话者的认识状态。因此，说话人借附加疑问句来标识其较低的认识状态，这样的实例不计其数。而受话者在其回应中通常借助各种手段标示其较高的认识状态（Heritage & Raymond, 2005; Raymond & Heritage, 2006）。例（15）就是一个很好的例子。此例中姐妹俩在谈论其各自所在城市的天气：

(15) [NB II:1R: 43 – 51]
1 Emm: WHAT A MISERBLE WEEKE:ND.
2   (0.2)
3 Lot: → Yea:h en gee it's been: beautiful down here I know
4   → you've had it (.) lousy in town have [ncha.]
5 Emm: [Yea:h] it rained
6   yesterday,
7   (0.2)
8 Lot: But the sun wz ou:t here it wz beautiful [yestered]ay.
9 Emm: [eeYah.]

在描述她本地的天气时，Lottie 使用了陈述式句法（第 3 行），而在描述她姐姐所在地的天气时，她使用了附加疑问句对其认识立场进行降级（第 4 行）。随后，她姐姐对这一描述进行了确认（第 5—6 行）。类似的模式也显见于例（16），该例中，Vera 是与所讨论的家庭成员有亲属关系的人，而 Jenny 不是：

(16) [Rah 14:6]
1 Ver: =Jillian, she c'n be a little nasty little bi [tch.
2 Jen: [Well you w'r
3   say:↑ing thez something in that_ =It's a sha :me i[sn't i:t.]
4 Ver: [Yeh a::n]d-
5 Ver: even Jean said she couldn't do eh uh she said she's alw'z
6   glad when they go:.
7 Jen: Yeh. h well of course you see Bill is so good wih th'm ez
8   → well is[n't h[e:.
9 Ver: →   [.kl [That's ri:ght yes.

Jenny 通过一个附加疑问句，将其关于对方家庭成员 Bill 对付一个显然很淘气的小孩的能力的言论进行了降级（第 7—8 行），以与其对该家庭较低的认识权限相适配（如第 2—3 行所示），而 Vera 作出的回应（第

9行)则完全是在实施确认,表明她对所谈论事项具备更高的认识权限。

同样地,在例(17)关于 Norma 的狗怀孕的讨论中,Ilene 降低了她关于"Trixie"说法的认识立场(第9行):

(17)[Heritage 1:11:4]

1 Ile: No well she's still a bit young though isn't [she < ah me] an: =
2 Nor: [S h e::]
3 Ile: = uh [:
4 Nor: [She wz a year: la:st wee:k.
5 Ile: Ah yes. Oh well any time no:w [then.]
6 Nor: [Uh:::]:[m
7 Ile: [Ye:s. =
8 Nor: = But she [:'s (   )]
9 Ile: →   [Cuz Trixie started] so early [didn't sh [e,
10 Nor: →   [O h:: [ye:s. =
11 Ile: = Ye:h =

与 Ilene 所表达的认识立场相符,Norma 以 oh 为前置语的回应宣称了她对该信息的认识优势(Heritage, 1998; Heritage & Raymond, 2005)。

然而,在其他实例中,用附加疑问句表达的陈述,可能仅仅是寻求认同的关于事实或观点的断言。例(18)节选自一次小额索赔法庭听证会(Atkinson, 1992),其中原告要求对方赔偿因干洗造成的损坏。虽然被告在场,但原告仍用第三人称指代他——使用机构式的"他们"(Drew & Heritage, 1992; Sacks, 1992 [1967 秋,第 11 讲]),并向仲裁员陈述:

(18)[Dry Cleaned Dress]

1 Pla: I mean I: think mese:lf they put it on one a' their steam
2   thi :ngs ri:ght?
3   (0.7)
4 Pla: → 'N' sta:rt pressin' it. < Don't they.
5   (0.6)

```
6  Pla:→  See w't they u:se, they don't use an iron ↑do they.
7          (.)
8  Arb:   .hhh We:ll p'raps we c'n get Mister Collins t'tell us about
9          that'n a mom'nt.
```

原告最后两句关于干洗涉及蒸汽熨烫的话语（第4行和第6行），均附有一个附加疑问句。但这些话语并不表示原告在该事项上，相对于仲裁员处于［K-］地位。相反，它们的设计旨在诱导仲裁员做出肯定的回应，因为仲裁员将最终对造成的损坏作出裁决。当然，仲裁员则通过诉诸被告在该问题上的专业知识，抵制了这种诱导（第8—9行）。

最后，例（19）体现了附加疑问句认识状态和调动回应两个层面间的微妙冲突。这一序列节选自一段电话交谈，Emma 在电话中感谢她的朋友 Margy 几天前招待她的午餐。在此之前，Emma 对这顿午餐及 Margy 的朋友们进行了一连串的过度恭维，其中最近的发生在第1—3行。随后，在其丈夫 Larry 的公司做秘书工作的 Margy 为不得不经常离开餐桌而道歉，她在将这一行为对朋友们的影响降至最低时（第12行），还强调了她非做不可的理由（第14行）。Emma 则表示非常认同（第13行和第15行），并开始评论 Larry 生意上的成功（第16行）。显然，此处 Emma 并不是在就这一成功进行询问（事实上，这一言论是另一个故事的过渡，这个始于第19—21行的故事讲述了 Emma 如何向一个重要的第三方称赞他们的成功）。相反，这是另一种形式的恭维——也就是在实施断言，而非求取信息。作为从［K-］地位作出的关于 Margy 丈夫生意成功的断言，其后接的附加疑问句是妥当的。然而，从序列层面看，它增加了对方对恭维作出肯定确认（Stivers & Rossano, 2010）——一种规范的不妥行为（Pomerantz, 1978）的压力。

```
(19) [NB VII Power Tools:]
1  Emm:  .hhYou do evry]thing so beautif'lly end yer table
2         wz so byoo-I told Bud I said honestly..hhhhh ih wz jis:t
3         deli:ghtful t'come down there that day en mee[t these]
4  Mar:                                                [We:ll]
```

```
 5              (.)
 6 Emm:    [ga :ls] 'n:]
 7 Mar:    [I:.] jist wz so :- tickled thetchu di:d, B'[t uh]. hh =
 8 Emm:                                                [Mmm]
 9 Mar:    =I like tuh do that stu :ff en u-[I he-] =
10 Emm:                                     [Yah] =
11 Mar:    =I:: s-I: be-I knew I hedtuh be away fm the table a lot b't-
12         . hhh wir all frie :nds'n you guy [s didn't ca] :re, =
13 Emm:                                      [That's ri:ght]
14 Mar:    = En uh-. h-. h it's jis stuff I haftuh do fer [Larry,]
15 Emm:    [Ye::ah.]
16 Emm: →I [know en y[er do]in real good ar[ntche.]
17 Mar:      [. t. hhh   [E: n]              [I: '] m jis:so de-
lighted I
18              cn do it E[dna cz] if:I didn'do it we'd haft[uh hire it]
do:ne,
19 Edn:        [. hhhhh]                              [Wih y'know]
20 Edn:    i-yihknow it's funny uh:: uh Bud played et San Mar-av yih
21         gotta minute? =
```

该序列的一个显著特点是，Margy 特意在第 17 行继续解释她离开餐桌的原因，以与 Emma 的附加疑问句形成交叠。通过这种方式，她干预了 Emma 的附加疑问句及其强化的规范约束性，并在序列上删除了该恭维。此处，一个出于认识上的考虑而产出的附加疑问句，因其回应调动的属性而被干预。

否定疑问式句法

正如陈述式句法不能决定一个话轮的性质是否为"告知"一样，疑问式句法也不能决定一个话轮是否在寻求信息。在考察这个问题时，我们将首先讨论否定疑问式，然后再讨论直接疑问式。

在说话人声称或被认为处于 [K+]，或至少处于同等知晓地位的情况下（即，Bolinger［1957］的"窗帘拉起"地位），否定疑问式就会被听作是断言，而非提问。以下例（20）中姐妹俩关于棕榈泉的评价就是一个很好的例子：

(20)［NB:IV:10(R):14-17］
1 Emm:　　.h -How wz yer tri:p.
2 Lot:　　Oh:: Go:d wonderful Emm[a,
3 Emm:→　　　　　　　　　　　　[Oh idn'it beautiful do:wn
　　　　　　　　　　　　　　　　 the :re,
4 Lot:　　Oh:: Jeeziz ih wz go:rgeous::.

此处，Emma 在其否定疑问句中（第 3 行）利用时态的改变，将评价的对象从她缺乏认识权利的 Lottie 的旅行，转移到了她具备此种权利的旅行目的地棕榈泉（Goodwin & Goodwin, 1987; Heritage, 2002b）。基于这个［K+］地位，Emma 的话轮不是在寻求信息，而是在寻求认同的同时，声明自身观点。

类似地，在例（21）中，在一家小公司财务部工作的 Skip 给 Fred 打来电话，确认他是否已收到某条消息。如本序列所示（第 3 行），Fred 谈到了一笔明显逾期的付款，而对公司现金流了如指掌的 Skip 则使用了否定疑问式来评价这一消息：

(21)［Field U88:1:10: 11-24］
1 Ski:　That's alright I just wanted to make sure: (.) whether
2 　　　(you'd/you've) p'hh gone back or no[t. h
3 Fre:　　　　　　　　　　　　　　　　　[Yes I did. No [I got that =
4 Ski:　　　　　　　　　　　　　　　　　　　　　　　　[.hhhhhh. p
5 Fre:　= thanks 'n I, I've also heard about th'of course w'got
6 　　　the cash in toda:[y.
7 Ski:→　　　　　　　　　[gYes::. Yes isn't that good at l:ong
8 　　→la:[st. [((sniff))
9 Fre:　　　[That[s u-very good news. B't'v cour[se it (0.3)

```
10 Ski:                                              [khhhhhhh
11 Fre:   we'll haf to pay out a lot a'that I [guess
12 Ski:                                    [. hhhhhh ih Ye:s but
13        at least it'll bring us int'th'black hhh. hhh in the
14        middle of Ma:y......
```

此处,该疑问式再次被视为待认同的评价(第9行),而非对信息的请求。而在例(22)中,对"Pat"的评价形成了一场深入的认识上的斗争,其中相互竞争的、以否定疑问式构建的评价在其中扮演着重要的角色(Heritage, 2002a; Heritage & Raymond, 2005):

```
(22) [NB VII:1-2]
1 Emm:   = Oh honey that was a lovely luncheon I shoulda ca:
lled you
2        s:soo [:ner but I:]l:[lo:ved it. Ih wz just deli:ghtfu[:
l.]=
3 Mar:         [((f)) Oh:::]  [()           [Well]=
4 Mar:   =I wz gla[d y o u] (came).]
5 Emm:         ['nd yer f:] friends] 'r so da:rli :ng,=
6 Mar:   = Oh:::[: it wz:]
7 Emm: →       [e-that P]a:t isn'she a do:[:ll?]
8 Mar: →                              [iY e]h isn't she pretty,
9 Edn:   Oh: she's a beautiful girl. =
10 Mar:  = Yeh I think she's a pretty gir[l.
```

此例中,第7行和第8行的否定疑问句均未被理解为在寻求信息。

然而,在其他实例中,当说话人被认为处于[K-]地位时,否定疑问式可被理解为在寻求信息。以下两例可说明这一点,例句中,通过使用陈述式形式到使用否定疑问式形式,说话人从作出推定的断言的知情地位后退为相对不知情的([K-])地位。如在例(23)中,一位在日本的欧洲游客正与一位日本本地人谈论东京的天气状况:

(23)［JH：FN About the weather in Tokyo］
1 A：But the weather's humid in Fall,
2 B：((Looks puzzled))
3 A：Isn't the weather humid in Fall?
4 B：Yes it is.

此处，从陈述式到否定疑问式的变化轨迹表达了发话者对受话者当地经验的尊重，其中否定疑问式被视为寻求确认的问题，而非寻求认同的断言。

同样地，在例（24）中，在 Mike 要求得到一个鱼缸的情况下，Rick 提出异议称其中一些是属于 Alex 的（第6行）。他的异议及随后认识降级的重申（第9行）引发了受话者（Vic）"开放类（open class）"的修复发起（repair initiation）(Drew, 1997)（第8行和第10行）：

(24)［US：1076-1086］
1 Mik： You have a <u>tank</u> I like tuh tuh- I-I [like-
2 Vic：   [Yeh I gotta fa:wty::
3   I hadda fawtuy? a fifty, enna twu[nny:: en two ten::s,
4 Mik：   [Wut- Wuddiyuh doing
5   wit [dem. Wuh-
6 Ric：→   [But those were uh::: [<u>A</u>lex's tanks.
7 Vic：   [enna fi:ve.
8 Vic： Hah?
9 Ric：→Those'r <u>A</u>lex's tanks weren't they?
10 Vic： Pondn' me?
11 Ric：→Weren't- didn' they belong tuh Al[ex?
12 Vic：   [No: Alex ha(s) no tanks
13   Alex is tryin'tuh buy <u>my</u> tank.

因此，Rick 逐步从第6行所采取的［K＋］立场，变为第9行认识降级的陈述式＋附加疑问句后，最后后退为第11行借由否定疑问式表达

[K-]立场。正是针对后者，Vic 选择了强烈否定 Rick 的立场作为回应。

这些实例有力地支持了 Bolinger（1957）的观点，即将否定疑问式解读为求取信息还是传递信息，这取决于发话者与受话者的相对认识状态。

直接疑问式句法

尽管直接疑问式句法似乎专用于标识［K-］立场，因此始终与说话人的［K-］认识状态保持一致，但若说直接疑问式句法与这些现实世界的知识领域锁定在一起，则是有违事实的。其实，就像否定疑问式句法不能决定话轮的性质是否为"提问"一样，直接疑问式句法也无法决定话轮是在寻找信息与否。

当然，当疑问式句法与［K-］认识状态相一致时，通常我们会认为它是在表达对信息的寻求。因此，在以下序列中，Nancy 对信息的极性疑问请求促使她的朋友 Hyla 作出了相应的回应。此处，目标信息（关于 Hyla 的新男友）显然属于 Hyla 的认识领域，因此，通过疑问式句法和上升语调的运用，Nancy 在第 1 行的话轮的信息求取性质得以强化和公开表达：

(25)［HG：Ⅱ：25］
1 Nan：→．hhh Dz he 'av 'iz own apa:rt［mint？］
2 Hyl：   ［．hhhh］Yea:h,＝
3 Nan：＝Oh:,
4   (1.0)
5 Nan：How didju git 'iz number,

该话轮是基于［K-］立场发出的，并被视为对信息的请求，这一点经由 Nancy 针对 Hyla 的回应所作的反馈得以回溯证实（第 3 行）：oh 标识了说话人从［K-］到［K+］的"状态变化"（change of state）（Heritage，1984a）。

然而，如引自 Terasaki（2004；另见 Schegloff，1988）的以下序列所示，用疑问式表达的话轮是否会被视为寻求信息，这最终取决于发话者与受话者对其相对认识状态的判定：

(26) [KR:2]

```
1  Mom:    Daddy 'n I have t- both go in different
2          directions, en I wanna talk t'you about where I'm
3          going (t'night).
4  Rus:    (Mkay,)
5  Gar:    Is it about u:s?
6  Mom:    (Uh) huh,
7  Rus:    <I know where yer goin,
8  Mom:    Wh^ere.
9  Rus:    To thuh eh (eight grade)=
10 Mom:    =Yeah. Right.
11 Mom: →  Do you know who's going to that meeting?
12 Rus:    Who.
13 Mom:    I don't kno:w.
14         (0.2)
15 Rus:    .hh Oh::. Prob'ly. h Missiz Mc Owen ('n Dad said)
16         prob'ly Missiz Cadry and some of the teachers.
```

该序列从第 11 行开始，争议的焦点是妈妈和 Russ 谁处于 [K+] 认识立场。Russ 最初认为他母亲在第 11 行的话轮是针对他预告行为（第 7 行）的一种互惠（reciprocal）行为。也就是说，他以为 "Do you know who's going to that meeting" 是母亲为其即将履行的关于会议参与者的告知行为做准备，因此他发出 "Who" 以配合该投射（第 12 行）。直到第 13 行，Russ 才意识到他误解了母亲的真实认识状态，并开始（第 15 行）回答他现在才识别出的第 11 行"所问"的问题。正如第 15—16 行所明示，Russ 本可将第 11 行视为对信息的请求而立即予以回应，因此本例精妙地展示了归属的认识状态在决定疑问式句法构成的话语应被处理为何种行为方面的作用。

对于像例（26）这样的实例，可能会有人反驳，认为以诸如 "Do you know X" 为框架的疑问式在求取信息和为信息传递做准备之间存在系统性的歧义（S. E. Clayman，2010，私下沟通）。然而，这种说法在"考试"（exam）问句中就不成立，因为这种问句不是在寻求信息，而旨在确定受话者是否具备所要求的信息（或理解）（Searle, 1969）：

(27) [Gypsyman:1]
1 Tea: →Okay (.) now then (.) has anyone anything to say (.)
2   what d'you think this poem's all about?
3   (2.9)
4 Tea: Miss O'Neil?
5 Stu: The uhrm gypsyman they want his to stay one more day
6   longer.
7 Tea: The gypsyman they want him to stay one day longer,
8   (.)
9 Tea: Don't be afraid of making a mistake, if you've got
10   any thoughts you put your hand up. = No-one's gonna
11   laugh at ya. = I shall be very grateful for anything
12   you have to say. Miss O'Neil said it's a poem about
13   a gypsyman (.) an' somebody wants him to stay.
14   (0.3)
15 Tea: Any other ideas. = She's not right.

正如该语料中教师的话轮所明示，教室里只有一个"[K+]"的个体，而且孩子们对这首诗的理解正确与否将由他来决定。所有肯定或否定学生所说话语正确性的第三位置话轮（Drew, 1981; Sclair & Coultard, 1975），通常都回溯重申了最初影响其问句产出的[K+]认识立场（Heritage, 1984b）。

同样地，所谓的"反问句"（rhetorical question）——例如，过去30年里在公共事务中变得越发常见的句式"how can you/could you"（Clayman、Elliott、Heritage & McDonald 2006; Clayman & Heritage, 2002a、2002b）——旨在调动人们对一个"问句"作出回应，同时又坚称该问句是无法回答的。因此，这类疑问式实际上是专用于实施谴责的。

例如，在以下序列中，David Frost 与商人 Emil Savundra 对峙，后者出售了自己的汽车保险公司——实际上是清算了它，留下了许多未决的索赔。Savundra 随后因欺诈而受审并被判有罪。采访是在他受审之前进行的，现场的演播室观众都是对该公司有未决索赔的人。Savundra 面朝观众而坐，观众非常活跃，而 Frost 则站着向他讲话——通常站在他旁边（Clayman & Heritage，2002b）。该序列以 Frost 和 Savundra 直截了当的分歧开始（第 1—11 行）。随后，在第 21 行，Frost 以疑问的方式产出了"How d'you get rid of moral responsibility."而观众可能是受 Frost 早先关于 Savundra 道德责任断言的激励（第 6—7 行），将该话轮视为寻求认同的断言，而非需要回答的问题（第 23—25 行）：

(28)[UK BBCTV Omnibus：21 Apr 1981：Insurance Fraud]
  IR：David Frost IE：Emil Savundra AU：Studio Audience

```
1  IE:   By selling out (0.7) I have no legal
2         responsibility, (0.2) and no moral
3         responsibility.
4  AU:   Rubbish                      ](1.0)
5  AU:   No moral responsibility?     ]
6  IR:   You have- (0.5) you have total moral
7         respons[ibilityfor ALL these people.
8  IE:          [I beg your pardo:n
9  IE:   I beg your PARDON Mister Frost.
10 AU:   You have.                    ](0.2)
11 IE:   I have not.
12 IR:   How can you s- You say you're a Roman Catholic
13        and [its] the will of God..hh How can you be =
14 IE:        [Yes]
15 IR:   = responsible and head of company when all these
16        things happen..hh And you think by some fake
17        deal with Quincey Walker (.) four thousand
18        pou[nds (.) on June twenty third
19 IE:       [You have already assume::d
```

```
20 IE:    You have already assumed [a fake dea:l
21 IR:→                            [How d'you get rid
22       →of moral responsibility.
23 AU:    Yeah
24 AU:    You can't
25 AU:    You can't
26 IE:    How- you have already assumed (0.6) you've- one
27        thing: the fake dea:l
28 IR:→  Well forget the fake deal. [How do you sign =
29 IE:                              [Right
30 IR:→ = a bit of paper [. hh that gets rid of past =
31 IE:                   [Yes
32 IR:→ = moral responsibility.
33 IR:→ = Tell me that.
34 IE:     By i-  =
35 IR:→ = 'Cause we'd all love to know.
```

Frost 随后的疑问式（第28、30、32 行），因"a bit of paper"（第30 行）与脱落的"past moral responsibility"（第30、32 行）之间形成了讽刺意味的对比，也表现出它无法回答的性质。这一点在 Frost 随后坚决要求的"Tell me that"和讽刺的"Cause we'd all love to know."中得以强调。在 Savundra 的欺诈案二审中，上诉法官评论道：

本庭毫不怀疑，电视当局与所有制作和出现在电视节目中的人……也知道倘若将来有任何这样的采访在电视上播出，他们所有人都将面临怎样的危险。在文明社会中电视审判是不可容忍的。（Tracey，1977）

在一个类似的实例中，George H. W. Bush 总统在寻求共和党总统候选人提名时接受了 Dan Rather 的采访，以下序列就是其中的一部分：

(29) [US CBS Evening News: 25 Jan 1988: Iran-Contra]
     IR: Dan Rather IE: George Bush

1 IR: = > You've- you've made us hypocrites in [the face o' the

```
       world.] =
  2 IE:                         [(              )] =
  3 IR: => = How couldja [gr- how couldja-] (.) sign on to such a
         policy.
  4 IE:                       [(That was ba:d)]
  5 IR:      .hh[h And the question]   [is, what does that tell us a-
bout your] =
  6 IE:      [Well (half-) the] [same reason the President] =
  7 IR:   =[record.]
  8 IE:   =[    si]gned on to it. (0.2) The same reason the President
  9          signed on to it. .hh When a CIA agent is being tortured to
             death,
 10          .h maybe ya err on the side of a human life.
```

与上例一样，在争论性的断言（第1行）后，Rather 紧接着又产出一个指控性的问题（第3行）。然后他才后退一步，补充道，"and the question is…"（第5、7行），心照不宣地承认他先前的话轮不能被解读为求取信息（Clayman & Heritage, 2002b）。此处，采访者甚至已然放弃专业采访者惯常假定的 [K−] 立场，他的话语虽是用疑问式句法表达的，却并不被看作是在为自己或新闻受众寻求信息。这次极具争议的采访标志着 Dan Rather 的主持生涯开始走下坡路（Rather, 1994）。

最后，涉及提问者具备（或应该具备）主要认识地位领域的疑问式，通常不会被看作是在寻求信息。在下面的实例中，Shelley 取消了和朋友去州外看足球比赛的计划。Debbie 打电话来反对这项决定，暗示 Shelley 之所以决定不去，是因为她的现任男友（由 Debbie 介绍给她）也不打算去。她主要抱怨的是 Shelley 舍弃了"女伴"而选择了"男人"。在以下部分中，Shelley 试图转移这一指责，她表示，如果她男朋友去的话就会替她支付费用（第2—3行）：

(30) [Debbie and Shelley]

  1 Shelley: So: I mean it's not becuz he's- he's- I mean it's not

```
2              becuz he:'s not going it's becuz (0.5) his money's
3              not¿ (0.5) funding me.
4 Debbie:      Okay¿
5 Shelley: →So an' ↑when other time have I ever [done that?
6 Debbie:                                       [.hhh well I'm jus say:in'
7              it jus seems you- you base a lot of things on-on guy:s.
8              (.) I do'know:, it just- a couple times I don- I don-
9              .hh it's not a big deal.
```

在第 5 行，Shelley 问道："So an' ↑when other time have I ever done that?"——这是一个征求回应的问题，它涉及的是说话人自身具备获知特权的领域。无论从这句话语中产生的是何种行为——挑战、抱怨、抗议、反驳——它都不包含"求取信息"。因此，即使 Shelley 的谈话对象回应并列举了 Shelley 为了男人而舍弃女伴的情况（此处她并未这样做），我们也有理由认为，这是对 Shelley 话语目的的破坏——属于 Shelley "自食其果"的情况。①

总　结

Dwight Bolinger 1978 年指出，极性疑问句"提出一个待证实的假设"（1978：104）。显然，该假设所用的形态句法和语调形式千差万别。虽然疑问式句法与求取信息之间存在着很强的关联性，但我们发现，疑问式形态句法并非话轮"求取信息"——或更笼统地说是"提问"——的决定性指标。同样，尽管附加疑问句、上升语调与"请求确认"之间存在某种关联，但这种关联远非牢不可破或一成不变的。当然，陈述式形态句法亦非断言的决定性指标，尽管二者之间也存在着很强的关联性。本

---

① 现有文献（如，Han, 2002；Sadock, 1974）大多强调，这些"反问句"的主要语力源于其受话者被要求认可一个他们业已表明反对态度的观点（通常在争论的语境中）。然而，主人公们颠倒的认识立场——即提问所涉事项是提问者，而非受话者拥有主要认识权利的事项——似乎是最根本的。

文所提出的要点,具体如表 1 所示。

形态句法、语调和社会行为之间的这些关联,当与不同的认识状态结合使用时,会使认识斜坡产生重大调整。例如,主要与断言相关联的陈述式句法和语调,当与发话者的[K-]认识状态相结合,会表达比疑问式句法所能实现的更大的确定性——从而"调低"(fattening)发话者与受话者之间的认识斜坡,并被理解为请求对发话者的知识予以"确认"。

表 1　　　　　　　　　　　　认识与行为构建

话轮设计特征	[K+]认识状态 (属于发话者的认识领域)	[K-]认识状态 (不属于发话者的认识领域)
	行为解读(基于"共知的"发话者与受话者关于目标事态的认识状态)	
陈述式句法	告知(5)	陈述式/B-事件问句(6)、(7)、(8)、(9)、(10)(11)
带句末升调的陈述式句法	继续说(13)	提问(14)
附加疑问句	调动对断言的认同(18)、(19)	寻求确认(15)、(16)、(17)
否定疑问式句法	断言(参见 Bolinger[1957]的"窗帘拉起")(20)、(21)、(22)	求取信息(参见 Bolinger[1957]的"窗帘放下")(23)、(24)
疑问式句法	预告知问句(26) 已知答案问句(27) 反问句(28)、(29)、(30)	求取信息(25)

结　论

这些观察结果说明了什么?

第一,相对认识状态在塑造话语是被理解为求取信息还是传递信息的过程中,较形态句法和语调等因素更为重要。这种观点带来的结果之一是,疑问式形态句法和语调都可"被解放"(freed),作为"回应调动"特征参与到其他话语类别——如评价和注意中(Stivers & Rossano,2010)。而另一个结果是,通常由疑问式形态句法和语调传达的认识立场,在认识状态之上发挥二级分层的作用,以微调发话者与受话者之间的认识斜坡。正是由于这个原因,许多语言在没有任何形式的疑问式形态句法的情况下,能够实现对信息极性请求的表达。

第二,尽管有许多因素促使发话者在所讨论的所有问题上都始终清楚自身相对于他人的认识状态——这些因素包括,例如,归入"受话者设计"这一条目下的所有问题(Enfield & Stivers,2007;Sacks & Schegloff,1979;Sacks、Schegloff & Jefferson,1974;Schegloff,1972),本研究还额外考虑了以下这个因素。由于小句形态句法在行为构建中的作用其各个方面都是被认识状态压制的,因此交际者必须始终清楚,他们所认识的知识及获知权利在他们之间的现实世界分布状况,是正确理解小句话语应被解读为何种社会行为的条件。这一考虑适用于谈话中每一个包含小句元素的独立话轮,但用祈使式表达的话语除外。每个小句都会实现某种形式的陈述式或疑问式形态句法,但若无法对认识领域及其内部相对认识状态进行精细把握,就无法正确地对该小句进行解读。只有参考这一知识,才能把握每句话作为行为的意义。因此,认识状态是背景知识中一个可频繁调用的关键要素(Garfinkel,1967),它作为一种掌握谈话中话轮所实施行为的手段被大量调用。① 简言之,它是行为构建中主要且不可避免的要素。

第三,基于以上原因,互动分析决不能回避认识状态在行为构建和互动管理中的根本意义。

有人认为说话人可能缺乏维持这种认识"收报机"(ticker)持续更新所需的注意力、记忆力或认知的资源,并借此理解话语所实施的行为,或至少维持它的成本过高。然而,用"心理"动词和代词命名属性的听说双方之间文化认可的、惯常的认识资源的划分,无疑可以提供许多快捷的启发式,如,我们很难将"I hope to win"看作是除声明外的其他行为,正如很难将"You expect to win"解读为对信息或确认的请求之外的行为。认识收报机的维持可能只是 Sperber 等(2010)视为沟通基本要素

---

① 互动中多个对话者的多重认识领域渐增的数值(increasing value)、复杂性以及最终"记分"(keeping score)的必要性,可能是推动 Dunbar(2003)所描述的与群体规模增加相关的更大的皮层体积进化的一个因素。

的"认识警觉"（epistemic vigilance）的一个方面。此外，不论成本多高，与古谷伊米赛尔人及其他土著群体维持其基本空间坐标，以描述物体的定位以及行为者和行动的方向相比，它肯定微不足道（Haviland，1998；Levinson，2003）。

那么，什么是疑问句呢？Bolinger（1957：4）在他的《美式英语疑问句结构》一书中指出，疑问句"从根本上说是一种态度……一句'请求'（craves）言语或其他符号（如点头）回应的话语。这种态度以说话人将自身居于听话人的从属地位为特征。"随后，他又注意到，"疑问句似乎是一种行为模式，与其他行为模式——如攻击、顺从、焦虑或尴尬一样，真实而难以确定。没有一个广义的定义既能涵盖该模式，同时又能满足科学简洁的要求"（1957：5）。然而，换一种描述方式可能会有所帮助。我们可以根据它的形态句法特征、它的修复、它具有指称性和其他语用特征的词汇成分以及它的韵律，将谈话中的话轮解读为类似于具有复杂三维结构的复杂有机分子，如蛋白质。如同在分子世界中一样，此种结构也包含许多组件，这些组件可以通过标引、调用或引发现实世界的情境——例如，它在会话序列中的位置、说话人和听话人可见的世界以及双方之间受经历、历史和文化制约的多种多样的认识和社会关系等——来被"附着"（attached to）或"抵消"（neutralized）、开启或关闭等。作为"疑问句"出现的话语只能被解读为话轮和它的环境之间互动的产物，受话者透过这种互动可以看到发话者的说话方式，"看他是怎么说的"（Garfinkel，1967：29）。

本文仅限于考察认识状态在决定话语是传达信息还是求取信息方面的作用。虽然它看似是一个相对狭窄的领域，但它在确定更高级别（higher-order）行为——如请求、提供、提议、建议、称赞和抱怨，仅举几例——时仍然发挥着重要作用。这种区分对序列组织同样重要，因为传达信息的断言和与其相对的求取信息的提问，其下一行为及所附随的问题是截然不同的，甚至是具有对比性的（Heritage，2012）。最后，由于人格和社会认同与认识状态及其表达如此密不可分（Raymond & Heritage，2006），这个话题可能还会产生深远的社会和心理影响。

参考文献

Anspach, R. (1993). *Deciding who lives: Fateful choices in the intensive-care nursery.* Berkeley, CA: University of California Press.

Atkinson, J. M. (1992). Displaying neutrality: Formal aspects of informal court proceedings. In P. Drew & J. Heritage (Eds.), *Talk at work* (pp. 199 – 211). Cambridge, England: Cambridge University Press.

Bergmann, J. R. (1993). *Discreet indiscretions: The social organization of gossip.* Chicago, IL: Aldine.

Bolinger, D. (1957). *Interrogative structures of American English.* Tuscaloosa, AL: University of Alabama Press.

Bolinger, D. (1978). Yes-no questions are not alternative questions. In H. Hiz (Ed.), *Questions* (pp. 87 – 210). Dordrecht, The Netherlands: Reidel.

Clayman, S. E., Elliott, M. N., Heritage, J., & McDonald, L. (2006). Historical trends in questioning presidents 1953 – 2000. *Presidential Studies Quarterly*, 36, pp. 561 – 583.

Clayman, S. E., & Heritage, J. (2002a). Questioning Presidents: Journalistic deference and adversarialness in the press conferences of Eisenhower and Reagan. *Journal of Communication*, 52, pp. 749 – 775.

Clayman, S. E., & Heritage, J. (2002b). *The news interview: Journalists and public figures on the air.* Cambridge, England: Cambridge University Press.

Couper-Kuhlen, E. (in press). Some truths and untruths about prosody in English question and answer sequences. In J. P. de Ruiter (Ed.), *Questions: Formal, functional and interactional perspectives.* Cambridge, England: Cambridge University Press.

Drew, P. (1981). Adults' corrections of children's mistakes: A response to Wells and Montgomery. In P. French & M. MacLure (Eds.), *Adult-child conversations: Studies in structure and process* (pp. 244 – 267). London, England: Croom Helm.

Drew, P. (1991). Asymmetries of knowledge in conversational interactions. In

I. Markova & K. Foppa (Eds.), *Asymmetries in dialogue* (pp. 29 – 48). Hemel Hempstead, England: Harvester/Wheatsheaf.

Drew, P. (1997). "Open" class repair initiators in response to sequential sources of trouble in conversation. *Journal of Pragmatics*, 28, pp. 69 – 101.

Drew, P., & Heritage, J. (1992). Analyzing talk at work: An introduction. In P. Drew & J. Heritage (Eds.), *Talk at work* (pp. 3 – 65). Cambridge, England: Cambridge University Press.

Dryer, M. S. (2008). Chapter 116: Polar questions. In M. Haspelmath, M. S. Dryer, D. Gil, & B. Comrie (Eds.), *The world atlas of language structures online*. Munich, Germany: Max Planck Digital Library. Retrieved from http://wals.info/ feature/116 Dunbar, R. (2003). The social brain: Mind, language, and society in evolutionary perspective. *Annual Review of Anthropology*, 32, pp. 163 – 181.

Enfield, N. J., & Stivers, T. (2007). *Person reference in interaction: Linguistic, cultural and social perspectives*. Cambridge, England: Cambridge University Press.

Garfinkel, H. (1967). *Studies in ethnomethodology*. Englewood Cliffs, NJ: Prentice-Hall.

Geluykens, R. (1988). On the myth of rising intonation in polar questions. *Journal of Pragmatics*, 12, pp. 467 – 485.

Goffman, E. (1976). Replies and responses. *Language in Society*, 5, pp. 257 – 313.

Goffman, E. (1983). The interaction order. *American Sociological Review*, 48, pp. 1 – 17.

Goodwin, C., & Goodwin, M. H. (1987). Concurrent operations on talk: Notes on the interactive organization of assessments. *IPrA Papers in Pragmatics*, 1, pp. 1 – 52.

Han, C. - H. (2002). Interpretinginterrogatives as rhetorical questions. *Lingua*, 112, pp. 201 – 229.

Haviland, J. B. (1998). Guugu Yimithirr cardinal directions. *Ethos*, 26, pp. 25 – 47.

Hayano, K. (2011). Claiming epistemic primacy: *yo*-marked assessments in Japanese. In T. Stivers, L. Mondada, & J. Steensig (Eds.), *The morality of knowledge in conversation* (pp. 58 – 81). Cambridge, England: Cambridge University Press.

Hayano, K. (2012). *Territories of knowledge in Japanese interaction* (Unpublished doctoral dissertation). Max Planck Institute for Psycholinguistics, Nijmegan, The Netherlands.

Heinemann, T. (2006). "Will you or can't you?": Displaying entitlement in interrogative requests. *Journal of Pragmatics*, 38, pp. 1081 – 1104.

Heinemann, T. (2008). Questions of accountability: Yes-no interrogatives that are unanswerable. *Discourse Studies*, 10, pp. 55 – 71.

Heritage, J. (1984a). A change-of-state token and aspects of its sequential placement. In J. M. Atkinson & J. Heritage (Eds.), *Structures of social action* (pp. 299 – 345). Cambridge, England: Cambridge University Press.

Heritage, J. (1984b). *Garfinkel and ethnomethodology*. Cambridge, England: Polity Press.

Heritage, J. (1998). *Oh*-prefaced responses to inquiry. *Language in Society*, 27(3), pp. 291 – 334.

Heritage, J. (2002a). The limits of questioning: Negative interrogatives and hostile question content. *Journal of Pragmatics*, 34(10 – 11), pp. 1427 – 1446.

Heritage, J. (2002b). *Oh*-prefaced responses to assessments: A method of modifying agreement/ disagreement. In C. Ford, B. Fox, & S. Thompson (Eds.), *The language of turn and sequence* (pp. 196 – 224). Oxford, England: Oxford University Press.

Heritage, J. (2010). Questioning in medicine. In A. F. Freed & S. Ehrlich (Eds.), *"Why do you ask?": The function of questions in institutional discourse* (pp. 42 – 68). New York, NY: Oxford University Press.

Heritage, J. (2011). Territories of knowledge, territories of experience: Empathic moments in interaction. In T. Stivers, L. Mondada, & J. Steensig (Eds.), *The morality of knowledge in conversation* (pp. 159 – 183). Cambridge, England: Cambridge University Press.

Heritage, J. (2012). The epistemic engine: Sequence organization and territories of knowledge. *Research on Language and Social Interaction*, 45(1), pp. 30 – 52.

Heritage, J., & Raymond, G. (2005). The terms of agreement: Indexing epistemic authority and subordination in assessment sequences. *Social Psychology Quarterly*, 68(1), pp. 15 – 38.

Heritage, J., & Raymond, G. (in press). Navigating epistemic landscapes: Acquiescence, agency and resistance in responses to polar questions. In J. -P. de Ruiter (Ed.), *Questions: Formal, functional and interactional perspectives*. Cambridge, England: Cambridge University Press.

Kamio, A. (1997). *Territory of information*. Amsterdam, The Netherlands: John Benjamins.

Koshik, I. (2005). *Beyond rhetorical questions: Assertive questions in everyday interaction*. Amsterdam, The Netherlands: John Benjamins.

Labov, W., & Fanshel, D. (1977). *Therapeutic discourse: Psychotherapy as conversation*. New York, NY: Academic Press.

Levinson, S. C. (1979). Activity types and language. *Linguistics*, 17, pp. 365 – 399.

Levinson, S. C. (1981a). Some pre-observations on the modeling of dialogue. *Discourse Processes*, 4, pp. 93 – 110.

Levinson, S. C. (1981b). The essential inadequacies of speech act models of dialogue. In H. Parret, M. Sbisa, & J. Verschueren (Eds.), *Possibilities and limitations of pragmatics* (pp. 473 – 492). Amsterdam, The Netherlands: John Benjamins.

Levinson, S. C. (1983). *Pragmatics*. Cambridge, England: Cambridge University Press.

Levinson, S. C. (2003). *Space in language and cognition*. Cambridge, England: Cambridge University Press.

Levinson, S. C. (in press). Interrogative intimations: On a possible social economics of interrogatives. In J. -P. de Ruiter (Ed.), *Questions: Formal, functional and interactional perspectives*. Cambridge, England: Cambridge University Press.

Maynard, D. (2003). *Bad news, good news: Conversational order in everyday talk and clinical settings*. Chicago, IL: University of Chicago Press.

Peräkylä, A. (1998). Authority and accountability: The delivery of diagnosis in primary health care. *Social Psychology Quarterly*, 61(4), pp. 301–320.

Pollner, M. (1974). Mundane reasoning. *Philosophy of the Social Sciences*, 4, pp. 35–54.

Pollner, M. (1975). "The very coinage of your brain": The anatomy of reality disjunctures. *Philosophy of the Social Sciences*, 5, pp. 411–430.

Pollner, M. (1987). *Mundane reason: Reality in everyday and sociological discourse*. Cambridge, England: Cambridge University Press.

Pomerantz, A. M. (1978). Compliment responses: Notes on the co-operation of multiple constraints. In J. Schenkein (Ed.), *Studies in the organization of conversational interaction* (pp. 79–112). New York, NY: Academic Press.

Pomerantz, A. M. (1980). Telling my side: "Limited access" as a "fishing" device. *Sociological Inquiry*, 50, pp. 186–198.

Pomerantz, A. M. (1984). Agreeing and disagreeing with assessments: Some features of preferred/dispreferred turn shapes. In J. M. Atkinson & J. Heritage (Eds.), *Structures of social action* (pp. 57–101). Cambridge, England: Cambridge University Press.

Quirk, R., Greenbaum, S., Leech, G., & Svartvik, J. (1975). *A comprehensive grammar of the English language*. New York, NY: Longman.

Rather, D. (1994). *The camera never blinks twice: The further adventures of a television journalist*. New York, NY: William Morrow.

Raymond, G. (2000). The voice of authority: The local accomplishment of authoritative discourse in live news broadcasts. *Discourse Studies*, 2, pp. 354–379.

Raymond, G. (2010). Grammar and social relations: Alternative forms of yes/no-type initiating actions in health visit or interactions. In A. F. Freed & S. Ehrlich (Eds.), *"Why do you ask?": The function of questions in institution-*

al discourse (pp. 87 – 107). New York, NY: Oxford University Press.

Raymond, G., & Heritage, J. (2006). The epistemics of social relations: Owning grandchildren. *Language in Society*, 35, pp. 677 – 705.

Rossano, F. (2010). Questioning and responding in Italian. *Journal of Pragmatics*, 42, pp. 2756 – 2771.

Sacks, H. (1963). Sociological description. *Berkeley Journal of Sociology*, 8, pp. 1 – 16.

Sacks, H. (1984a). Notes on methodology. In J. M. Atkinson & J. Heritage (Eds.), *Structures of social action* (pp. 21 – 27). Cambridge, England: Cambridge University Press.

Sacks, H. (1984b). On doing "being ordinary." In J. M. Atkinson & J. Heritage (Eds.), *Structures of social action* (pp. 413 – 429). Cambridge, England: Cambridge University Press.

Sacks, H. (1992). *Lectures on conversation* (Vol. 1). Oxford, England: Blackwell.

Sacks, H., & Schegloff, E. A. (1979). Two preferences in the organization of reference to persons and their interaction. In G. Psathas (Ed.), *Everyday language: Studies in ethnomethodology* (pp. 15 – 21). New York, NY: Irvington Publishers.

Sacks, H., Schegloff, E. A., & Jefferson, G. (1974). A simplest systematics for the organization of turn-taking for conversation. *Language*, 50, pp. 696 – 735.

Sadock, J. M. (1971). Queclaratives. In *Papers from Seventh Regional Meeting of the Chicago Linguistic Society* (pp. 223 – 232). Chicago, IL: Chicago Linguistics Society.

Sadock, J. M. (1974). *Toward a linguistic theory of speech acts*. New York, NY: Academic Press.

Schegloff, E. A. (1972). Notes on a conversational practice: Formulating place. In D. Sudnow (Ed.), *Studies in social interaction* (pp. 75 – 119). New York, NY: Free Press.

Schegloff, E. A. (1984). On some questions and ambiguities in conversation.

In J. M. Atkinson& J. Heritage (Eds.), *Structures of social action* (pp. 28 –52). Cambridge, England: Cambridge University Press.

Schegloff, E. A. (1988). Presequences and indirection: Applying speech act theory to ordinary conversation. *Journal of Pragmatics*, 12, pp. 55 –62.

Schegloff, E. A. (1992a). Introduction. In G. Jefferson (Ed.), *Harvey Sacks, lectures on conversation* (Vol. 1, pp. ix – lxii). Oxford, England: Blackwell.

Schegloff, E. A. (1992b). To Searle on conversation: A note in return. In H. Parret & J. Verschueren (Eds.), *(On) Searle on conversation* (pp. 113 – 128). Amsterdam, The Netherlands: John Benjamins.

Schegloff, E. A. (2007). *Sequence organization in interaction: A primer in conversation analysis* (Vol. 1). Cambridge, England: Cambridge University Press.

Schegloff, E. A. (2008). *Prolegomena to the analysis of action(s) in talk-in-interaction.* Paper presented at the Max Planck Institute for Psycholinguistics, Nijmegen, The Netherlands.

Searle, J. R. (1969). *Speech acts: An essay in the philosophy of language.* Cambridge, England: Cambridge University Press.

Searle, J. R. (1975). Indirect speech acts. In P. Cole & J. L. Morgan (Eds.), *Syntax and semantics* (Vol. 3, pp. 59 –82). New York, NY: Academic Press.

Searle, J. R. (1979). *Expression and meaning: Studies in the theory of speech acts.* Cambridge, England: Cambridge University Press.

Sinclair, J., & Coulthard, R. M. (1975). *Towards an analysis of discourse.* London, England: Oxford University Press.

Sperber, D., Clement, P., Heintz, C., Mascaro, O., Mercier, H., Origgi, G., & Wilson, D. (2010). Epistemic vigilance. *Mind and Language*, 25, pp. 359 –393.

Stivers, T. (2010). An overview of the question-response system in American English. *Journal of Pragmatics*, 42, pp. 2772 –2781.

Stivers, T., Enfield, N. J., Brown, P., Englert, C., Hayashi, M., Heinemann, T. ,... Levinson, S. (2009). Universals and cultural variation in turn-taking in conversation. *Proceedings of the National Academy of Sciences*, 106(26), pp. 10587 – 10592.

Stivers, T. , & Hayashi, M. (2010). Transformative answers: One way to resist a question's constraints. *Language in Society*, 39, pp. 1 – 25.

Stivers, T. , Mondada, L. , & Steensig, J. (2011). Knowledge, morality and affiliation in social interaction. In T. Stivers, L. Mondada, & J. Steensig (Eds.), *The morality of knowledge in conversation* (pp. 3 – 26). Cambridge, England: Cambridge University Press.

Stivers, T. , & Rossano, F. (2010). Mobilizing response. *Research on Language and Social Interaction*, 43, pp. 3 – 31.

Terasaki, A. K. (2004). Pre-announcement sequences in conversation. In G. Lerner (Ed.), *Conversation analysis: Studies from the first generation* (pp. 171 – 223). Amsterdam, The Netherlands: John Benjamins.

Tracey, M. (1977). *The production of political television.* London, England: Routledge.

Turner, P. (2008). *Grammar, epistemics and descriptive adequacy: Question construction in out-of-hours calls to an on-call physician.* Unpublished paper, Department of Applied Linguistics, UCLA.

Weber, E. (1993). *Varieties of questions in English conversation.* Amsterdam, The Netherlands: John Benjamins.

附录 2

认识引擎:序列组织与知识领域*
John Heritage 美国加州大学洛杉矶分校(UCLA)社会学系

摘　要

　　文章梳理了一系列关于信息不均衡在会话序列组织中作用的会话分析成果。分别考察从知晓的认识立场和不知晓的认识立场发起的序列后,文章提出相对认识立场和状态的作用是谈话产出的保证,是序列产生和消亡的促进力量。

　　三十多年前,Charles Goodwin 在其经典文章中分析了以下语句:"I gave, I gave up smoking cigarettes::. (0.4) I-uh: one-one week ago t'da: y acshilly."文章注意到,这句话最初是针对一位不知晓的([K-])受话者(Don,餐桌上的一位客人)设计的。由于未从后者那里获得多少认同,发话者遂将目光转向了他的妻子(Beth),并添加了一个小的追补句("one-one week ago t'da: y acshilly,"),暗示当天是他戒烟过程中的一个小里程碑或纪念日。Goodwin 认为,这个追补句是为 Beth 量身定制的,因为尽管她知道他戒烟了,但她可能不知道他戒烟的具体日期。正如 Goodwin 所说,"在句子后加上这一部分,John 戒烟的消息就变成了另一条消

---

* 本文"The epistemic engine: Sequence organization and territories of knowledge"原载于 *Research on Language and Social Interaction* 2012 年第 1 期,第 30—52 页。作者为美国加州大学洛杉矶分校社会学特聘教授 John Heritage。

息，即今天是他的戒烟纪念日。这个纪念日是包括 Beth 在内的在场所有人都无须知道的新事件"（Goodwin，1979：100）。

正如 Goodwin（1979）的分析所示，无论是初始话语还是它随后的修正，其驱动力——实为最根本的保证——都是认识性的：将消息传达给其他不知晓的受话者（们）。Goodwin 将此归功于 Sacks，他将支撑序列的规范原则描述为"规定人不应告诉其谈话对象他们认为对方已经知道的事情的普遍准则"（1979：100）。三年之前，Terasaki（1976/2004）在其突出的关于前—序列（pre-sequence）的研究中曾探究了同样的主题，这些序列作为宣告的前置语，旨在将知晓的受话者与不知晓的受话者区分开来。几年后，Heritage（1984）描述了会话参与者在收到其问题的回答后，会在多大程度上标示其所称的"状态变化"（change of state）（从 [K-] 到 [K+]）。前两项研究形象地表明，作为谈话中产出话轮（Goodwin，1979）或开启序列（Terasaki，2004）的条件，发话者对其相对于受话者的认识地位非常敏感，而第三项研究则证明，这种敏感性也体现在受话者在互动序列之后，对所传达信息的接收当中。

"信息"是沟通中的关键要素，促进和保证谈话内容的产生，这一观点并不新鲜。它是自 Shannon 和 Weaver（1949）以来的交际理论、各种关注新—旧信息区分的功能语言学理论（Chafe，1994；Clark & Haviland，1977；Halliday & Hasan，1976；Prince，1981）以及多种多样讨论句子构建和识解的语用学理论（Grice，1975；Levinson，2000；Sperber & Wilson，1986）的主要组成部分。在同一时期，语义学家（如 Kamp，1981；Stalnaker，1978）开始研究建立信息流动态模型。Levinson（待刊）总结道：

> 这些模型大都假设存在一个共享信息池或"共识"（common ground），并探讨特定语言结构是如何编码指令来更新这一共识的（见 van Eijck, J. & Visser, A., 2010）。因此，意义可等同于语境变化。例如，一个断言可能对本应存在于共识中的预设进行编码，同时还应向其添加新的断言内容。疑问句则对信息状态进行区分，而其回答又消除了其中一些分区（Groenendijk，1998），从而对共识加以更新。

然而，尽管有明确的证据表明，承认新信息是新的，从而使共识得以更新，是许多"序列结束第三位置"（sequence closing thirds）（Schegloff, 2007）及相关的确认形式处理的首要任务，但总的来说，会话分析（conversation analysis, CA）与这些趋势相去甚远。如下面的宣告序列：

（1）［Terasaki 2004］
1 Ron： I fergot t'tell y'the two best things that
2   happen'tuh me t'day.
3 Bea： Oh super. = What were they
4 Ron： I gotta B plus on my math test,
5 Bea： On yer final?
6 Ron： Un huh?
7 Bea：→Oh that's wonderful
8 Ron： And I got athletic award.
9 Bea： REALLY?
10 Ron： Uh huh. From Sports Club.
11 Bea：→Oh that's terrific Ronald.

此例中，在第7行和第11行，Bea 均借助其回应话轮的第一个成分——"状态变化"标记"oh"确认 Ron 的消息为"新信息"（news）。随后 Bea 才继续发出附和性评价，表达对消息的评价值（好或坏［Maynard, 2003］）。这两个回应解决了 Schegloff 所说的许多会话行为"双重"（double-barreled）性质的问题（Schegloff, 2007）。两种行为的排序——先接收新信息，后针对该信息实施其他行为——在英语中似乎是普遍的或近乎普遍的，也许在其他语言中亦是如此（Hayano, 2011）。① 在会话分析文献中，这些基本的会话现象并未被过多提及。相反，它们往往被包含在"受话者设计"（recipient design）的话题下，或是被归入"序列结束第三位置"（sequence-closing thirds）这一无定形的类别中。

---

① 另见 Schegloff 关于"复合"（composite）后扩展序列（postexpansion）的讨论（Schegloff, 2007：127-142）。

本文将探讨知识领域在促进互动序列发展中的作用。文章认为，当说话人明示其与听话人之间存在信息不均衡时，这一明示足以促进和保证互动序列的发展，而当这种不均衡经事实证明，被确认为已实现均衡时，该互动序列就会终结。《互动中的序列组织（Sequence Organization in Interaction）》一书中，Schegloff（2007）在提及故事讲述和其他类型的"讲述（telling）"序列时说，除了以相邻话对概念本身为中心的原则外，还存在其他的序列组织原则（41-44）。但同时他也指出，在序列或话题层面透过后扩展序列探察相邻话对，存在一系列的困难和复杂因素。本文旨在促进对序列组织中这些可供选择的原则的理解，并提出信息不均衡原则就是其中之一。

本文的论证将通过两条调查线索进行：分析第一说话人从不知晓的（[K-]）立场发起的序列，以及分析第一说话人从知晓的（[K+]）立场发起的序列。在每种情况下，我们先讨论作为谈话保证的这些认识立场处于外显"公开"（on record）状态的实例，如也可被描述为相邻话对前件的提问或宣告等（Schegloff, 2007; Stivers & Rossano, 2010），然后讨论立场表达不那么明显的、更微妙和间接的，同时不易描述的实例。无论是外显的"公开的"还是隐藏的"非公开的"，我认为这些关于认识不均衡的表达都会驱动序列发展。下面我先对知识领域进行简要概述。

知识领域：认识状态和认识立场

知识领域（或认识领域 [Stivers & Rossano, 2010]）的概念最早是由 Labov 和 Fanshel（1977）在区分 A-事件（对于 A 是已知的，但对于 B 是未知的）和 B-事件（对于 B 是已知的，但对于 A 是未知的）时提出的，并借此分析陈述式问句，认为这种 A 所作的 B-事件陈述（如，"You're going to the movies."）应被视为信息求取行为。Kamio（1997）将这一概念加以扩展和系统化，主张 A 和 B 各自都有自己的信息领域，而且任何特定的知识元素都可属于双方的信息领域，但程度通常有所不同。综合这些观点，我们可将针对某一领域的相对认识权限看作是在行为者之间分级的，这样行为者在认识斜坡（epistemic gradient）上占据不同的位置（掌握知识多的 [K+] 行为者或掌握知识少的 [K-] 行为者），而认识斜坡本身会因坡度的陡缓呈现差异（Heritage，2010、待刊；Heritage & Raymond，待刊）。我们将这种相对的定位称为认识状态，在这种状态中，人们认识到彼此对某个或多或少已成事实的知识领域知晓更多或更少（见 Heritage，2012/本期）。当然，每个人相对于他人的认识状态往往会因领域的不同而有别，并随着时间的推移而变化，还会因特定互动行为的作用而随时改变。

认识状态应与认识立场区分开来。认识立场是指说话人如何通过谈话中话轮的设计来定位自己的认识状态。尽管认识状态与认识立场之间通常存在一致性，使得话轮中编码的认识立场与说话人的认识状态相一致，但这种一致性的发生并非必然。为了显得比实际知晓更多或更少，有些人会借助认识立场的表达来掩饰其真实的认识状态，因此认识立场这一附加概念的提出是必要的。

在考察知识领域在序列组织中的作用时，出现了两条主要途径。首先，关于所谈论事项，发话者将自身定位于相对于他人的不知晓的（或 [K-]）地位，从而通过从预期知晓更多的（或 [K+]）受话者处征求或引发信息的方式来发起序列。或者，知晓的 [K+] 发话者可简单地通过开启关于所谈论事项的谈话来发起序列，并借由投射其受话者处于相对不知晓的（[K-]）地位来获取实施该行为的保证。下文我们将依次讨论这两种途径。

受话者发起：[K-] 发起

信息求取在促进互动序列发展中的作用是毋庸置疑的。信息求取是相邻话对前件的主要原型（Schegloff，2007；Stivers & Rossano，2010），它使后件的出现为必需的、缺失明显的，而且它作为一种规范义务（normative obligation）（Sacks，1987；Schegloff，1972）和经验实践（empirical practice）（Stivers et al.，2009）会获得相邻的回应。信息求取是这样一种行为：用于传达认识立场的资源（如，通常为疑问式句法）与现实世界中各方的相对认识状态（如，受话者为知晓的 [K+] 状态，请求者为不知晓的 [K-] 状态）相一致，从而构成信息求取行为（Heritage，2012 年/本期）。在以下序列中，Nancy 提出的三个分散的对信息的请求促使其朋友 Hyla 作出了相应的回应。在每一个请求中，被求取的信息（关于 Hyla 的新男友）显然都属于 Hyla 的认识领域，而且通过疑问式句法和上升语调的运用，其信息求取的性质均得以强化和公开表达：

(2)［HG:II:25］

```
 1 Nan:   .hhh Dz he 'av 'iz own apa:rt[mint?]
 2 Hyl:                            [.hhhh] Yea:h,=
 3 Nan:   =Oh:,
 4        (1.0)
 5 Nan:   How didju git 'iz number,
 6        (.)
 7 Hyl:   I(h) (.) c(h)alled infermation'n San
 8        Fr'ncissc(h)[uh!
 9 Nan:               [Oh::::.
10        (.)
11 Nan:   Very cleve:r, hh =
12 Hyl:   =Thank you[: I-.hh-.hhhhhhhh hh =
13 Nan:             [W'ts 'iz last name,
14 Hyl:   =Uh:: Freedla:nd..hh[hh
15 Nan:                       [Oh[:,
16 Hyl:                          [('r) Freedlind.=
```

用 Schegloff（2007: 78）的话说，这些问题每一个都是"类型规定的（type-specifying）"：它规定回应所包含的内容（如，*yes* 或 *no*、名字等）。而 Hyla 的所有回应均为类型相符的（type conforming）（Raymond, 2003），并且提供了所需类型的信息。在 Hyla 的每次回应之后，Nancy 均通过"oh"（第 3、9 和 15 行）——一个"序列结束第三位置"（Schegloff, 2007: 118）确认该回应作为对"问题"的"回答"已将所寻求信息传达到位。然而，在该情境下，注意这些序列终结的基础很重要。对信息的请求将请求者定位为不知晓的（［K－］）认识状态，而将受话者定位为知晓的［K＋］认识状态。"oh"所承载的"状态变化"表达标志着提问者先前采取的［K－］立场的认识转变（Heritage，1984）。它反过来又表明，产出问题不仅是为了寻求信息，而且正是为了寻求对方实际提供的这一信息。因此，它不会引发序列扩展。在例（2）中，这一点显见于每一个问答序列与下一个问答序列（第 4 行和第 10 行）之间的间隙中，以及在每一种情况下都由一个新问题更新谈话的事实中。所以此处每个序列都由一个［K－］表达开启，并通过一个回应予以终结，该回应表明信息中的"缺口"（gap）实际上已被弥合，而且经事实证明，信息上的不均衡已实现均衡。在每个序列中，认识引擎都按照自己的轨道运行。

以下是另一个类似的实例，Lesley 询问她的母亲关于她明确推荐过的一种草药的情况（如第 15 行所示）。

(3)［Field 1:1:89-94］
1 Les: Uh didyuh get yer garlic tablets.
2 Mum: Yes I've got them,
3 Les: Have yuh t- started tak[ing th'm
4 Mum: [I started taking th'm t'da:y
5 Les: →Oh well do :n[e
6 Mum: [Garlic'n parsley.
7 Les: ↑THAT'S RI:ght. [BY hhoh-u-Whole Food?
8 Mum: [(   )
9   (0.3)
10 Mum: Whole Foo:ds ye[s,
11 Les: [YES well done,
12   (0.3)
13 Mum: (   )
14   (0.6)
15 Les: 's I've got Katharine on: th'm too: now,

在第 3 行简短地扩展她的询问后，Lesley 在第 5 行借助"oh"和"well do：ne"结束了序列，其中前者用以接收信息，后者表示该信息足够完整以使其作此评价。在一个简短的后扩展之后（第 6—10 行），Lesley 又发出类似的评价（此次没有"oh"），终结了序列（第 11 行）。

评价本身也可担任"序列结束第三位置"（Schegloff，2007：123）。同样，它们也是通过表明认识差距已经缩小到了评价既是可能也是可取的程度来结束序列。例（4）两例的第一例中，对方明显预告烦恼的回应被提问者所作的空泛的评价予以忽略（Heritage，1998；Jefferson，1980），而在第二例中，对方空泛的"无新信息"的回应被提问者平淡地予以确认：

```
(4) [TG：1：27 – 33（Schegloff 2007：124）]
1  Ava：    [.hh] How'v you bee:n.
2  Bee：    .hh Oh::: survi:ving I guess, hh[h!
3  Ava：→                                  [That's good,=
4  Ava：    How's (Bob),
5  Bee：    He's fine,
6  Ava：→   Tha::t's goo:d,
7  Bee：    (Bu::t.)=/(Goo:d.)=
8  Bee：    ='n how's school going.
9  Ava：    Oh s:ame old shit.
```

在每次评价（第 3 行和第 6 行）之后，提问者又开启了新的信息请求所引发的序列（第 4 行和第 8 行）。

总之，正如说话人可利用 [K-] 认识状态的声明来开启序列一样，他们也可利用"状态变化"表达和评价来调用认识声明，终结序列。在所有涉及运用"序列结束第三位置"来终止这些认识驱动的序列的实例中，互动均是通过一种"分界的"或"分段的"话题组织过程向前推进的（Button & Casey，1985；Jefferson，1984）。

运用明确地或"公开地"调用 [K-] 认识立场的疑问式形态句法来求取信息，并非说话人获取信息的唯一手段。正如 Pomerantz（1980）三十年前就注意到，关于与谈话对象相比不完整的或不充分的信息（如，通过报告、传闻或推理得知的"2 类知识 [type 2 knowables]"）的断言也可实现同样的目的。例（5）清楚地说明了这一点。

(5) [Rah:12:4:ST]
1　Jen:→　=[Okay then I w]'z askin ='er en she says yer
2　　　　→ working tomorrow ez well.
3　Ida:　Yes I'm s'pose to be tihmorrow yes,
4　Jen:→ O[h:::.
5　Ida:　　[Yeh,

此例中，Jen 关于第三方"传闻"（hearsay）的报告，是在征求目标信息显然归属于其认识领域的那个人的确认。①

例（6）中，双方在谈论一家公司的财务，Fred 从 [K-] 的立场发起了一项陈述式的信息请求。此处情况很复杂：Skip 从事会计工作，对该公司现金流的细节了如指掌，而 Fred 则是该公司的一名主管。Fred 的信息请求以疑问式（"do we owe:"）开始，然后被修正为陈述式"we haven' paid any of the (Almans) 'n people like that yet,"最后被公开表达为 [K-] 立场的推测"I take it."

(6) [Field U88:1:10: 26-40]
1　Fre:→ [ih Y e: s] But buh [but (.) do we owe: I mean =
2　Ski:　　　　　　　　　　　　[u h h h h h h
3　Fre:→ = ih- we haven' paid any of the (Almans) 'n people like
4　　　→ that yet I [(take it)
5　Ski:→　　　　　[eeYES we paid some of them-
6　　　　　　　　　(0.2)
7　Fre:→ W[e ↓have.]

---

① 在一项类似的分析中，Goodwin（1986:298）描述了一位妻子是怎样发起一个故事的，故事开头她说"Mike siz there w'z a big fight down there las'night."此处，Mike 的妻子 Phyllis 并非事件的直接亲历者（尽管她显然已被告知此事），她借用这一报告来请 Mike 向在场其他并不知晓此事或其细节的对话参与者讲述此事。

```
 8  Ski:    [Becuz in] the e:n:d u (.) uh::: we (.) pai:d h. hh
 9  Fre:    [( )]
10  Ski:    [We kept them waiting for as long as we cou:ld h
11          .h[hh W]e paid some las' week in the expectation that it =
12  Fre:    [Ye:s.]
13  Ski:    = w'd come in: (.) you know eh [wuh- earlier than it di:d.
14  Fre:                                   [Ye:s.
```

在 Skip 回答称公司的一些账单已经付清之后（第5行），Fred 明确表示该信息与其预期相反（"We↓Have."[第7行]）。随后，Skip 开始为偿还债权人的决定辩护，称他们已经尽可能地拖延了时间，并在其自身会按时收到付款的错误预期中（第13行），最终支付了对方的部分账单。除去其他特点，Fred 的问题显然旨在证实账单未付的可能性（从现金流的角度看，这是一个理想的结果），的确，大概是为此目的，该话语从疑问式修正成了陈述式。而推测性的"I take it"，在原本断言的信息求取的基础上，增加了轻微的认识降级（Heritage & Raymond，待刊）。此处，Fred 的两个话轮均是通过对[K-]立场的陈述式表述（第3—4行）或回溯再确认（第7行）来获取信息。

尽管先前的实例涉及的是分段的话题开启，但认识降级也可用于引发序列扩展。在这种情况下，带推理标记的陈述式话语的使用十分常见，这些话语涉及的知识或信息完全属于受话者的认识领域。以下就是此种用法的众多实例之一。在该例中，Nancy 谈论的是她不情愿地卷入一位疏远的家庭成员的财务事务中。在了解到 Nancy "forwards his mail"（第7、10行）后，Emma 作出了陈述式的推理 "Yih know where' is the:n,"——这一信息完全属于 Nancy 的认识领域，并被后置的推理标记 "then" 明确标记为此类信息。

```
(7) [NB II:2:10(R)]
 1  Nan:    [So: I js took th'sekint page u th'letter? 'n (.) stuck
 2          th'fifty dollars: check innit? 'n. hhhhh (0.2) mailed it t'
 3          Ro:l.
```

```
 4         (0.3)
 5  Nan:  No note no eh I haven't written a word to im.
 6         (0.3)
 7  Nan:  I [jst uh, h for'd iz mai:l stick it in th'onvelope'n
 8  Emm:  [Mm:
 9         (0.4)
10  Nan:   send it all on up to im en. hhh[hhh
11  Emm: →[Yih know where is the :n,
12         (0.8)
13  Nan:   I have never had any of it retu:rned Emma, h
14  Emm: → Oh::.
15  Nan:   At a:ll, so: [I jist assoom......
```

或许是为了阻止 Emma 询问中表达的任何关于继续双方亲密关系的后续暗示,Nancy 用一个"形式变换的回答"(transformative answer)(Stivers & Hayashi, 2010)作了回应。随后,Emma 借助状态变化([K-]→[K+])标记 oh 确认该回应(第14行),并承认她的信息相对缺乏状态(Heritage, 1984)。

目前为止,我们已举例说明了分段的话题开启和序列扩展的情况,但认识降级也可用来实现逐步的话题转换(Jefferson, 1984; Sacks, 1992b)。在以下实例中,Vera 讲述她儿子(Bill)及其家人当天突然出乎意料提前离开了她家。因此她不得不取消她朋友 Jenny 当天早上喝咖啡的邀请,而且令她失望的是,他们在离开前没有留下来吃午饭,关于这一点,她进行了十分详细的阐述(Raymond & Heritage, 2006):

```
(8) [Rahman 14: 230-252]
1  Ver:  Well they wouldn't have anything theh (said'll) had a big
2         breakfast.
3         (0.3)
4  Ver:  Ah[::nd ehm
5  Jen:    [Ye:ss:.
```

```
6  Ver: 'e said w'r goin back fer di:nner et half p's sev'n.
7       (0.3)
8  Jen: Mm:,
9  Ver: So theh just hah:d ehm: crackiz'n cheese'n biscuits you
10      kno[w, to (put) them] o:n,
11 Jen:    [i Ye: s.]
12      (0.7)
13 Ver: Uhr Bill wouldn'have anything ehta::ll =
14 Ver: = he [didn want anything]
15 Jen:→    [Mm:-. h I'm surpri]zed the ↑children eh:m (.) deh-
16      → don't want anything et mid da:y.
17      (0.3)
18 Ver: .hhh Well ah think they do et ho:me Jenny bu[t- it's not]
19 Jen:                                             [Y e: s:]:=
20 Ver: =s'ch a big meal [ah:nd eh. h they mucked intuh biscuits.=
21 Jen:                  [iYes:,
22 Ver: =They had (.) quite a lotta biscuit[s'n c h ee::: s e,]
23 Jen:→                                   [Oh: well thaht's it th]en
```

在 Vera 的描述明显趋于结束的时候（第 13—14 行），此时对方应当有所回应了。Jenny 以 "I'm surprised that..." 开启回应话轮，然后将话轮集中在孩子们一般的饮食习惯上（通过 "don't want" 的使用），而非他们当天早上吃了什么（如，"didn't want"）。通过这种方式，Jenny 发起了一项 "安全" 的询问，促使 Vera 详细阐述该话题，而不是让她自己承担新出现的评价其细节的义务。通过 "I'm surprised that..."，言者表示她缺乏能够理解所描述情况的相关细节，而作为回应，Vera 大幅修正了她对家人出发前饮食的描述。最初在第 9 行呈现的与丰盛的一餐形成对比的内容（"so they just had ehm crackers and biscuits"）现在被描写为 "they mucked into biscuits... they had quite a lot of biscuits and cheese"（20/22 行）。当 Vera 完成其阐述后，Jenny 此时方可通过表达她对情况修正过的理解予以回应（第 23 行）。所以此例中，用以表达降级认识立场的话语是在征求回应，而且是以一种"非公开"的方式进行的。它既避免了直接评价 Vera 家里的情况或她的失望，而且通过以"非公开"的方式获取信息，它也避免了引起对方对其回避评价的注意（Heritage，2011）。①

在下面的实例中也发生了类似的互动过程。进餐伊始，服务员给母亲端上了一些食物，她只要了少许（第 1 行）。与此同时，她 14 岁的女儿 Virginia 一直在催促她的母亲把她的盘子递给服务员。也许是对 Virginia 过分坚持的行为略感恼怒并进行不相关的评论，母亲开始将她自己的胃口与 Virginia 的胃口进行对比（第 4 行和第 6 行）。随后，Virginia 的哥哥 Wesley 用一个 [K-] 断言（此处是 2 类知识 [Pomerantz，1980]）开启了一个序列："I thoughtju was dietin'." 该断言以过去时的形式表达，并作为一种误解提出，以请求 Virginia——无疑属于其认识领域的一方进行回应。

```
(9) [Virginia 1]
1  Mom:    ↑Jus' a ta::d. I been nibblin' while I was cookin' supper.
2  Pru:    uh hhuh ((laughter))
3          (0.2)
4  Mom:    .hhh But Vuhginia is very hungry.
5          (1.9)
6  Mom:    Very very.
7          (1.9)
8  Wes: →  I thoughtju was dietin'.
9          (.)
10 Vir:    Me? No. Beth.
11 Vir:    Beth is the one fo[r die[t(h)in'.
12 Wes: →                    [Oh. [ehh[hh!
13 Vir:                                [eh heh heh [huh huh huh huh huh
```

---

① 用疑问句来代替，从而取消后续行为的产出，最初见于 Sacks 关于会话的第一次讲座中（Sacks，1992a：3-11），而且 Sacks 所描述的序列与此处的序列之间存在形式上的相似之处。另见 Heritage（2011）。

14 Wes: [heh! huh huh huh huh

Virginia 最初产出的三个话轮构建单位构成的回应话轮简练至极。它针对 Wesley 的话轮发起修复,否定其断言,然后提出另一个人才是家里的"节食者"——她的妹妹 Beth。随后,她用一个整句式的断言详细阐述这一话轮(第 11 行),而 Wesley 则借助"oh"予以确认(第 12 行)。通过从母亲略带讽刺的评论中构建他的陈述式[K-]断言,Wesley 实现了逐步的话题转换,并将母亲对 Virginia 的责罚"纳入"(naturalize)一个更为中立的话题开启。①

尽管形式多样,经由 2 类知识和其他形式的认识降级的序列发起与通过疑问式句法的发起相比,都不那么直接和"公开"。它们也有可能更无缝地适应其所出现的语境,以巧妙地实现逐步话题转换,有时还可像例(8)和例(9)中那样,很好地解决棘手的互动难题。

虽然本节已经考察了一些相对外显的[K-]声明,在这些声明中,属于受话者认识领域的事项是通过疑问式形态句法或其他形式的认识降级来标示的,但我们注意到,[K-]立场也可通过更为巧妙的方式表达。下例中,Lesley 和她的朋友 Carol 在议论他们的熟人中哪些会参加社区会议。Carol 断言称"Joyce isn't going",然后她还发现她没有给另一位朋友 Jillie 打电话(2 行)。

(10) [Field C85-5: 28-370]
1   Car: [So ↑tha:t's that,]. hh uh ↑Joyce isn't going
2   → I-I- (0.3) didn't ring Ji:llie,
3   (0.7)
4   Les: → No I don't kno:w,
5   (0.4)
6   Car: She would w-eh we[::ll]she-

---

① 作为此过程的一部分,[K-]断言的发起通常默认会选择下一位发话者(Lerner, 2003; Sacks, Schegloff & Jefferson, 1974)。Lerner(2003: 190)指出:"当回应某一序列发起行为的要求将符合条件的回应者限定为单一参与者时,那么该参与者已被默许为下一位发话者。"

```
7  Les:            [Well sh]e- jih- Joyce knows you're
8                  going so Jillie could ring you quite easily couldn't
9                  sh[e.
10 Car:            [eeYes,
```

显然，Lesley 将这听成是关于 Jillie 计划的［K-］立场表达，因为她将其看作对信息的请求予以回应："No I don't know."（第 4 行）。此处，一条（至少在推理上）属于两个女人认识领域之外的信息，却仍被相对间接的［K-］声明构建为信息求取的对象。

此外，如下例所示，［K-］立场的表达还可以是完全非语言的。在这次儿科看诊中，患儿被问及呕吐和腹泻的症状。在短暂的沉默之后（第 2 行），这位患儿做出"思考"的表情，并发出带有犹豫的声音（第 3 行）。

```
(11)［San Gabriel: 206: 42-7］
1  DOC:.  hh Any vomiting er diarrhea?
2         (0.4)
3  PAT:   Mm:_ (('Thinking' face))
4     →   (0.2)/((Patient's gaze to Mom))
5  MOM:   That wasn't diarrhea honey,
6  DOC:   No, Okay. So no vomiting, no diarrhea,
```

随后，这位患儿向她的母亲求助，母亲则将她的整个表现视为［K-］立场的表达，并作出回应（第 5 行），而医生将此回应视为对其最初问题的回答（第 6 行）。①

总之，正如说话人可利用［K-］认识状态的声明来发起序列一样，"状态变化"表达和评价也可调用认识声明来结束序列。在所有涉及运用"序列结束第三位置"来终结这些认识驱动的序列的实例中，互动均是通过一种"分界的"或"分段的"话题组织过程向前推进的（Button & Ca-

---

① 非常感谢 Tanya Stivers 提供此例及其分析。

sey, 1985; Jefferson, 1984）。然而，序列一旦被发起，就可通过表达[K-]立场的话轮，以更巧妙、间接的方式被逐步扩展。

[K+] 发起

说话人采取[K+]立场的范例，无疑是那些他们利用前—序列来发起一个故事或宣告的实例。在她对预告（preannouncement）序列的描述中，Terasaki（2004：182）指出，预告序列通常包含（a）对"消息"的提及，（b）对其"好"或"坏"的初步评价，（c）对其新近性的提及，以及（d）对消息告知的主动提出或请求。这些特征中其中两个——对"消息"及其新近性的提及——隐含着说话人为升级其[K+]声明所作的努力。回到例（1），我们可以看到新近性是用"t'day"（第2行）表示的，而信息作为"消息"的性质则通过"I fergot t'tell y'"得以强调。

(1) [Terasaki 2004]
1 Ron: I fergot t'tell y'the two best things that
2   happen'tuh me t'day.
3 Bea: Oh super. = What were they
4 Ron: I gotta B plus on my math test,
5 Bea: On yer final?
6 Ron: Un huh?
7 Bea: Oh that's wonderful
8 Ron: And I got athletic award.
9 Bea: REALLY?
10 Ron: Uh huh. From Sports Club.
11 Bea: Oh that's terrific Ronald.

当然，对消息评价值（Maynard，2003）的获知权限可能足以让"知晓的受话者"推断其内容，并声明其"知晓的"[K+]立场。在以下序列中，一对夫妇（A和B）有消息要告诉来访的另一对夫妇（C和D）。A在预告中提到了"好消息"，但是尽管来访夫妻中的C为它的告知提供了许可（go-ahead）（第 2 行），另一位成员（D）则声称其已知晓该消息（第 3 行）。A 和 B 对此均作出了回应（第 5 行和第 6 行），并中止了告知。随后，D 通过提及"giant follicular lymphoblastoma"（第 9—10 行）来标识该消息，正如第 11 行所示，这就是 A 先前计划讲述的"好消息"。

(12)［KC4:1（Terasaki 2004:189）］
1　A:　Hey we got good news.
2　C:　[What's the good ne]ws,
3　D:　[I k n o: w.]
4　　　(.)
5　A:　[Oh ya do::?
6　B:　[Ya heard it?
7　A:　Oh good.
8　C:　Oh yeah, mm hm
9　D:　Except I don't know what a giant follicular
10　　　lymphoblastoma is.
11　A:　Who the hell does except a doctor.

此处，该消息评价值的标示足以使受话者进行［K+］立场的声明，从而破坏拟告知者的［K+］认识状态，以及与之相关的序列。

在其他一些实例中，拟告知者实际上并未给他们的受话者提供任何用来表达［K+］立场的资源：

(13)［Field C85:4: 34-42］
1　Les:　hh Yi-m- You↓ know I-I- I'm boiling about
2　　　　something hhhheh[heh hhhh
3　Joy:　　　　　　　　　[Wha::t.
4　Les:　Well that sa↓:le. (0.2) at- at (.) the vicarage.
5　　　　(0.6)
6　Joy:　Oh ↓ye[:s,
7　Les:　　　　[t

```
8      (0.6)
9  Les: u (.) ih Your friend 'n mi:ne wz the :re ((continues))
```

此例中，值得注意的是，Lesley 故事讲述的前置语"I'm boiling about something,"异常模糊，本质上没有提供任何其受话者可以从中推断目标信息并阻止该讲述的资源。

索取这种认识"空白支票"（blank check）的风险明显体现在以下序列中，Shirley 通过模糊的预告（"That's not all that's new"）获得了对告知的许可（第2行），但该消息一经宣布，其消息性就遭到了对方的否定（第8行）：

```
(14) [Frankel TCI]
1  Shi:  In any eve::nt? hhhhh That's not all thet's ne:w.
2  Ger:  W't e:lse.
3  Shi:  .t hhhhh W'l Wendy'n I hev been rilly having problems.
4  Ger:  M-hm,
5  Shi:  ((voice becomes confiding)) .hh En yesterday I talk'tih
6        her. .hhhh A:n' (0.3) apparently her mother is terminal.
7      (0.5)
8  Ger: →.tch Yeh but we knew that befo[:re.
9  Shi:                                [.hhh Ri:ght. Well, (.)
10        now I guess it's official.
11 Ger:  Mm-hm.
12 Shi:  .t hhh So she's very very upset.
```

在这种情况下，Shirley 被迫提及该消息的"公开"性质（第10行），为自己称其为消息的声明做辩护。但损害业已造成，而且这种模糊表达的"空白支票"式的[K+]立场，其风险是显而易见的。

追补的［K+］序列发展

  Goodwin（1979）关于向一个新的、略微知晓的受话者展示［K+］立场的话轮追补结构的分析，可能只是小规模的追补的［K+］立场促进序列发展的范例，还有很多这样的实例：说话人借由轻微的［K+］调整来为谈话中话轮的关联性做准备。上文的例（3）就说明了这一点。此例中，在回答了 Lesley 关于大蒜精的问题后，母亲主动提供了这些药片是由"Garlic'n parsley"混合而成的信息（第6行）。尽管我们并不完全清楚这是不是被刻意呈现为新信息，但 Lesley 肯定将其视为需要评价是否具有资讯性的信息。她的回答"证实"了母亲的话轮，而非将它看成是"新"的信息。因此，正是这种细微的会话表达的认识状态，才是 Lesley 此处回应的对象。

  （3）［Field 1:1:89 – 94］
  1 Les： Uh didyuh get yer garlic tablets.
  2 Mum： Yes I've got them,
  3 Les： Have yuh t- started tak [ing th'm
  4 Mum：   [I started taking th'm t'da:y
  5 Les：→Oh well do :n [e
  6 Mum：   [Garlic'n parsley.
  7 Les： ↑THAT'S RI:ght. [BY hhoh-u-Whole Food?

  同样地，我们再回看例（1），在 Ronald 第二个消息宣告之后的序列中，有一个小的增补话轮：

  （1）［Terasaki 2004］
  1 Ron：I fergot t'tell y'the two best things that
  2   happen'tuh me t'day.
  3 Bea：Oh super. = What were they
  4 Ron：I gotta B plus on my math test,

5　Bea：On yer final?
6　Ron：Un huh?
7　Bea：Oh that's wonderful
8　Ron：And I got athletic award.
9　Bea：REALLY?
10 Ron：Uh huh. From Sports Club.
11 Bea：Oh that's terrific Ronald.

在 B 发出信息接收标记（newsmark）（Heritage，1984；Jefferson，1981b；Maynard，2003），表示收到 Ronald 关于他获得体育奖项的宣告之后（第9行），Ronald 又补充了颁奖组织的信息。经由 B 在第11行产出的 [oh + 评价] 这一终结序列的接收话轮，它反过来又被整合到总序列中（另见在第7行终结的信息接收标记所扩展的序列）。

当然，与例（15）中那种基于全面信息的"话题漂移"（topical drift）相比，这些小的信息增补根本不值得一提。在例（15）中，两位最近在一所学校教授过同一个班级的老师在谈论这个班级。Robbie（修正后的）关于孩子们的开场白中提到的需要"lick'm into ↑shape a↓gain,"在标示纪律和教学问题之间含糊其词，而 Lesley 在其回应（第4—5行、7行）中选择了后者作为话题中心，提到"forcing"（强迫）孩子们学习写作和数学。这一回应是以认同的语调产出的，它为 Robbie 关于"licking them into shape,"的评论提供了实质内容，还在借助附加疑问句征求对方认同的同时，将该说法的实质表达为认识共识（Heritage，2012/本期；Heritage & Raymond，2005；Raymond，2010；Stivers，2010；Turner，2008）：

(15) [Field May 1988:1:5:37 – 81]
1　Rob：↑An' I felt I'd achie::ved nothing'n the children're
2　　　　really ah- (.) I feel (0.3) you know I need to lick'm
3　　　　into ↑shape a↓gain.
4　Les：.hhh Yes eh you haf to fo::rce the writing'n:: the maths
5　　　　on them don't you. eh- (.) ih-eh[i:t's a ques]tion of =

```
 6  Rob:                            [↑↑Y e:s. ]
 7  Les:   = bulldozing it i-. hhhhh uh: into the curriculum at times
 8  Rob:  Yes do you- Did ↑you: ↓find that I mean is it just m:e.
 9         I mean am I. hhh I mean I consider myself pretty strict.
10         (.)
11  Les:  Ye:s.
12  Rob:  But I found them quite (0.2) you know I had t'keep
13         remind'n them t'be qui↓et. =
14  Les:  =.hhh I kno:w. Uh::m I found they got very high towards
15         the end'v last te:rm. . h[hhh
16  Rob:                           [Ye:[s
17  Les:                               [And I put it dow:n to uhm
18  Les:  (0.6). t. hhhhh (0.2) comic relief da :y?
19  Rob:  Ye :s?
20  Les:  A:n:d ↑Eas↓ter.
21         (0.3)
22  Rob:  Ye[:s?
23  Les:    [.hhh But now'v course you've got the concert ↓looming
24         haven't[you.
25  Rob:          [That's ri:ght.
        ...((10 line side sequence omitted))
36  Rob:  Well it's quite a relief to hear you say that. = c[uz
37  Les:                                                    [Yes I
38         found they got ↑very high last term an' I kept saying to
39         Miss ↑↑Pelch:: that I. hhhh e-were hers hi::gh? a:n:'she
40         wz saying no everything wz going along steadi↑ly'n. hh[hh
41  Rob:                                                         [W'l
42         I[(wonder)]
43  Les:   [mine were] ↑terribly ex↑cited. ↓f'some[reason.
44  Rob:                                          [Ye::h.
45         (0.3)
```

在第 8 行，Robbie 继续陈说她的问题，现在她借由"我的视角"（my side）讲述，明确将重点放在课堂纪律上，这促使 Lesley 进行了确证（第 14—15 行），并从"喜剧救济日"（Comic Relief Day，英国一个用喜剧形式进行慈善募捐的节日）和复活节到来（第 20 行）的角度解释了这些孩子的行为，此外她还提出学校音乐会也是造成 Robbie 处境的原因之一（第 22—23 行）。

而"Miss Peltch"的提及则是双方获取与提供信息和意见的又一个事由。Robbie 征求 Lesley 对 Pelch 女士的看法，对方以明确的观点陈述作为回应，并且还主动将其看法推及到另一位教师"Freddie Masters"身上。

(16)［Field May '88:1:5:82 – 93］
```
46 Rob： Well I wonder you know I don't always know what to
47         ma:ke of mih- Cynthia Pelch, what do you:. I don't
48         kno[:w.
49 Les：      [.hh No, I think she- (.) ↑aa- well. b-di-Quite
50         honehhstly. hhh I think she c'n be ru:de. An', an' I
51         think Freddie Masters can too[:,
52 Rob：                                 [Oh:, I kno:w. I mean I
53         haven't run up against them but I do:n't find th'm
54         overhelpful. =
55 Les： =.hhh No, (.) nuh- (.) no help at all fr'm Freddie
56         Masters an a:n' sometimes I've had f- almost to be:g
57         .h[hh[for things.
```

在 Robbie 更为谨慎地表示她并不觉得他们"overhelpful"（第 54 行）之后，Lesley 通过大力升级的认同（"no help at all"）确证了这一观点，并表示她不得不"almost to be: g for things"。

以上描写无疑已足以展示认识相关的因素是如果以一种［K+］／［K−］跷跷板（seesaw）的方式推动互动发展，以及新的互动作用——就像在围棋游戏中——如何以典型的逐步推进的方式实现话题漂移，正如 Sacks（1992b）最初描述的那样。

话题结束的认识特征

正如新的［K＋］／［K－］作用的增加会向前推进话题一样，如若没有这样的作用，话题就会显著衰退。在以下实例中，Vera 的儿子和家人来她家过夜，却发现她不在家（在 Jenny 家），一位邻居建议他们去 Jenny 家找她。在本序列的开头，Vera 庆幸自己有先见之明，事先告知了邻居自己要去哪里（第 1、3 行），而 Jenny 则反驳说，他们可能是自己想到的（第 4—5 行）。Vera 在第 6 行表达了认同，随后双方发出了简短的一连串 yes（第 7—9 行）：

```
(17) ［Rahman 14:25 –46］
1   Ver:     eeYe- Wasn'［it lucky? ah to:ld the w- told Missiz =
2   Jen:             ［Mm-
3   Ver:     = Richards tih te［ll (              )
4   Jen:                      ［Ye::s thah wz smashing ＜mind he might
5            hev thoughtchu w'r up here anyw［ay
6   Ver: →                                  ［Ye:s he could'v done, =
7   Ver: → =［Yes,
8   Jen: → =［eeYe:s:: ［Mm hm,
9   Ver: →             ［Yes.
10  Jen:     Oh［:( ).
11  Ver: *→   ［I'm sorry yih hahd th'm all o［n you ［J e n n y］
                                                    like that］
12  Jen:                                     [.hhh ［↑Oh don't］be sil l］y =
13  Jen:     = No: thaht wz luvly it wz a nice surpri:ze
```

这些 yes 既未推进序列，也未完全放弃序列。在对会话中话题的大规模分析中，Jefferson（1981a）将这种模式称为"话题磨蚀（topic attrition）／话题保持（topic hold）"。该话题并未被放弃，而是没有［K－］／［K＋］认识跷跷板为其带来新的活力，因而导致了它的消亡。在第 10 行和第 11 行，两位女士显然都开启了新的话题，而 Vera 最终赢得了话语权，为她家人意外造访 Jenny 家致歉。①

同样地，在例（18）中，Michael 说他的妻子在圣诞节早上腰椎间盘突出犯了（第 3 行），并补充说她已 10 年没有出现这个问题（第 8—9 行），但 Edward 未能领会这句语的含义。在第二次试图（第 11 行）让 Edward 注意这一点但失败之后（Heritage，1998），Michael 转而发出空洞的总结和结束相关的"Yes there we are"（第 13 行）。该话语得到 Edward 的附和，他还通过另一个"Ye：s：,"（第 17 行）重新结束（recomplete）了该附和性话轮。此例中，话题也既未被推进，也未被（完全）放弃：

(18) [Heritage OII：2：4：2]

```
1  Edw： Well what a frightful thing How did it happen.
2  Mic： She just bent o：ver as we were getting ready to go out h
3         on Christmas [mo：rning.
4  Edw：              [Oh：：my God.
5         (0.2)
6  Mic：  .h Y(h)es i[t ha'n't
7  Edw：             [uhh hu：hh, hu[：h ho：
8  Mic：                            [It hasn't happened for ten
9         yea：rs. =
10 Edw：  = ukhh huukhh uhk  >Oh she's had it be fore.<
11 Mic： Oh yes but not for te(h)n y(h) ea(h) [r(h)s.
12 Edw：                                      [Oh：：：Lo：rd.
13 Mic： →Yes there we are.
14 Edw： →The：[re we are.
15 Mic：       [.tch
16       (.)
17 Edw： →Ye[：s：,
```

---

① 无法转写的 Jenny 的话题开启内容（10 行）是以 oh 为开头的，它标示了显然"被引发"（touched off）的话语（Jefferson，1978）。

```
18 Mic:      [(and it's fl[attening)
19 Edw:*→           [Well Michael anyway there it i:s, and ah:
20           an:d as I sa:y we uhm (.) we we: we would like to
             help if:
21 Edw:      uh if she ever needs ah:::: she's (in need). You
             know? =
```

在该语境下,Michael 在其先前话语的基础上又添加了一个小的增补成分(第 18 行),但 Edward 在其交叠的话轮中,转而通过发出 *anyway* 开头的相同的总结成分("there it i: s,"),以结束话题和通话。这也是他重申其致电原因的一种过渡形式(第 20—21 行),当然也是结束通话的典型方式(Schegloff & Sacks, 1973;另见 Schegloff, 2005)。

例(18)在接近话题结束时,双方都使用了略微程式化的表达"There we are,",它既没有为谈话添加新的内容,也未表达认识立场。惯用语也发挥着类似的作用,正如 Drew 和 Holt(1995、1998)的研究所示,惯用语在话题结束和话题转换中扮演着重要的角色。以下这一典型实例就能说明他们的论点。例中,Lesley 讲述了一位年迈的熟人最近去世的消息,他去世时享年 79 岁,"still wo: rking.":

```
(19) [Drew and Holt 1998: 499]
1   Les:   [Uh: uh-he wz the vicar's ward'n anyway he die:d
2          suddenly this week. hhh and he w'z still wo:rking.
3          (0.3)
4   Mum:   ([    )
5   Les:   [He wz seventy ni:ne,
6          (0.3)
7   Mum:   My: wo:rd.
8          (0.2)
9   Les:   Ye:s [he: wz um
10  Mum:        [(You've got s'm rea:l) workers down the :re,heh
11  Les:   He wz a p- uh: Ye:s. Indee:d. hh He wz a (0.2). p a
```

```
12              buyer for the hoh- i-the only horse hair fact'ry left
13              in England.
14 Mum:  Good gracious,
15              (0.3)
16 Les:  And he wz their buyer,
17              (.)
18 Mum:  Hm:::
19 Les:  .t
20 Mum:  Hm:.
21 Les: →So he had a good inni:ngs did[n't ↓he.
22 Mum:→                              [I should say so: Ye:s.
23              (0.2)
24 Mum:→ Marvellous.
25              (0.2)
26 Les: *→.tk. hhhh Anyway we had a very good evening o:n
27              Saturda:y
```

Lesley 详细讲述了他作为马鬃买家的不同寻常的工作，却未获得母亲多少回应（第 14、18 和 20 行）。于是 Lesley 通过对他生命长度和品质予以肯定的惯用语"So ↑he had a good inni: ngs ↑didn't ↓he."，结束了她的叙述。① 母亲简单地认同了这一点，随后，Lesley 转移了话题（第 26—27 行）。在其关于惯用语的描写中，Drew 和 Holt (1998) 指出这些惯用语如何充当"经验脱离"（empirically disengaged）过程的一部分。Drew 和 Holt 认为（503），双方"并非在提供更多细节，而是在评价和总结先前所述的经验信息。" Drew 和 Holt 还指出：

> 这种借助比喻性评价的产出完成的从经验细节的脱离，其突出之处在于，该评价不是特别或专门与相邻的前一话轮相关联的。相反，该惯用语与先前大部分的谈话/细节相关，以评价在更早的话轮

---

① 这个习语源于板球比赛，在板球比赛中，单个击球手的击球局确实可以持续很长时间。

中已经谈论过的话题的各个方面；实际上，该惯用语可回指、总结或评价在整个该话题中所谈到的情况。（同上）

在此背景下，我们只需补充一点，即惯用语通过将当前情况与一个非固定的抽象概念联系起来，在认识上旨在不给序列增加任何新的东西，从而使序列朝结束话题发展。

总之，无论是从［K-］立场获取的新信息，还是从［K+］立场主动提供的新信息，都是对会话有利的，Goffman（1964）曾将其称为"会话补给"（conversational supply）。尽管人们在管理自己相对于他人的认识领域时显然很谨慎，但从一个或另一个立场上发话是推动会话序列发展的认识跷跷板的一部分。

讨 论

本文的讨论始于一个悖论。一方面，语言学家（尤其是在语义学和语用学方面）提出的大量证据证实了信息流管理在句子结构及其言据性标记和其他标记中的相关性。另一方面，尽管有大量具有高度启发性的文章证实信息流在序列组织中的相关性显而易见，但会话分析的文献并未将其相关性作为行为和序列组织的特征来处理。然而，一旦脱离了相对明确的相邻话对以及它们的前—和插入序列的范围，就几乎没有资源可以用来理解后扩展和逐步话题转换确定无疑的复杂性，这仿佛构成了会话组织的"暗物质"。

本文提出的证据表明，"公开的"［K-］和［K+］立场的表达是序列开启性的——认识跷跷板运动的发动者往往会推动互动序列[①]向前发展，直到先前认为处于（或被认为处于）［K-］地位的一方声称已达到经事实证明的信息均衡。文章还提出，微妙的、非公开的或间接的［K-］和［K+］声明的表达，可用于构建或以其他方式促进业已启动

[①] 当然，诸如介绍和电话开场白之类的序列——在这些系列中，求取（或最好提供）身份信息是最为基本的（Pillet-Shore，2011；Schegloff，1986）——是所有后续互动（不仅仅是局部序列）的必经通道。

的序列——通常是以逐步的话题推进的方式。也有证据表明，话题磨蚀和惯用语是不增加新的信息供给而特意表达终结的序列结束方式。最后，在对有意提供信息的话语做出"双重"回应的情形中，针对先前话语的信息性进行回应的话轮成分（最常见的是 *oh*）几乎总是首选成分，且绝大多数出现在话轮初始位置。这些观察结果表明，会话序列，而不仅仅是句子，是复杂的、主体间验证的将谈话作为信息流管理的对象。在这个过程中，互动者会详细记录"谁知晓什么"和"谁被告知过什么"，作为话语解读（Heritage，2012/本期）、身份维护（Raymond & Heritage，2006）的条件，如果这些论点是正确的，这些记录则充当保证会话内容产出和构建扩展的会话序列的手段。

正如这些概念超越了作为序列构建资源的相邻话对一样，它们也可代表许多相邻话对前件的一个底层成分。除了寻求对未来具体行为的实际承诺外，典型的相邻话对前件——如对商品和服务的请求、邀请、提供等——还求取有关受话者做出承诺的意愿的信息，因而赋予它们功能实施的"双重"性，这种双重性经常体现在相邻话对后件中（Schegloff，2007：76），但在序列结束第三位置中较为少见。

结语：谈话的保证

Erving Goffman（1967：45）曾指出："普世的人性是不太符合人类天性的"，并问道："一个主体在被激怒后，如何能以最小的方式，在同侪中进行有序的行为？"。本文并非意在探讨人类提供信息和接收信息的普遍偏好，毕竟提供信息和接收信息的动机肯定如人类生活本身一样五花八门。相反，我的意思是，提供和接收信息是谈话的常规保证，相应地受到监控，并被密切和公开地追踪。原则上，它可能会有所不同，但事实并非如此。如前所述，"信息"是沟通中的关键要素，促进和保证谈话内容的产生，这一观点并不新鲜。但这并不表示信息应该被忽视。正如我所提到的，会话分析者反复讨论会话中认识和"信息"的相关问题，明确证实了发话者对话轮是否（以及如何）为特定受话者（们）提供信息是很敏感的，并描写了提前和事后确保话轮信息性的序列资源的组织。在会话分析内部，也出现了对标示认识权利的大量序列和言据性资源的讨论。

因此,本文旨在重新整理我们已知的用以说明认识在驱动互动序列中重要性的一些因素。本文概念的背后是一种"液压(hydraulic)"隐喻,根据这种隐喻,任何表达参与者之间[K+]/[K-]不均衡的话轮都将保证旨在纠正这种不均衡的谈话的产出。因此文章提出,从[K+]立场针对某事作出的断言可作为启动或扩展序列的基础,而将自身定位在[K-]立场同样也可推动序列或其扩展。在此背景下,文章还试图说明那些用以实现此种目的的,表达[K+],特别是[K-]立场的相对不明显和非公开的方式,并提出当双方都放弃驱动[K+]/[K-]认识跷跷板的努力时,就会直接导致序列的衰退和终结。

尽管此处所介绍的某些序列操作看似微妙,但我们所描述的内容实际上并不"神秘"。它始终作为一个互动者大量定位的对象存在于眼前。然而,正因为持续存在于眼前,认识引擎(epistemic engine)很容易成为一种"视而不见"的互动特征(Garfinkel,1967)。Schegloff(2007:9)提出,除以相邻话对概念为中心的原则外,可能还存在其他的序列组织原则,作为对此观点的回应,本文认为,认识引擎概念中体现的认识状态和立场的利用可能就是这样的原则之一。要探究它的有效性,以及如果可行的话,它所衍生的结果,还需大量的研究。

参考文献

Button, G., & Casey, N. (1985). Topic nomination and topic pursuit. *Human Studies*, 8, pp. 3 – 55.

Chafe, W. L. (1994). *Discourse, consciousness, and time: The flflow and displacement of conscious experience in speaking and writing*. Chicago, IL: University of Chicago Press.

Clark, H. H., & Haviland, S. E. (1977). Comprehension and the given-new contract. In R. Freedle (Ed.), *Discourse production and comprehension* (pp. 1 – 40). Hillsdale, NJ: Erlbaum.

Drew, P., & Holt, E. (1995). Idiomatic expressions and their role in the organization of topic transition in conversation. In M. Everaert, E. -J. Van der

Linden, A. Schenk, & R. Schreuder (Eds.), *Idioms: Structural and psychological perspectives* (pp. 117 – 132). Hillsdale, NJ: Erlbaum.

Drew, P., & Holt, E. (1998). Figures of speech: Figurative expressions and the management of topic transition in conversation. *Language in Society*, 27, pp. 495 – 522.

Garfinkel, H. (1967). *Studies in ethnomethodology*. Englewood Cliffs, NJ: Prentice-Hall.

Goffman, E. (1964). The neglected situation. *American Anthropologist*, 66 (6), pt. II: pp. 133 – 136.

Goffman, E. (1967). *Interaction ritual: Essays in face to face behavior*. Garden City, NY: Doubleday.

Goodwin, C. (1979). The interactive construction of a sentence in natural conversation. In G. Psathas (Ed.), *Everyday language: Studies in ethnomethodology* (pp. 97 – 121). New York, NY: Irvington Publishers.

Goodwin, C. (1986). Audience diversity, participation and interpretation. *Text*, 6(3), pp. 283 – 316.

Grice, H. P. (1975). Logic and conversation. In P. Cole & J. L. Morgan (Eds.), *Syntax and semantics*, Vol. 3: *Speech acts* (pp. 41 – 58). New York, NY: Academic Press.

Groenendijk, J. (1998). Questions in update semantics. In J. Hulstijn & A. Nijholt (Eds.), *Formal semantics and pragmatics of dialogue*. Twente, The Netherlands: University of Twente Proceedings TWLT13.

Halliday, M. A. K., & Hasan, R. (1976). *Cohesion in English*. London, England: Longman.

Hayano, K. (2011). *Territories of knowledge in Japanese interaction*. (Unpublished doctoral dissertation). Max Planck Institute for Psycholinguistics, Nijmegen, The Netherlands.

Heritage, J. (1984). A change-of-state token and aspects of its sequential placement. In J. M. Atkinson & J. Heritage (Eds.), *Structures of social action* (pp. 299 – 345). Cambridge, England: Cambridge University Press.

Heritage, J. (1998). Oh-prefaced responses to inquiry. *Language in Society*,

27(3), pp. 291-334.

Heritage, J. (2010). Questioning in medicine. In A. F. Freed & S. Ehrlich (Eds.), *"Why do you ask?": The function of questions in institutional discourse* (pp. 42-68). New York, NY: Oxford University Press.

Heritage, J. (2011). Territories of experience, territories of knowledge: Empathic moments in interaction. In T. Stivers, L. Mondada, & J. Steensig (Eds.), *The morality of knowledge in conversation* (pp. 159-183). Cambridge, England: Cambridge University Press.

Heritage, J. (2012). Epistemics in action: Action formation and territories of knowledge. *Research on Language and Social Interaction*, 45(1), pp. 1-29.

Heritage, J., & Raymond, G. (2005). The terms of agreement: Indexing epistemic authority and subordination in assessment sequences. *Social Psychology Quarterly*, 68(1), pp. 15-38.

Heritage, J., & Raymond, G. (in press). Navigating epistemic landscapes: Acquiescence, agency and resistance in responses to polar questions. In J.-P. De Ruiter (Ed.), *Questions: Formal, functional and interactional perspectives*. Cambridge, England: Cambridge University Press.

Jefferson, G. (1978). Sequential aspects of storytelling in conversation. In J. Schenkein (Ed.), *Studies in the organization of coversational interaction* (pp. 219-248). New York, NY: Academic Press.

Jefferson, G. (1980). On "trouble-premonitory" response to inquiry. *Sociological Inquiry*, 50, pp. 153-185.

Jefferson, G. (1981a). *Caveat speaker: A preliminary exploration of shift implicative recipiency in the articulation of topic*. End of grant report to the Social Science Research Council [Great Britain].

Jefferson, G. (1981b). *The abominable "Ne?": A working paper exploring the phenomenon of post-response pursuit of response*. Occasional Paper No. 6, Department of Sociology, University of Manchester, Manchester, England.

Jefferson, G. (1984). On stepwise transition from talk about a trouble to inappropriately next-positioned matters. In J. M. Atkinson & J. Heritage (Eds.), *Structures of social action* (pp. 191-221). Cambridge, England:

Cambridge University Press.

Kamio, A. (1997). *Territory of information*. Amsterdam, The Netherlands: John Benjamins.

Kamp, H. (1981). A theory of truth and semantic representation. In J. A. G. Groenendijk, T. M. V. Janssen, & M. B. J. Stokhof (Eds.), *Formal methods in the study of language*; *Mathematical Centre Tracts* 135 (pp. 277 – 322). Amsterdam, The Netherlands: Mathematical Centre.

Labov, W., & Fanshel, D. (1977). *Therapeutic discourse: Psychotherapy as conversation*. New York, NY: Academic Press.

Lerner, G. (2003). Selecting next speaker: The context-sensitive operation of a context-free organization. *Language in Society*, 32, pp. 177 – 201.

Levinson, S. C. (2000). *Presumptive meanings: The theory of generalized conversational implicature*. Cambridge, MA: MIT Press.

Levinson, S. C. (2006). On the human "interactional engine". In N. J. Enfield & S. C. Levinson (Eds.), *Roots of human sociality: Cognition, culture, and interaction* (pp. 39 – 69). London, England: Berg.

Levinson, S. C. (in press). Interrogative intimations: On a possible social economics of interrogatives. In J.-P. De Ruiter (Ed.), *Questions: Formal, functional and interactional perspectives*. Cambridge, England: Cambridge University Press.

Maynard, D. (2003). *Bad news, good news: Conversational order in everyday talk and clinical settings*. Chicago, IL: University of Chicago Press.

Pillet-Shore, D. (2011). Doing introductions: The work involved in meeting someone new. *Communication Monographs*, 78, pp. 73 – 95.

Pomerantz, A. M. (1980). Telling my side: "Limited access" as a "fishing" device. *Sociological Inquiry*, 50, pp. 186 – 198.

Prince, E. F. (1981). Toward a taxonomy of given/new information. In P. Cole. (Ed.), *Radical pragmatics* (pp. 223 – 255). New York, NY: Academic Press.

Raymond, G. (2003). Grammar and social organization: Yes/No interrogatives and the structure of responding. *American Sociological Review*, 68, pp.

939 – 967.

Raymond, G. (2010). Grammar and social relations: Alternative forms of yes/no-type initiating actions in health visitor interactions. In A. F. Freed & S. Ehrlich (Eds.), *"Why do you ask?": The function of questions in institutional discourse* (pp. 87 – 107). New York, NY: Oxford University Press.

Raymond, G., & Heritage, J. (2006). The epistemics of social relations: Owning grandchildren. *Language in Society*, 35, pp. 677 – 705.

Sacks, H. (1987). On the preferences for agreement and contiguity in sequences in conversation. In G. Button & J. R. E. Lee (Eds.), *Talk and social organization* (pp. 54 – 69). Clevedon, England: Multilingual Matters.

Sacks, H. (1992a). Rules of conversational sequence. In H. Sacks (Ed.), *Lectures on conversation* (Vol. 1, pp. 3 – 11). Cambridge, MA: Blackwell.

Sacks, H. (1992b). Stepwise topical movement. In H. Sacks (Ed.), *Lectures on conversation* (Vol. 2, pp. 291 – 302). Cambridge, MA: Blackwell.

Sacks, H., Schegloff, E. A., & Jefferson, G. (1974). A simplest systematics for the organization of turn-taking for conversation. *Language*, 50, pp. 696 – 735.

Schegloff, E. A. (1972). Notes on a conversational practice: Formulating place. In D. Sudnow (Ed.), *Studies in social interaction* (pp. 75 – 119). New York, NY: Free Press.

Schegloff, E. A. (1986). The routine as achievement. *Human Studies*, 9, pp. 111 – 151.

Schegloff, E. A. (2005). *Word repeats as unit ends*. Paper presented at National Communication Association Meetings, Boston, MA.

Schegloff, E. A. (2007). *Sequence organization in Interaction: A primer in conversation analysis* (Vol. 1). Cambridge, England: Cambridge University Press.

Schegloff, E. A., & Sacks, H. (1973). Opening up closings. *Semiotica*, 8, pp. 289 – 327.

Shannon, C., & Weaver, W. (1949). *The mathematical theory of communication*. Urbana, IL: The University of Illinois Press.

Sperber, D., & Wilson, D. (1986). *Relevance: Communication and cognition*. Cambridge, MA: Harvard University Press.

Stalnaker, R. (1978). Assertion. In P. Cole (Ed.), *Pragmatics* (pp. 315 – 332). New York, NY: Academic Press.

Stivers, T. (2010). An overview of the question-response system in American English. *Journal of Pragmatics*, 42, pp. 2772 – 2781.

Stivers, T., Enfield, N. J., Brown, P., Englert, C., Hayashi, M., Heinemann, T.,... Levinson, S. C. (2009). Universals and cultural variation in turn-taking in conversation. *Proceedings of the National Academy of Sciences*, 106(26), pp. 10587 – 10592.

Stivers, T., & Hayashi, M. (2010). Transformative answers: One way to resist a question's constraints. *Language in Society*, 39, pp. 1 – 25.

Stivers, T., & Rossano, F. (2010). Mobilizing response. *Research on Language and Social Interaction*, 43, pp. 3 – 31.

Terasaki, A. K. (1976). *Pre-announcement sequences in conversation*. Social Science Working Paper 99, School of Social Sciences, University of California at Irvine.

Terasaki, A. K. (2004). Pre-announcement sequences in conversation. In G. Lerner (Ed.), *Conversation analysis: Studies from the first generation* (pp. 171 – 223). Amsterdam, The Netherlands: John Benjamins.

Turner, P. (2008). *Grammar, epistemics and descriptive adequacy: Question construction in out-of-hours calls to an on-call physician*. Unpublished paper, Department of Applied Linguistics, University of California at Los Angeles.

Van Eijck, J., & Visser, A. (2010). Dynamic semantics. In E. N. Zalta (Ed.), *The Stanford encyclopedia of philosophy* (Fall 2010 edition). Retrieved from http://plato.stanford.edu/archives/fall2010/entries/dynamic – semantics/.

后　　记

　　人间四月，花枝春满。《认识理论与汉语口语语法现象研究》一书反复修改，终成定稿。本书凝结了我博士后期间的研究成果和学术感悟，同时也凝聚着太多人的心血、关怀与祝福，它的厚重绝非只言片语所能概括。

　　在本书中，我尝试将认识理论应用于对汉语口语语法现象的分析。在这个过程中，我基于真实自然的会话材料深入分析了一些典型的认识表达关联现象，包括叹词性回应标记"哦"和"啊"、附加疑问结构兼应答结构"是吧"和"好吧"以及复合型话语标记"那个什么"。通过将这些现象纳入认识分析框架加以探察，我试图对这些现象作出认识角度的解释，进而探讨如何运用认识理论更好地描写汉语口语语法现象，揭示汉语口语语法规律。

　　就研究范式与成果意义而言，我想重点强调以下两点：

　　第一，本书在研究范式上做了大胆尝试，分析方法和思路值得借鉴。作为互动语言学领域最前沿的会话分析方案，认识理论为口语语法现象研究提供了一种全新的视角和思路。本书基于该理论，在动态语境中描写语言形式互动功能实施过程中特定语法单位的句法形式、序列环境甚至声音、视觉等各方面表征，并引入认识这一参与者内在心理认知因素，以认识和序列内在和外在两个因素为纵横坐标轴，深入揭示语言形式与社会行为之间的互动关系。这种分析范式对汉语其他互动语法的实证研究具有一定的借鉴意义。

　　第二，本书事实描写与理论探讨并重，研究成果也有一定的参考价值。本书以汉语传统语法研究中一些常见语言现象入手，基于大量语言材料，系统阐释认识理论的研究理念与分析方法，构建汉语认识表达体系，这样的研究具有一定的参考意义。首先，本书在追求对相关语法现象与规律做全面与细致描写的同时，还兼顾了对其话语功能与形成动因做一致和系统的解释；其次，本书运用了大量跨语言材料，为认识理论的深化提供新的语言类型学样本和跨语言证据，并促进该理论的修正与发展；再次，本书探讨的诸多现象属于教学与翻译领域的重要语法点，相关事实与结论可为语言教学、语言翻译、教材和词典编写等实践领域提供有益的参考。

本书的出版凝聚了太多人的心血，我要感谢所有为本书的撰写、修改和出版提供支持和帮助的人。特别感谢我的博士后合作导师姚双云教授，此书从选题、撰写到修改，都得到了姚老师的悉心指导。我也要感谢中国社会科学出版社的责任编辑张林女士，张老师认真辛勤的编校使本书增色不少。最后感谢我的各位同门，没有他们的鼓励帮助，我不可能完成这个艰巨的写作任务。

刘红原

2023 年 4 月 27 日

《汉语口语语法研究丛书》书目

汉语会话交际的单位：韵律、话语和语法
汉语会话中的多模态、互动及话轮转换
汉语口语语法研究新探
汉语口语互动语法——基于时间管理的观察
互动视角下的汉语口语语法研究
互动视角下的汉语附加疑问式研究
互动语言学：在社会互动中研究语言
汉语认证义动词的立场表达研究
认识理论与汉语口语语法现象研究